卞尺丹几乙し丹卞と

Translated Language Learning

Die Abenteuer von Pinocchio

The Adventures of Pinocchio

Carlo Collodi

Deutsch / English

Copyright © 2024 Tranzlaty
All rights reserved
Published by Tranzlaty
ISBN: 978-1-83566-247-2
Le Avventure di Pinocchio. Storia di un Burattino
Original text by Carlo Callodi
First published in Italianin 1883
Illustrated By Alice Carsey
www.tranzlaty.com

Das Stück Holz, das lachte und weinte wie ein Kind
The Piece of Wood that Laughed and Cried like a Child

Vor Jahrhunderten lebte dort...
Centuries ago there lived...
"Ein König!" werden meine kleinen Leser sofort sagen
"A king!" my little readers will say immediately
Nein, Kinder, ihr irrt euch
No, children, you are mistaken
Es war einmal ein Stück Holz
Once upon a time there was a piece of wood
das Holz war in der Werkstatt eines alten Tischlers
the wood was in the shop of an old carpenter
dieser alte Zimmermann hieß Meister Antonio
this old carpenter was named Master Antonio
Alle nannten ihn jedoch Meister. Kirsche
Everybody, however, called him Master. Cherry
sie nannten ihn Meister. Cherry wegen seiner Nase
they called him Master. Cherry on account of his nose
seine Nase war immer so rot und poliert wie eine reife Kirsche
his nose was always as red and polished as a ripe cherry
Meister Kirsche erblickte das Stück Holz
Master Cherry set eyes upon the piece of wood
sein Gesicht strahlte vor Entzücken, als er den Baumstamm sah
his face beamed with delight when he saw the log
Er rieb sich zufrieden die Hände
he rubbed his hands together with satisfaction
und der gütige Herr sprach leise zu sich selbst
and the kind master softly spoke to himself
"Dieses Holz ist im richtigen Moment zu mir gekommen"
"This wood has come to me at the right moment"
"Ich habe geplant, einen neuen Tisch zu machen"
"I have been planning to make a new table"
"Es ist perfekt für das Bein eines kleinen Tisches"
"it is perfect for the leg of a little table"

Er ging sofort hinaus, um eine scharfe Axt zu finden
He immediately went out to find a sharp axe
Er wollte zuerst die Rinde des Holzes entfernen
he was going to remove the bark of the wood first
und dann würde er jede raue Oberfläche entfernen
and then he was going to remove any rough surface
und er war eben im Begriff, mit seiner Axt auf das Holz zu schlagen
and he was just about to strike the wood with his axe
aber kurz bevor er auf das Holz stieß, hörte er etwas
but just before he struck the wood he heard something
»Schlage mich nicht so hart!« flehte eine leise Stimme
"Do not strike me so hard!" a small voice implored
Er wandte seine erschrockenen Augen durch den Raum
He turned his terrified eyes all around the room
woher könnte die kleine Stimme gekommen sein?
where could the little voice possibly have come from?
Er schaute überall, aber er sah niemanden!
he looked everywhere, but he saw nobody!
Er schaute unter die Bank, aber da war niemand
He looked under the bench, but there was nobody
Er blickte in einen Schrank, der immer verschlossen war
he looked into a cupboard that was always shut
aber es war auch niemand im Schrank
but there was nobody inside the cupboard either
Er schaute in einen Korb, in dem er Sägemehl aufbewahrte
he looked into a basket where he kept sawdust
Es war auch niemand in dem Korb mit Sägemehl
there was nobody in the basket of sawdust either
endlich öffnete er sogar die Tür des Ladens
at last he even opened the door of the shop
und er blickte die leere Straße auf und ab
and he glanced up and down the empty street
Aber auch auf der Straße war niemand zu sehen
But there was no one to be seen in the street either
»Wer könnte es denn sein?« fragte er sich
"Who, then, could it be?" he asked himself

endlich lachte er und kratzte sich an der Perücke
at last he laughed and scratched his wig
»Ich sehe, wie es ist«, sagte er amüsiert zu sich selbst
"I see how it is," he said to himself, amused
"Offensichtlich war die kleine Stimme nur meine Einbildung"
"evidently the little voice was all my imagination"
»Machen wir uns wieder an die Arbeit«, schloß er
"Let us set to work again," he concluded
Er nahm seine Axt wieder in die Hand und machte sich an die Arbeit
he picked up his axe again and set to work
er versetzte dem Holzstück einen gewaltigen Schlag
he struck a tremendous blow to the piece of wood
»Ach! oh! Du hast mich verletzt!« rief die kleine Stimme
"Oh! oh! you have hurt me!" cried the little voice
es war genau die gleiche Stimme wie zuvor
it was exactly the same voice as it was before
Diesmal Meister. Cherry war wie versteinert
This time Master. Cherry was petrified
Seine Augen sprangen vor Schreck aus seinem Kopf
His eyes popped out of his head with fright
sein Mund blieb offen und seine Zunge hing heraus
his mouth remained open and his tongue hung out
seine Zunge reichte fast bis zum Ende seines Kinns
his tongue almost came to the end of his chin
und er sah aus wie ein Gesicht auf einem Springbrunnen
and he looked just like a face on a fountain
Meister. Cherry musste sich erst von seinem Schreck erholen
Master. Cherry first had to recover from his fright
der Gebrauch seiner Rede kehrte zu ihm zurück
the use of his speech returned to him
und er begann stotternd zu sprechen;
and he began to talk in a stutter;
»woher um alles in der Welt könnte diese kleine Stimme gekommen sein?«
"where on earth could that little voice have come from?"

"Könnte es sein, dass dieses Stück Holz weinen gelernt hat?"
"could it be that this piece of wood has learned to cry?"

»Ich kann es nicht glauben«, sagte er zu sich selbst
"I cannot believe it," he said to himself

"Dieses Stück Holz ist nichts anderes als ein Holzscheit als Brennstoff"
"This piece of wood is nothing but a log for fuel"

»es ist wie alle Holzscheite, die ich habe.«
"it is just like all the logs of wood I have"

"Es würde gerade genügen, einen Topf mit Bohnen zu kochen"
"it would only just suffice to boil a saucepan of beans"

"Kann sich jemand in diesem Stück Holz verstecken?"
"Can anyone be hidden inside this piece of wood?"

"Wenn jemand drinnen ist, umso schlimmer für ihn"
"If anyone is inside, so much the worse for him"

»Ich werde ihn sofort erledigen«, drohte er dem Wald
"I will finish him at once," he threatened the wood

er ergriff das arme Stück Holz und schlug es
he seized the poor piece of wood and beat it

Er schlug es gnadenlos gegen die Wände des Zimmers
he mercilessly hit it against the walls of the room

Dann blieb er stehen, um zu sehen, ob er die kleine Stimme hören konnte
Then he stopped to see if he could hear the little voice

Er wartete zwei Minuten, nichts. Fünf Minuten, nichts
He waited two minutes, nothing. Five minutes, nothing

Er wartete noch zehn Minuten, immer noch nichts!
he waited another ten minutes, still nothing!

»Ich sehe, wie es ist«, sagte er dann zu sich selbst
"I see how it is," he then said to himself

Er zwang sich zum Lachen und schob seine Perücke hoch
he forced himself to laugh and pushed up his wig

»Offenbar war die kleine Stimme nur meine Einbildung!«
"evidently the little voice was all my imagination!"

»Machen wir uns wieder an die Arbeit«, entschied er nervös
"Let us set to work again," he decided, nervously

Als nächstes begann er, das Stück Holz zu polieren
next he started to polish the bit of wood
aber während er polierte, hörte er dieselbe kleine Stimme
but while polishing he heard the same little voice
Diesmal lachte die kleine Stimme unkontrolliert
this time the little voice was laughing uncontrollably
»Halt! du kitzelst mich am ganzen Körper!", hieß es
"Stop! you are tickling me all over!" it said
armer Meister. Cherry fiel wie vom Blitz getroffen nieder
poor Master. Cherry fell down as if struck by lightning
Einige Zeit später öffnete er seine Augen wieder
sometime later he opened his eyes again
Er saß auf dem Boden seiner Werkstatt
he found himself seated on the floor of his workshop
Sein Gesicht war sehr verändert von früher
His face was very changed from before
und sogar das Ende seiner Nase hatte sich verändert
and even the end of his nose had changed
seine Nase hatte nicht die übliche leuchtend purpurrote Farbe
his nose was not its usual bright crimson colour
seine Nase war vor Schreck eisblau geworden
his nose had become icy blue from the fright

Meister. Kirsche verschenkt das Holz
Master. Cherry Gives the Wood Away

In diesem Moment klopfte jemand an die Tür
At that moment someone knocked at the door
»Kommen Sie herein«, sagte der Zimmermann zu dem Besucher
"Come in," said the carpenter to the visitor
Er hatte nicht die Kraft, sich zu erheben
he didn't have the strength to rise to his feet
Ein lebhafter kleiner alter Mann betrat den Laden

A lively little old man walked into the shop
dieser lebhafte kleine Mann hieß Geppetto
this lively little man was called Geppetto
obwohl es einen anderen Namen gab, unter dem er bekannt war
although there was another name he was known by
Es gab eine Gruppe ungezogener Jungen aus der Nachbarschaft
there was a group of naughty neighbourhood boys
wenn sie ihn erzürnen wollten, nannten sie ihn Pudding
when they wished to anger him they called him pudding
es gibt einen berühmten gelben Pudding aus indischem Mais
there is a famous yellow pudding made from Indian corn
und Geppettos Perücke sieht genauso aus wie dieser berühmte Pudding
and Geppetto's wig looks just like this famous pudding
Geppetto war ein sehr feuriger kleiner alter Mann
Geppetto was a very fiery little old man
Wehe dem, der ihn Pudding nannte!
Woe to him who called him pudding!
wenn er wütend war, gab es kein Halten mehr
when furious there was no holding him back
»Guten Tag, Meister. Antonio", sagte Geppetto
"Good-day, Master. Antonio," said Geppetto
"Was machst du da auf dem Boden?"
"what are you doing there on the floor?"
"Ich bringe den Ameisen das Alphabet bei"
"I am teaching the alphabet to the ants"
"Ich kann mir nicht vorstellen, was es dir gut tut"
"I can't imagine what good it does to you"
»Was hat dich zu mir geführt, Nachbar Geppetto?«
"What has brought you to me, neighbour Geppetto?"
"Meine Beine haben mich hierher zu dir gebracht"
"My legs have brought me here to you"
"Aber lass mich dir die Wahrheit sagen, Meister. Antonio"
"But let me tell you the truth, Master. Antonio"

"Der wahre Grund, warum ich gekommen bin, ist, dich um einen Gefallen zu bitten."
"the real reason I came is to ask a favour of you"
»Hier bin ich, bereit, Ihnen zu dienen«, antwortete der Zimmermann
"Here I am, ready to serve you," replied the carpenter
und er stand vom Boden auf und ging auf die Knie
and he got off the floor and onto his knees
"Heute Morgen kam mir eine Idee"
"This morning an idea came into my head"
"Lass uns die Idee hören, die du hattest"
"Let us hear the idea that you had"
"Ich dachte, ich mache eine schöne Holzpuppe"
"I thought I would make a beautiful wooden puppet"
"Eine Puppe, die tanzen und fechten konnte"
"a puppet that could dance and fence"
"Eine Puppe, die wie ein Akrobat springen kann"
"a puppet that can leap like an acrobat"
"Mit dieser Puppe könnte ich um die Welt reisen!"
"With this puppet I could travel about the world!"
"Die Puppe würde mich ein Stück Brot verdienen lassen"
"the puppet would let me earn a piece of bread"
"Und die Puppe ließ mich ein Glas Wein verdienen"
"and the puppet would let me earn a glass of wine"
»Was hältst du von meiner Idee, Antonio?«
"What do you think of my idea, Antonio?"
»Bravo, Pudding!« rief die kleine Stimme
"Bravo, pudding!" exclaimed the little voice
es war unmöglich zu wissen, woher die Stimme gekommen war
it was impossible to know where the voice had came from
Geppetto mochte es nicht, wenn er sich Pudding nannte
Geppetto didn't like hearing himself called pudding
Sie können sich vorstellen, dass er so rot wie ein Truthahn wurde
you can imagine he became as red as a turkey
"Warum beleidigst du mich?", fragte er seinen Freund

"Why do you insult me?" he asked his friend
"Wer beleidigt dich?", antwortete sein Freund
"Who insults you?" his friend replied
"Du hast mich Pudding genannt!" Geppetto beschuldigte ihn
"You called me pudding!" Geppetto accused him
»**Ich war es nicht!« Antonio sagte ehrlich**
"It was not I!" Antonio honestly said
"Glaubst du, ich habe mich Pudding genannt?"
"Do you think I called myself pudding?"
"Du warst es, sage ich!", "Nein!", "Ja!", "Nein!"
"It was you, I say!", "No!", "Yes!", "No!"
sie wurden immer wütender und kamen zu Schlägen
becoming more and more angry, they came to blows
sie flogen aufeinander zu und bissen und kämpften und kratzten
they flew at each other and bit and fought and scratched
so schnell, wie er begonnen hatte, war der Kampf wieder vorbei
as quickly as it had started the fight was over again
Geppetto hatte die graue Perücke des Zimmermanns zwischen den Zähnen
Geppetto had the carpenter's grey wig between his teeth
und Meister. Antonio hatte Geppettos gelbe Perücke
and Master. Antonio had Geppetto's yellow wig
"Gib mir meine Perücke zurück", schrie der Meister. Antonio
"Give me back my wig" screamed Master. Antonio
"Und du gibst mir meine Perücke zurück", schrie der Meister. Kirsche
"and you give me back my wig" screamed Master. Cherry
"Lass uns wieder Freunde sein", waren sie sich einig
"let us be friends again" they agreed
Die beiden alten Männer gaben sich gegenseitig ihre Perücken zurück
The two old men gave each other their wigs back
und die alten Männer schüttelten sich gegenseitig die Hände

and the old men shook each other's hands
sie schworen, daß alles vergeben sei
they swore that all had been forgiven
sie würden bis an ihr Lebensende Freunde bleiben
they would remain friends to the end of their lives
»Nun, Nachbar Geppetto,« sagte der Zimmermann
"Well, then, neighbour Geppetto" said the carpenter
Er fragte: "Was ist die Gunst, die du mir wünschst?"
he asked "what is the favour that you wish of me?"
dies würde beweisen, dass Frieden geschlossen wurde
this would prove that peace was made
"Ich möchte ein wenig Holz für meine Puppe"
"I want a little wood to make my puppet"
»Wollen Sie mir etwas Holz geben?«
"will you give me some wood?"
Meister. Antonio freute sich, das Holz loszuwerden
Master. Antonio was delighted to get rid of the wood
Er ging sofort an seine Werkbank
he immediately went to his work bench
und er brachte das Stück Holz zurück
and he brought back the piece of wood
das Stück Holz, das ihm so viel Angst eingejagt hatte
the piece of wood that had caused him so much fear
er brachte das Stück Holz zu seinem Freund
he was bringing the piece of wood to his friend
Aber dann fing das Stück Holz an zu zittern!
but then the piece of wood started to shake!
Das Stück Holz wand sich heftig aus seinen Händen
the piece of wood wriggled violently out of his hands
Dieses Stück Holz wusste, wie man Ärger macht!
this piece of wood knew how to make trouble!
mit aller Kraft schlug er gegen den armen Geppetto
with all its might it struck against poor Geppetto
und es traf ihn direkt an seinen armen, vertrockneten Schienbeinen
and it hit him right on his poor dried-up shins
Sie können sich den Schrei vorstellen, den Geppetto

ausstieß
you can imagine the cry that Geppetto gave

»Ist das die höfliche Art, wie Sie Ihre Geschenke machen?«
"is that the courteous way you make your presents?"

Du hast mich fast gelähmt, Meister. Antonio!
"You have almost lamed me, Master. Antonio!"

»Ich schwöre Ihnen, daß ich es nicht war!«
"I swear to you that it was not I!"

Glaubst du, ich habe mir das selbst angetan?
"Do you think I did this to myself?"

»Das Holz ist ganz schuld!«
"The wood is entirely to blame!"

Ich weiß, dass es das Holz war
"I know that it was the wood"

»aber du warst es, der mir damit die Beine geschlagen hat!«
"but it was you that hit my legs with it!"

Ich habe dich damit nicht geschlagen!
"I did not hit you with it!"

»Lügner!« rief Geppetto
"Liar!" exclaimed Geppetto

Geppetto, beleidige mich nicht, sonst nenne ich dich Pudding!
"Geppetto, don't insult me or I will call you Pudding!"

Knabe!, **Pudding!**, **Esel!**
"Knave!", "Pudding!", "Donkey!"

Pudding!, **Pavian!**, **Pudding!**
"Pudding!", "Baboon!", "Pudding!"

Geppetto war wieder wütend vor Wut
Geppetto was mad with rage all over again

Er war dreimal Pudding genannt worden!
he had been called been called pudding three times!

Er fiel auf den Zimmermann und sie kämpften verzweifelt
he fell upon the carpenter and they fought desperately

Diese Schlacht dauerte genauso lange wie die erste
this battle lasted just as long as the first

Meister. Antonio hatte noch zwei weitere Kratzer auf der Nase

Master. Antonio had two more scratches on his nose
sein Gegner hatte zwei Knöpfe von seiner Weste verloren
his adversary had lost two buttons off his waistcoat
Nachdem ihre Rechnungen so beglichen waren, schüttelten sie sich die Hände
Their accounts being thus squared, they shook hands
und sie schworen, für den Rest ihres Lebens gute Freunde zu bleiben
and they swore to remain good friends for the rest of their lives
Geppetto trug sein schönes Stück Holz fort
Geppetto carried off his fine piece of wood
er dankte dem Meister. Antonio und humpelte zurück zu seinem Haus
he thanked Master. Antonio and limped back to his house

Geppetto nennt seine Puppe Pinocchio
Geppetto Names his Puppet Pinocchio

Geppetto wohnte in einem kleinen Zimmer im Erdgeschoss
Geppetto lived in a small ground-floor room
sein Zimmer wurde nur von der Treppe aus erhellt
his room was only lighted from the staircase
Die Möbel hätten nicht einfacher sein können

The furniture could not have been simpler
ein klappriger Stuhl, ein armseliges Bett und ein zerbrochener Tisch
a rickety chair, a poor bed, and a broken table
Am Ende des Raumes befand sich ein Kamin
At the end of the room there was a fireplace
aber das Feuer war gestrichen und gab kein Feuer
but the fire was painted, and gave no fire
und neben dem bemalten Feuer stand ein bemalter Topf
and by the painted fire was a painted saucepan
und der bemalte Topf kochte fröhlich
and the painted saucepan was boiling cheerfully
eine Rauchwolke stieg genau wie echter Rauch auf
a cloud of smoke rose exactly like real smoke
Geppetto kam nach Hause und holte sein Werkzeug heraus
Geppetto reached home and took out his tools
und er machte sich sogleich an die Arbeit an dem Stück Holz
and he immediately set to work on the piece of wood
Er wollte seine Puppe ausschneiden und modellieren
he was going to cut out and model his puppet
»Welchen Namen soll ich ihm geben?« sagte er zu sich selbst
"What name shall I give him?" he said to himself
"Ich denke, ich werde ihn Pinocchio nennen"
"I think I will call him Pinocchio"
"Es ist ein Name, der ihm Glück bringen wird"
"It is a name that will bring him luck"
"Ich kannte einmal eine ganze Familie namens Pinocchio"
"I once knew a whole family called Pinocchio"
"Da war Pinocchio, der Vater, und Pinocchio, die Mutter"
"There was Pinocchio the father and Pinocchio the mother"
"und da waren Pinocchio, die Kinder"
"and there were Pinocchio the children"
"Und alle haben es im Leben gut gemacht"
"and all of them did well in life"
"Der reichste von ihnen war ein Bettler"
"The richest of them was a beggar"

er hatte einen guten Namen für seine Puppe gefunden
he had found a good name for his puppet
so begann er ernsthaft zu arbeiten
so he began to work in good earnest
er machte zuerst sein Haar und dann seine Stirn
he first made his hair, and then his forehead
und dann arbeitete er sorgfältig an seinen Augen
and then he worked carefully on his eyes
Geppetto glaubte, das Seltsamste bemerkt zu haben
Geppetto thought he noticed the strangest thing
Er war sicher, dass er sah, wie sich die Augen bewegten!
he was sure he saw the eyes move!
die Augen schienen ihn fest anzublicken
the eyes seemed to look fixedly at him
Geppetto wurde wütend, weil er angestarrt wurde
Geppetto got angry from being stared at
die hölzernen Augen ließen ihn nicht aus den Augen
the wooden eyes wouldn't let him out of their sight
"Böse Holzaugen, warum schaust du mich an?"
"Wicked wooden eyes, why do you look at me?"
aber das Stück Holz gab keine Antwort
but the piece of wood made no answer
Dann schnitzte er die Nase
He then proceeded to carve the nose
aber sobald er die Nase gemacht hatte, begann sie zu wachsen
but as soon as he had made the nose it began to grow
Und die Nase wuchs und wuchs und wuchs
And the nose grew, and grew, and grew
in wenigen Minuten war es zu einer ungeheuren Nase geworden
in a few minutes it had become an immense nose
es schien, als würde es nie aufhören zu wachsen
it seemed as if it would never stop growing
Der arme Geppetto erschöpfte sich damit, es abzuschneiden
Poor Geppetto tired himself out with cutting it off
aber je mehr er schnitt, desto länger wurde die Nase!

but the more he cut, the longer the nose grew!
Der Mund war noch nicht einmal fertig
The mouth was not even completed yet
aber es fing schon an zu lachen und ihn zu verhöhnen
but it already began to laugh and deride him
»Hör auf zu lachen!« sagte Geppetto provoziert
"Stop laughing!" said Geppetto, provoked
aber er hätte genauso gut mit der Wand sprechen können
but he might as well have spoken to the wall
»Hör auf zu lachen, sage ich!« brüllte er in drohendem Ton
"Stop laughing, I say!" he roared in a threatening tone
Dann hörte der Mund auf zu lachen
The mouth then ceased laughing
aber das Gesicht streckte die Zunge so weit heraus, wie es wollte
but the face put out its tongue as far as it would go
Geppetto wollte seine Arbeit nicht verderben
Geppetto did not want to spoil his handiwork
also tat er, als sähe er es nicht, und setzte seine Arbeit fort
so he pretended not to see, and continued his labours
Nach dem Mund formte er das Kinn
After the mouth he fashioned the chin

dann die Kehle und dann die Schultern
then the throat and then the shoulders
dann schnitzte er den Bauch und machte die Arme zu Händen
then he carved the stomach and made the arms hands
nun arbeitete Geppetto an der Herstellung von Händen für seine Puppe
now Geppetto worked on making hands for his puppet
und in einem Augenblick fühlte er, wie ihm die Perücke vom Kopf gerissen wurde
and in a moment he felt his wig snatched from his head
Er drehte sich um, und was sah er?
He turned round, and what did he see?
Er sah seine gelbe Perücke in der Hand der Puppe
He saw his yellow wig in the puppet's hand
"Pinocchio! Gib mir meine Perücke sofort zurück!"
"Pinocchio! Give me back my wig instantly!"
Aber Pinocchio tat alles andere, als ihm seine Perücke zurückzugeben
But Pinocchio did anything but return him his wig
Pinocchio setzte sich die Perücke stattdessen selbst auf den Kopf!
Pinocchio put the wig on his own head instead!
Geppetto mochte dieses unverschämte und spöttische Verhalten nicht
Geppetto didn't like this insolent and derisive behaviour
er fühlte sich trauriger und melancholischer als je zuvor
he felt sadder and more melancholy than he had ever felt
Er wandte sich an Pinocchio und sagte: »Du junger Schlingel!«
turning to Pinocchio, he said "You young rascal!"
"Ich habe dich noch nicht einmal fertiggestellt"
"I have not even completed you yet"
"Und du versagst es bereits, deinen Vater zu respektieren!"
"and you are already failing to respect to your father!"
»Das ist schlimm, mein Junge, sehr schlimm!«
"That is bad, my boy, very bad!"

Und er trocknete sich eine Träne von der Wange
And he dried a tear from his cheek
Die Beine und die Füße mussten noch erledigt werden
The legs and the feet remained to be done
aber er bereute bald, Pinocchio Füße gegeben zu haben
but he soon regretted giving Pinocchio feet
Zum Dank erhielt er einen Tritt auf die Nasenspitze
as thanks he received a kick on the point of his nose
»Ich verdiene es!« sagte er zu sich selbst
"I deserve it!" he said to himself
»Ich hätte früher daran denken sollen!«
"I should have thought of it sooner!"
"Jetzt ist es zu spät, etwas dagegen zu unternehmen!"
"Now it is too late to do anything about it!"
Dann nahm er die Puppe unter die Arme
He then took the puppet under the arms
und er setzte ihn auf den Boden, um ihn laufen zu lehren
and he placed him on the floor to teach him to walk
Pinocchios Beine waren steif und er konnte sich nicht bewegen
Pinocchio's legs were stiff and he could not move
aber Geppetto führte ihn an der Hand
but Geppetto led him by the hand
und er zeigte ihm, wie man einen Fuß vor den anderen setzt
and he showed him how to put one foot before the other
schließlich wurden Pinocchios Beine geschmeidig
eventually Pinocchio's legs became limber
und bald fing er an, allein zu gehen
and soon he began to walk by himself
und er fing an, im Zimmer umherzulaufen
and he began to run about the room
Dann stieg er aus der Haustür
then he got out of the house door
und er sprang auf die Straße und entkam
and he jumped into the street and escaped
der arme Geppetto eilte ihm nach
poor Geppetto rushed after him

Natürlich konnte er ihn nicht einholen
of course he was not able to overtake him
denn Pinocchio sprang vor ihm her wie ein Hase
because Pinocchio leaped in front of him like a hare
und er stieß mit seinen hölzernen Füßen gegen das Pflaster
and he knocked his wooden feet against the pavement
es klapperte so viel wie zwanzig Paar Bauernschuhe
it made as much clatter as twenty pairs of peasants' clogs
»Haltet ihn auf! Haltet ihn auf!« schrie Geppetto
"Stop him! stop him!" shouted Geppetto
aber die Leute auf der Straße blieben erstaunt stehen
but the people in the street stood still in astonishment
sie hatten noch nie eine Holzpuppe gesehen, die wie ein Pferd lief
they had never seen a wooden puppet running like a horse
und sie lachten und lachten über Geppettos Unglück
and they laughed and laughed at Geppetto's misfortune
Endlich, wie es der Zufall wollte, kam ein Soldat
At last, as good luck would have it, a soldier arrived
Der Soldat hatte den Lärm gehört
the soldier had heard the uproar
Er stellte sich vor, dass ein Fohlen seinem Herrn entkommen war
he imagined that a colt had escaped from his master
er pflanzte sich mitten auf die Straße
he planted himself in the middle of the road
er wartete mit der festen Absicht, ihn aufzuhalten
he waited with the determined purpose of stopping him
so würde er die Möglichkeit schlimmerer Katastrophen verhindern
thus he would prevent the chance of worse disasters
Pinocchio sah, wie der Soldat die ganze Straße verbarrikadierte
Pinocchio saw the soldier barricading the whole street
daher versuchte er, ihn zu überraschen
so he endeavoured to take him by surprise
Er plante, zwischen seinen Beinen zu laufen

he planned to run between his legs
aber der Soldat war zu klug für Pinocchio
but the soldier was too clever for Pinocchio
Der Soldat erwischte ihn geschickt an der Nase
The soldier caught him cleverly by the nose
und er gab Pinocchio Geppetto zurück
and he gave Pinocchio back to Geppetto
Um ihn zu bestrafen, wollte Geppetto ihm die Ohren zureißen
Wishing to punish him, Geppetto intended to pull his ears
Aber er konnte Pinocchios Ohren nicht finden!
But he could not find Pinocchio's ears!
Und kennen Sie den Grund dafür?
And do you know the reason why?
er hatte vergessen, ihm Ohren zu machen
he had forgotten to make him any ears
also packte er ihn am Kragen
so then he took him by the collar
»Wir werden sofort nach Hause gehen«, drohte er ihm
"We will go home at once," he threatened him
"Sobald wir ankommen, werden wir unsere Rechnungen begleichen"
"as soon as we arrive we will settle our accounts"
Bei dieser Nachricht warf sich Pinocchio auf den Boden
At this information Pinocchio threw himself on the ground
Er weigerte sich, einen weiteren Schritt zu tun
he refused to go another step
eine Menge wissbegieriger Leute begann sich zu versammeln
a crowd of inquisitive people began to assemble
sie machten einen Ring um sie herum
they made a ring around them
Einige von ihnen sagten das eine, andere das andere
Some of them said one thing, some another
»Arme Marionette!« sagten mehrere der Zuschauer
"Poor puppet!" said several of the onlookers
»er hat recht, wenn er nicht nach Hause zurückkehren will!«

"he is right not to wish to return home!"
"Wer weiß, wie Geppetto ihn schlagen wird!"
"Who knows how Geppetto will beat him!"
"Geppetto scheint ein guter Mann zu sein!"
"Geppetto seems a good man!"
»aber bei Knaben ist er ein regelrechter Tyrann!«
"but with boys he is a regular tyrant!"
"Lass diese arme Marionette nicht in seinen Händen"
"don't leave that poor puppet in his hands"
»er ist durchaus imstande, ihn in Stücke zu reißen!«
"he is quite capable of tearing him to pieces!"
Nach dem, was gesagt wurde, mußte der Soldat wieder eingreifen
from what was said the soldier had to step in again
der Soldat gab Pinocchio seine Freiheit
the soldier gave Pinocchio his freedom
und der Soldat führte Geppetto ins Gefängnis
and the soldier led Geppetto to prison
Der arme Mann war nicht bereit, sich mit Worten zu verteidigen
The poor man was not ready to defend himself with words
er schrie wie ein Kalb: »Elender Junge!«
he cried like a calf "Wretched boy!"
»wenn man bedenkt, wie ich mich bemüht habe, ihn zu einer guten Marionette zu machen!«
"to think how I laboured to make him a good puppet!"
»Aber alles, was ich getan habe, ist mir recht!«
"But all I have done serves me right!"
»Ich hätte früher daran denken sollen!«
"I should have thought of it sooner!"

Die sprechende kleine Grille schimpft mit Pinocchio
The Talking Little Cricket Scolds Pinocchio

der arme Geppetto wurde ins Gefängnis gebracht
poor Geppetto was being taken to prison
All das war natürlich nicht seine Schuld
all of this was not his fault, of course
er hatte überhaupt nichts falsch gemacht
he had not done anything wrong at all
und der kleine Kobold Pinocchio fand sich frei
and that little imp Pinocchio found himself free
er war den Klauen des Soldaten entronnen
he had escaped from the clutches of the soldier
und er rannte davon, so schnell seine Beine ihn tragen konnten
and he ran off as fast as his legs could carry him
Er wollte so schnell wie möglich nach Hause kommen
he wanted to reach home as quickly as possible
deshalb eilte er über die Felder
therefore he rushed across the fields
in seiner wahnsinnigen Eile sprang er über dornige Hecken
in his mad hurry he jumped over thorny hedges
und er sprang über Gräben voller Wasser
and he jumped across ditches full of water
Als er am Haus ankam, fand er die Tür angelehnt
Arriving at the house, he found the door ajar
Er stieß sie auf, ging hinein und schloß den Riegel
He pushed it open, went in, and fastened the latch
er warf sich auf den Boden seines Hauses
he threw himself on the floor of his house
und er stieß einen tiefen Seufzer der Befriedigung aus
and he gave a great sigh of satisfaction
Aber bald hörte er jemanden im Raum
But soon he heard someone in the room
etwas machte ein Geräusch wie "Cri-cri-cri!"
something was making a sound like "Cri-cri-cri!"
»Wer ruft mich?« fragte Pinocchio erschrocken

"Who calls me?" said Pinocchio in a fright
»Ich bin's!« antwortete eine Stimme
"It is I!" answered a voice
Pinocchio drehte sich um und sah eine kleine Grille
Pinocchio turned round and saw a little cricket
Die Grille kroch langsam die Wand hinauf
the cricket was crawling slowly up the wall
»Sag mir, kleine Grille, wer magst du sein?«
"Tell me, little cricket, who may you be?"
"Wer ich bin, ist die sprechende Grille"
"who I am is the talking cricket"
»**und ich habe hundert Jahre oder länger in diesem Zimmer gelebt.**«
"and I have lived in this room a hundred years or more"
"Jetzt aber gehört dieses Zimmer mir," sagte die Puppe
"Now, however, this room is mine," said the puppet
»**Wenn Sie mir das Vergnügen machen wollen, gehen Sie sofort weg.**«
"if you would do me the pleasure, go away at once"
"Und wenn du weg bist, komm bitte nie wieder"
"and when you're gone, please never come back"
"Ich werde nicht gehen, bis ich dir eine große Wahrheit gesagt habe."
"I will not go until I have told you a great truth"
»**Sagen Sie es mir und seien Sie schnell.**«
"Tell it me, then, and be quick about it"
"Wehe den Jungen, die sich gegen ihre Eltern auflehnen"
"Woe to those boys who rebel against their parents"
"Und wehe den Jungen, die von zu Hause weglaufen"
"and woe to boys who run away from home"
"Sie werden nie zu etwas Gutem in der Welt kommen"
"They will never come to any good in the world"
"Und früher oder später werden sie bitter bereuen"
"and sooner or later they will repent bitterly"
"Sing so viel du willst, du kleine Grille"
"Sing all you want you little cricket"
"Und du kannst so lange singen, wie du willst"

"and feel free to sing as long as you please"
"Ich habe mich entschlossen, wegzulaufen"
"For me, I have made up my mind to run away"
"Morgen bei Tagesanbruch werde ich für immer weglaufen"
"tomorrow at daybreak I will run away for good"
"Wenn ich bleibe, werde ich meinem Schicksal nicht entgehen"
"if I remain I shall not escape my fate"
"Es ist das gleiche Schicksal wie bei allen anderen Jungen"
"it is the same fate as all other boys"
"Wenn ich bleibe, werde ich in die Schule geschickt"
"if I stay I shall be sent to school"
"und ich werde durch Liebe oder durch Gewalt zum Studium gebracht werden"
"and I shall be made to study by love or by force"
"Ich sage Ihnen im Vertrauen, ich habe keine Lust zu lernen"
"I tell you in confidence, I have no wish to learn"
"Es ist viel amüsanter, Schmetterlingen nachzulaufen"
"it is much more amusing to run after butterflies"
"Ich klettere lieber auf Bäume"
"I prefer climbing trees with my time"
"und ich mag es, junge Vögel aus ihren Nestern zu holen"
"and I like taking young birds out of their nests"
»Arme kleine Gans«, warf die sprechende Grille ein
"Poor little goose" interjected the talking cricket
"Weißt du nicht, dass du als perfekter Esel heranwachsen wirst?"
"don't you know you will grow up a perfect donkey?"
"Und jeder wird sich über dich lustig machen"
"and every one will make fun of you"
Pinocchio war nicht erfreut über das, was er hörte
Pinocchio was not pleased with what he heard
»Schweige, du böser, unheilvoller Krächzer!«
"Hold your tongue, you wicked, ill-omened croaker!"
Aber die kleine Grille war geduldig und philosophisch
But the little cricket was patient and philosophical
er wurde nicht zornig über diese Unverschämtheit

he didn't become angry at this impertinence
Er fuhr in demselben Ton fort wie zuvor
he continued in the same tone as he had before
"Vielleicht willst du wirklich nicht zur Schule gehen"
"perhaps you really do not wish to go to school"
"Warum also nicht wenigstens einen Beruf erlernen?"
"so why not at least learn a trade?"
»Mit einem Job können Sie ein Stück Brot verdienen!«
"a job will enable you to earn a piece of bread!"
»Was soll ich Ihnen sagen?« antwortete Pinocchio
"What do you want me to tell you?" replied Pinocchio
Er fing an, die Geduld mit der kleinen Grille zu verlieren
he was beginning to lose patience with the little cricket
"Es gibt viele Berufe auf der Welt, die ich ausüben könnte"
"there are many trades in the world I could do"
"Aber nur eine Berufung gefällt mir wirklich"
"but only one calling really takes my fancy"
»Und welche Berufung ist es, die Ihnen gefällt?«
"And what calling is it that takes your fancy?"
"zu essen und zu trinken und zu schlafen"
"to eat, and to drink, and to sleep"
"Ich bin berufen, mich den ganzen Tag zu amüsieren"
"I am called to amuse myself all day"
"von morgens bis abends ein Vagabundenleben führen"
"to lead a vagabond life from morning to night"
Die sprechende kleine Grille hatte darauf eine Antwort
the talking little cricket had a reply for this
"Die meisten, die diesem Handel folgen, enden im Krankenhaus oder Gefängnis"
"most who follow that trade end in hospital or prison"
"Pass auf dich auf, du böser, unheilvoller Krächzer"
"Take care, you wicked, ill-omened croaker"
»Wehe dir, wenn ich in eine Leidenschaft verfalle!«
"Woe to you if I fly into a passion!"
»Armer Pinocchio, du tust mir wirklich leid!«
"Poor Pinocchio I really pity you!"
"Warum bemitleidest du mich?"

"Why do you pity me?"
"Ich bemitleide dich, weil du eine Marionette bist"
"I pity you because you are a puppet"
"und ich bedauere dich, weil du einen Holzkopf hast"
"and I pity you because you have a wooden head"
Bei diesen letzten Worten sprang Pinocchio wütend auf
At these last words Pinocchio jumped up in a rage
Er schnappte sich einen Holzhammer von der Bank
he snatched a wooden hammer from the bench

und er warf den Hammer auf die sprechende Grille
and he threw the hammer at the talking cricket
Vielleicht hatte er nie vor, ihn zu schlagen
Perhaps he never meant to hit him
aber leider traf es ihn genau auf den Kopf
but unfortunately it struck him exactly on the head
die arme Grille hatte kaum Atem, um zu rufen: »Cri-cri-cri!«
the poor Cricket had scarcely breath to cry "Cri-cri-cri!"
er blieb ausgetrocknet und plattgedrückt an der Wand liegen
he remained dried up and flattened against the wall

Das fliegende Ei
The Flying Egg

Die Nacht holte Pinocchio schnell ein
The night was quickly catching up with Pinocchio
er erinnerte sich, dass er den ganzen Tag nichts gegessen hatte
he remembered that he had eaten nothing all day
Er begann ein Nagen in seinem Magen zu spüren
he began to feel a gnawing in his stomach
das Nagen ähnelte sehr dem Appetit
the gnawing very much resembled appetite
Nach wenigen Minuten war sein Appetit zu Hunger geworden
After a few minutes his appetite had become hunger
und in kurzer Zeit wurde sein Hunger hungrig
and in little time his hunger became ravenous
Der arme Pinocchio rannte schnell zum Kamin
Poor Pinocchio ran quickly to the fireplace
der Kamin, in dem ein Topf kochte
the fireplace where a saucepan was boiling
er wollte den Deckel abnehmen
he was going to take off the lid
dann konnte er sehen, was darin war
then he could see what was in it
aber der Topf war nur an die Wand gemalt
but the saucepan was only painted on the wall
Sie können sich vorstellen, wie er sich fühlte, als er dies entdeckte
You can imagine his feelings when he discovered this
Seine Nase, die ohnehin schon lang war, wurde noch länger
His nose, which was already long, became even longer
es muss mindestens drei Zoll gewachsen sein
it must have grown by at least three inches
Dann begann er, im Zimmer herumzulaufen
He then began to run about the room
er suchte in den Schubladen und an jedem erdenklichen Ort

he searched in the drawers and every imaginable place
er hoffte, ein Stück Brot oder Kruste zu finden
he hoped to find a bit of bread or crust
vielleicht konnte er einen Knochen finden, den ein Hund hinterlassen hatte
perhaps he could find a bone left by a dog
ein kleiner schimmeliger Pudding aus indischem Mais
a little moldy pudding of Indian corn
irgendwo, wo jemand eine Fischgräte hinterlassen haben könnte
somewhere someone might have left a fish bone
Selbst ein Kirschkern würde ausreichen
even a cherry stone would be enough
wenn es nur etwas gäbe, das er nagen könnte
if only there was something that he could gnaw
Aber er konnte nichts finden, woran er sich festbeißen konnte
But he could find nothing to get his teeth into
Und in der Zwischenzeit wuchs und wuchs sein Hunger
And in the meanwhile his hunger grew and grew
Der arme Pinocchio hatte keine andere Erleichterung als Gähnen
Poor Pinocchio had no other relief than yawning
Sein Gähnen war so groß, dass sein Mund fast bis zu seinen Ohren reichte
his yawns were so big his mouth almost reached his ears
und es war ihm, als würde er ohnmächtig werden
and felt as if he were going to faint
Dann begann er verzweifelt zu weinen
Then he began to cry desperately
"Die sprechende kleine Grille hatte Recht"
"The talking little cricket was right"
"Ich habe Unrecht getan, als ich gegen meinen Papa rebellierte"
"I did wrong to rebel against my papa"
"Ich hätte nicht von zu Hause weglaufen sollen"
"I should not have ran away from home"

»Wenn mein Papa hier wäre, würde ich nicht vor Gähnen sterben!«
"If my papa were here I wouldn't be dying of yawning!"
»Ach! Was für eine schreckliche Krankheit der Hunger ist!«
"Oh! what a dreadful illness hunger is!"
In diesem Augenblick glaubte er, etwas in dem Müllhaufen zu sehen
Just then he thought he saw something in the dust-heap
etwas Rundes und Weißes, das wie ein Hühnerei aussah
something round and white that looked like a hen's egg
er sprang auf und ergriff das Ei
he sprung up to his feet and seized hold of the egg
Es war in der Tat ein Hühnerei, wie er dachte
It was indeed a hen's egg, as he thought
Pinocchios Freude war unbeschreiblich
Pinocchio's joy was beyond description
Er musste sicherstellen, dass er nicht nur träumte
he had to make sure that he wasn't just dreaming
also drehte er das Ei in seinen Händen immer wieder um
so he kept turning the egg over in his hands
Er befühlte und küsste das Ei
he felt and kissed the egg
»Und nun, wie soll ich es kochen?«
"And now, how shall I cook it?"
"Soll ich ein Omelett machen?"
"Shall I make an omelet?"
"Es wäre besser, es in einer Untertasse zu kochen!"
"it would be better to cook it in a saucer!"
»Oder wäre es nicht schmackhafter, es zu braten?«
"Or would it not be more savory to fry it?"
"Oder soll ich einfach das Ei kochen?"
"Or shall I simply boil the egg?"
"Nein, am schnellsten ist es, es in einer Untertasse zu kochen."
"No, the quickest way is to cook it in a saucer"
"Ich habe es so eilig, es zu essen!"
"I am in such a hurry to eat it!"

Ohne Zeitverlust bekam er eine Tonuntertasse
Without loss of time he got an earthenware saucer
Er stellte die Untertasse auf ein Kohlenbecken voller glühender Glut
he placed the saucer on a brazier full of red-hot embers
er hatte weder Öl noch Butter zu verwenden
he didn't have any oil or butter to use
also goss er ein wenig Wasser in die Untertasse
so he poured a little water into the saucer
und als das Wasser zu rauchen begann, knack!
and when the water began to smoke, crack!
Er zerbrach die Eierschale über der Untertasse
he broke the egg-shell over the saucer
und er ließ den Inhalt des Eies in die Untertasse fallen
and he let the contents of the egg drop into the saucer
aber das Ei war nicht voll von Eiweiß und Eigelb
but the egg was not full of white and yolk
Stattdessen sprang ein kleines Huhn aus dem Ei
instead, a little chicken popped out the egg

es war ein sehr fröhliches und höfliches kleines Huhn
it was a very gay and polite little chicken
Das kleine Huhn machte eine schöne Höflichkeit
the little chicken made a beautiful courtesy
"Tausend Dank, Meister. Pinocchio"
"A thousand thanks, Master. Pinocchio"
»Sie haben mir die Mühe erspart, die Schale zu zerbrechen.«
"you have saved me the trouble of breaking the shell"
"Adieu, bis wir uns wiedersehen", sagte das Huhn
"Adieu, until we meet again" the chicken said
»Bleiben Sie gesund, und mein schönstes Kompliment an alle zu Hause!«
"Keep well, and my best compliments to all at home!"
Das kleine Huhn breitete seine kleinen Flügel aus
the little chicken spread its little wings
und das kleine Huhn huschte durch das offene Fenster
and the little chicken darted through the open window
und dann flog das kleine Huhn aus dem Blickfeld
and then the little chicken flew out of sight
Die arme Puppe stand da, als wäre sie verzaubert worden
The poor puppet stood as if he had been bewitched
seine Augen waren starr und sein Mund war offen
his eyes were fixed, and his mouth was open
und er hatte noch immer die Eierschale in der Hand
and he still had the egg-shell in his hand
langsam erholte er sich von seiner Betäubung
slowly he Recovered from his stupefaction
und dann fing er an zu weinen und zu schreien
and then he began to cry and scream
Er stampfte verzweifelt mit den Füßen auf den Boden
he stamped his feet on the floor in desperation
Inmitten seines Schluchzens sammelte er seine Gedanken
amidst his sobs he gathered his thoughts
"Ah, in der Tat, die sprechende kleine Grille hatte recht"
"Ah, indeed, the talking little cricket was right"
"Ich hätte nicht von zu Hause weglaufen sollen"
"I should not have run away from home"

»dann würde ich jetzt nicht vor Hunger sterben!«
"then I would not now be dying of hunger!"
»und wenn mein Papa hier wäre, würde er mich ernähren.«
"and if my papa were here he would feed me"
»Ach! Was für eine schreckliche Krankheit der Hunger ist!«
"Oh! what a dreadful illness hunger is!"
sein Magen schrie mehr denn je
his stomach cried out more than ever
und er wußte nicht, wie er seinen Hunger stillen sollte
and he did not know how to quiet his hunger
Er dachte daran, das Haus zu verlassen
he thought about leaving the house
vielleicht könnte er einen Ausflug in die Nachbarschaft machen
perhaps he could make an excursion in the neighborhood
er hoffte, eine wohltätige Person zu finden
he hoped to find some charitable person
vielleicht würden sie ihm ein Stück Brot geben
maybe they would give him a piece of bread

Pinocchios Füße brennen zu Asche
Pinocchio's Feet Burn to Cinders

Es war eine besonders wilde und stürmische Nacht
It was an especially wild and stormy night
Der Donner war ungeheuer laut und furchtbar
The thunder was tremendously loud and fearful
die Blitze waren so lebhaft, dass der Himmel in Flammen zu stehen schien
the lightning was so vivid that the sky seemed on fire
Pinocchio hatte eine große Angst vor dem Donner
Pinocchio had a great fear of thunder
Aber Hunger kann stärker sein als Angst
but hunger can be stronger than fear
also schloß er die Tür des Hauses

so he closed the door of the house
und er eilte verzweifelt nach dem Dorf
and he made a desperate rush for the village
er erreichte das Dorf in hundert Sprüngen
he reached the village in a hundred bounds
seine Zunge hing aus seinem Mund
his tongue was hanging out of his mouth
und er schnappte nach Atem wie ein Hund
and he was panting for breath like a dog
Aber er fand das Dorf ganz dunkel und verlassen
But he found the village all dark and deserted
Die Läden waren geschlossen und die Fenster geschlossen
The shops were closed and the windows were shut
und es war nicht einmal ein Hund auf der Straße
and there was not so much as a dog in the street
Es schien, als wäre er im Land der Toten angekommen
It seemed like he had arrived in the land of the dead
Pinocchio wurde von Verzweiflung und Hunger getrieben
Pinocchio was urged on by desperation and hunger
er ergriff die Glocke eines Hauses
he took hold of the bell of a house
und er fing an, mit aller Kraft die Glocke zu läuten
and he began to ring the bell with all his might
»Das wird jemanden bringen«, sagte er zu sich selbst
"That will bring somebody," he said to himself
Und es hat jemanden gebracht!
And it did bring somebody!
Ein kleiner alter Mann erschien an einem Fenster
A little old man appeared at a window
Der kleine alte Mann hatte noch eine Nachtmütze auf dem Kopf
the little old man still had a night-cap on his head
rief er ihm zornig zu
he called to him angrily
»Was wollen Sie zu einer solchen Stunde?«
"What do you want at such an hour?"
»Wären Sie so freundlich, mir ein wenig Brot zu geben?«

"Would you be kind enough to give me a little bread?"
Der kleine alte Mann war sehr zuvorkommend
the little old man was very obliging
"Warte dort, ich komme gleich zurück"
"Wait there, I will be back directly"
Er dachte, es sei einer der lokalen Schurken
he thought it was one of the local rascals
sie amüsieren sich damit, nachts die Hausglocken zu läuten
they amuse themselves by ringing the house-bells at night
Nach einer halben Minute öffnete sich das Fenster wieder
After half a minute the window opened again
rief die Stimme desselben kleinen alten Mannes Pinocchio zu
the voice of the same little old man shouted to Pinocchio
"Komm runter und halte deine Mütze hoch"
"Come underneath and hold out your cap"
Pinocchio zog seine Mütze ab und hielt sie hoch
Pinocchio pulled off his cap and held it out
aber Pinocchios Mütze war weder mit Brot noch mit Essen gefüllt
but Pinocchio's cap was not filled with bread or food
ein riesiges Becken mit Wasser wurde auf ihn herabgegossen
an enormous basin of water was poured down on him
das Wasser durchnässte ihn von Kopf bis Fuß
the water soaked him from head to foot
als wäre er ein Topf mit vertrockneten Geranien gewesen
as if he had been a pot of dried-up geraniums
Er kehrte nach Hause zurück wie ein nasses Huhn
He returned home like a wet chicken
er war ganz erschöpft von Müdigkeit und Hunger
he was quite exhausted with fatigue and hunger
er hatte nicht mehr die Kraft, zu stehen
he no longer had the strength to stand
also setzte er sich hin und ruhte seine feuchten, schlammigen Füße aus
so he sat down and rested his damp and muddy feet

Er stellte seine Füße auf ein Kohlenbecken voller brennender Glut
he put his feet on a brazier full of burning embers
und dann schlief er ein, erschöpft vom Tag
and then he fell asleep, exhausted from the day
wir alle wissen, dass Pinocchio Holzfüße hat
we all know that Pinocchio has wooden feet
und wir wissen, was mit Holz auf brennender Glut passiert
and we know what happens to wood on burning embers
Nach und nach verbrannten seine Füße und wurden zu Asche
little by little his feet burnt away and became cinders
Pinocchio schlief weiter und schnarchte
Pinocchio continued to sleep and snore
seine Füße hätten genauso gut jemand anderem gehören können
his feet might as well have belonged to someone else
Endlich erwachte er, weil jemand an die Tür klopfte
At last he awoke because someone was knocking at the door
»Wer ist da?« fragte er, gähnte und rieb sich die Augen
"Who is there?" he asked, yawning and rubbing his eyes
»Ich bin's!« antwortete eine Stimme
"It is I!" answered a voice
Und Pinocchio erkannte Geppettos Stimme
And Pinocchio recognized Geppetto's voice

Geppetto gibt Pinocchio sein eigenes Frühstück
Geppetto Gives his own Breakfast to Pinocchio

Die Augen des armen Pinocchio waren noch halb geschlossen vom Schlaf
Poor Pinocchio's eyes were still half shut from sleep
er hatte noch nicht herausgefunden, was geschehen war
he had not yet discovered what had happened
seine Füße waren völlig verbrannt

his feet had were completely burnt off
er hörte die Stimme seines Vaters an der Tür
he heard the voice of his father at the door
und er sprang von dem Stuhl auf, auf dem er geschlafen hatte
and he jumped off the chair he had slept on
er wollte zur Tür laufen und sie öffnen
he wanted to run to the door and open it
aber er stolperte herum und fiel auf den Boden
but he stumbled around and fell on the floor
Stellen Sie sich vor, Sie hätten einen Sack Holzkellen
imagine having a sack of wooden ladles
Stellen Sie sich vor, Sie werfen den Sack vom Balkon
imagine throwing the sack off the balcony
das war das Geräusch von Pinocchio, der zu Boden fiel
that is was the sound of Pinocchio falling to the floor
»Öffnet die Tür!« rief Geppetto von der Straße her
"Open the door!" shouted Geppetto from the street
»Lieber Papa, ich kann nicht«, antwortete die Puppe
"Dear papa, I cannot," answered the puppet
und er weinte und wälzte sich auf dem Boden
and he cried and rolled about on the ground
"Warum kannst du die Tür nicht öffnen?"
"Why can't you open the door?"
"Weil meine Füße gefressen wurden"
"Because my feet have been eaten"
"Und wer hat deine Füße gegessen?"
"And who has eaten your feet?"
Pinocchio sah sich nach etwas Schuldigem um
Pinocchio looked around for something to blame
Schließlich antwortete er: "Die Katze hat meine Füße gefressen"
eventually he answered "the cat ate my feet"
»Öffnen Sie die Tür, sage ich Ihnen!« wiederholte Geppetto
"Open the door, I tell you!" repeated Geppetto
»Wenn du es nicht öffnest, sollst du die Katze von mir haben!«

"If you don't open it, you shall have the cat from me!"
"Ich kann nicht aufstehen, glauben Sie mir"
"I cannot stand up, believe me"
»Ach, ich Armer!« klagte Pinocchio
"Oh, poor me!" lamented Pinocchio
»Ich werde für den Rest meines Lebens auf den Knien gehen müssen!«
"I shall have to walk on my knees for the rest of my life!"
Geppetto dachte, dies sei ein weiterer Trick der Puppe
Geppetto thought this was another one of the puppet's tricks
er dachte an ein Mittel, seinen Tricks ein Ende zu machen
he thought of a means of putting an end to his tricks
Er kletterte die Mauer hinauf und stieg durch das Fenster ein
he climbed up the wall and got in through the window
Er war sehr wütend, als er Pinocchio zum ersten Mal sah
He was very angry when he first saw Pinocchio
und er tat nichts anderes, als mit der armen Marionette zu schimpfen
and he did nothing but scold the poor puppet

aber dann sah er, dass Pinocchio wirklich ohne Füße war
but then he saw Pinocchio really was without feet
und er war wieder ganz von Mitleid überwältigt
and he was quite overcome with sympathy again
Geppetto nahm seine Puppe in den Arm

Geppetto took his puppet in his arms
und er fing an, ihn zu küssen und zu liebkosen
and he began to kiss and caress him
Er sagte tausend liebenswerte Dinge zu ihm
he said a thousand endearing things to him
große Tränen liefen über seine rosigen Wangen
big tears ran down his rosy cheeks
»**Mein kleiner Pinocchio!**« **tröstete er ihn**
"My little Pinocchio!" he comforted him
"**Wie hast du es geschafft, dir die Füße zu verbrennen?**"
"how did you manage to burn your feet?"
"**Ich weiß nicht, wie ich das gemacht habe, Papa**"
"I don't know how I did it, papa"
"**Aber es war eine so schreckliche Nacht**"
"but it has been such a dreadful night"
"**Ich werde mich daran erinnern, solange ich lebe**"
"I shall remember it as long as I live"
"**Es gab die ganze Nacht Donner und Blitz**"
"there was thunder and lightning all night"
"**und ich war die ganze Nacht sehr hungrig**"
"and I was very hungry all night"
"**Und dann schimpfte mich die sprechende Grille**"
"and then the talking cricket scolded me"
"**Die sprechende Grille sagte: 'Es ist dir recht'**"
"the talking cricket said 'it serves you right'"
»**Er sagte; du warst böse und hast es verdient'**"
"he said; 'you have been wicked and deserve it'"
»**und ich sagte zu ihm:** ›**Pass auf dich auf, kleine Grille!**‹«
"and I said to him: 'Take care, little Cricket!'"
"**Und er sagte: Du bist eine Marionette'**"
"and he said; 'You are a puppet'"
"**Und er sagte: du hast einen Holzkopf'**"
"and he said; 'you have a wooden head'"
"**und ich warf den Stiel eines Hammers nach ihm**"
"and I threw the handle of a hammer at him"
"**Und dann starb die sprechende kleine Grille**"
"and then the talking little cricket died"

"Aber es war seine Schuld, dass er gestorben ist"
"but it was his fault that he died"
"weil ich ihn nicht töten wollte"
"because I didn't wish to kill him"
"und ich habe Beweise, dass ich es nicht beabsichtigt habe"
"and I have proof that I didn't mean to"
"Ich hatte eine Tonuntertasse auf brennende Glut gestellt"
"I had put an earthenware saucer on burning embers"
"Aber ein Huhn ist aus dem Ei geflogen"
"but a chicken flew out of the egg"
»Das Huhn sagte: Adieu, bis wir uns wiedersehen'«
"the chicken said; 'Adieu, until we meet again'"
"Schicke meine Komplimente an alle zu Hause"
'send my compliments to all at home'
"und dann wurde ich noch hungriger"
"and then I got even more hungry"
»Dann war da noch der kleine alte Mann mit der Nachtmütze.«
"then there was that little old man in a night-cap"
"Er öffnete das Fenster über mir"
"he opened the window up above me"
"Und er sagte mir, ich solle meinen Hut hinhalten"
"and he told me to hold out my hat"
"Und er goss ein Becken voll Wasser über mich"
"and he poured a basinful of water on me"
»Um ein wenig Brot zu bitten, ist doch keine Schande, oder?«
"asking for a little bread isn't a disgrace, is it?"
»und dann bin ich sofort nach Hause zurückgekehrt.«
"and then I returned home at once"
"Ich war hungrig und kalt und müde"
"I was hungry and cold and tired"
"Und ich stellte meine Füße auf das Kohlenbecken, um sie zu trocknen."
"and I put my feet on the brazier to dry them"
"Und dann bist du am Morgen zurückgekommen"
"and then you returned in the morning"

"und ich stellte fest, dass meine Füße verbrannt waren"
"and I found my feet were burnt off"
"und ich bin immer noch hungrig"
"and I am still hungry"
»aber ich habe keine Füße mehr!«
"but I no longer have any feet!"
Und der arme Pinocchio fing an zu weinen und zu brüllen
And poor Pinocchio began to cry and roar
er weinte so laut, dass man ihn fünf Meilen weit hörte
he cried so loudly that he was heard five miles off
Geppetto, verstand von all dem nur eines
Geppetto, only understood one thing from all this
Er verstand, dass die Puppe vor Hunger starb
he understood that the puppet was dying of hunger
also zog er drei Birnen aus der Tasche
so he drew from his pocket three pears
und er gab die Birnen Pinocchio
and he gave the pears to Pinocchio
"Diese drei Birnen waren für mein Frühstück gedacht"
"These three pears were intended for my breakfast"
»aber ich will dir gern meine Birnen geben.«
"but I will give you my pears willingly"
"Iss sie, und ich hoffe, sie werden dir gut tun"
"Eat them, and I hope they will do you good"
Pinocchio betrachtete die Birnen misstrauisch
Pinocchio looked at the pears distrustfully
"Aber du kannst nicht erwarten, dass ich sie so esse"
"but you can't expect me to eat them like that"
"Sei so freundlich, sie für mich zu schälen"
"be kind enough to peel them for me"
»Schälen?« fragte Geppetto erstaunt
"Peel them?" said Geppetto, astonished
"Ich wusste nicht, dass du so zierlich und anspruchsvoll bist"
"I didn't know you were so dainty and fastidious"
»Das sind schlechte Gewohnheiten, mein Junge!«
"These are bad habits to have, my boy!"

"Wir müssen uns daran gewöhnen, alles zu mögen und zu essen"
"we must accustom ourselves to like and to eat everything"
"Wir wissen nicht, wozu wir gebracht werden können"
"there is no knowing to what we may be brought"
"Es gibt so viele Chancen!"
"There are so many chances!"
»Sie haben ohne Zweifel recht,« unterbrach ihn Pinocchio
"You are no doubt right," interrupted Pinocchio
"aber ich werde nie Früchte essen, die nicht geschält sind"
"but I will never eat fruit that has not been peeled"
"Ich kann den Geschmack von Rinde nicht ertragen"
"I cannot bear the taste of rind"
So schälte der gute Geppetto die drei Birnen
So good Geppetto peeled the three pears
und er legte die Birnenschalen auf eine Ecke des Tisches
and he put the pear's rinds on a corner of the table
Pinocchio hatte die erste Birne gegessen
Pinocchio had eaten the first pear
Er war im Begriff, den Kern der Birne wegzuwerfen
he was about to throw away the pear's core
aber Geppetto ergriff seinen Arm
but Geppetto caught hold of his arm
"Wirf den Kern der Birne nicht weg"
"Do not throw the core of the pear away"
"In dieser Welt kann alles von Nutzen sein"
"in this world everything may be of use"
Aber Pinocchio weigerte sich, den Sinn darin zu sehen
But Pinocchio refused to see the sense in it
"Ich bin entschlossen, den Kern der Birne nicht zu essen"
"I am determined I will not eat the core of the pear"
und Pinocchio wandte sich wie eine Viper gegen ihn
and Pinocchio turned upon him like a viper
»Wer weiß!« wiederholte Geppetto
"Who knows!" repeated Geppetto
"Es gibt so viele Chancen", sagte er
"there are so many chances," he said

und Geppetto verlor nicht ein einziges Mal die Beherrschung
and Geppetto never lost his temper even once

Und so wurden die drei Birnenkerne nicht weggeworfen
And so the three pear cores were not thrown out

sie wurden mit den Schalen auf die Ecke des Tisches gelegt
they were placed on the corner of the table with the rinds

nach seinem kleinen Festmahl gähnte Pinocchio ungeheuer
after his small feast Pinocchio yawned tremendously

und er sprach wieder in ärgerlichem Ton
and he spoke again in a fretful tone

»Ich bin hungrig wie immer!«
"I am as hungry as ever!"

»Aber, mein Junge, ich habe dir nichts mehr zu geben!«
"But, my boy, I have nothing more to give you!"

"Du hast nichts? Wirklich? Nichts?"
"You have nothing? Really? Nothing?"

"Ich habe nur die Schale und die Kerne der Birnen"
"I have only the rind and the cores of the pears"

»Man muß Geduld haben!« sagte Pinocchio
"One must have patience!" said Pinocchio

"Wenn es nichts anderes gibt, esse ich die Birnenschale"
"if there is nothing else I will eat the pear's rind"

Und er fing an, die Schale der Birne zu kauen
And he began to chew the rind of the pear

Zuerst machte er ein schiefes Gesicht
At first he made a wry face

aber dann aß er sie schnell nacheinander
but then, one after the other, he quickly ate them

und nach den Birnenschalen aß er sogar die Kerne
and after the pear's rinds he even ate the cores

als er alles gegessen hatte, rieb er sich den Bauch
when he had eaten everything he rubbed his belly

»Ah! jetzt fühle ich mich wieder wohl."
"Ah! now I feel comfortable again"

»Jetzt siehst du, daß ich recht hatte«, lächelte Gepetto
"Now you see I was right," smiled Gepetto

"Es ist nicht gut, sich an unseren Geschmack zu gewöhnen"
"it's not good to accustom ourselves to our tastes"
»Wir können nie wissen, mein lieber Junge, was mit uns geschehen kann.«
"We can never know, my dear boy, what may happen to us"
"Es gibt so viele Chancen!"
"There are so many chances!"

Geppetto macht Pinocchio neue Füße
Geppetto Makes Pinocchio New Feet

die Puppe hatte seinen Hunger gestillt
the puppet had satisfied his hunger
aber er fing wieder an zu weinen und zu murren
but he began to cry and grumble again
Er erinnerte sich, dass er ein Paar neue Füße wollte
he remembered he wanted a pair of new feet
Aber Geppetto bestrafte ihn für seine Ungezogenheit
But Geppetto punished him for his naughtiness
er erlaubte ihm, zu weinen und ein wenig zu verzweifeln
he allowed him to cry and to despair a little
Pinocchio musste sich den halben Tag mit seinem Schicksal abfinden
Pinocchio had to accept his fate for half the day
Am Ende des Tages sagte er zu ihm:
at the end of the day he said to him:
"Warum sollte ich dir neue Füße machen?"
"Why should I make you new feet?"
»Um Ihnen die Möglichkeit zu geben, wieder von zu Hause zu entkommen?«
"To enable you to escape again from home?"
Pinocchio schluchzte über seine Situation
Pinocchio sobbed at his situation
"Ich verspreche dir, dass ich für die Zukunft gut sein werde"
"I promise you that for the future I will be good"

aber Geppetto kannte inzwischen Pinocchios Tricks
but Geppetto knew Pinocchio's tricks by now
"Alle Jungs, die etwas wollen, sagen dasselbe"
"All boys who want something say the same thing"
"Ich verspreche dir, dass ich zur Schule gehen werde"
"I promise you that I will go to school"
"und ich werde studieren und einen guten Bericht mit nach Hause bringen"
"and I will study and bring home a good report"
"Alle Jungs, die etwas wollen, wiederholen die gleiche Geschichte"
"All boys who want something repeat the same story"
»Aber ich bin nicht wie andere Jungen!« Pinocchio widersprach
"But I am not like other boys!" Pinocchio objected
"Ich bin besser als sie alle", fügte er hinzu
"I am better than all of them," he added
»und ich spreche immer die Wahrheit«, log er
"and I always speak the truth," he lied
»Ich verspreche dir, Papa, daß ich ein Handwerk erlernen werde.«
"I promise you, papa, that I will learn a trade"
"Ich verspreche, dass ich der Trost deines Alters sein werde"
"I promise that I will be the consolation of your old age"
Geppettos Augen füllten sich mit Tränen, als er das hörte
Geppetto's eyes filled with tears on hearing this
sein Herz war traurig, seinen Sohn so zu sehen
his heart was sad at seeing his son like this
Pinocchio war in einem so bemitleidenswerten Zustand
Pinocchio was in such a pitiable state
Er sagte kein Wort mehr zu Pinocchio
He did not say another word to Pinocchio
Er holte sein Werkzeug und zwei kleine Stücke abgelagertes Holz
he got his tools and two small pieces of seasoned wood
er machte sich mit großem Fleiß an die Arbeit
he set to work with great diligence

In weniger als einer Stunde waren die Füße fertig
In less than an hour the feet were finished
Sie könnten von einem genialen Künstler modelliert worden sein
They might have been modelled by an artist of genius
Geppetto sprach dann mit der Puppe
Geppetto then spoke to the puppet
"Schließe deine Augen und geh schlafen!"
"Shut your eyes and go to sleep!"
Und Pinocchio schloß die Augen und tat so, als würde er schlafen
And Pinocchio shut his eyes and pretended to sleep
Geppetto holte eine Eierschale und schmolz etwas Kleber hinein
Geppetto got an egg-shell and melted some glue in it
und er befestigte Pinocchios Füße an ihrem Platz
and he fastened Pinocchio's feet in their place
es wurde meisterhaft von Geppetto gemacht
it was masterfully done by Geppetto
keine Spur war zu sehen, wo die Füße verbunden waren
not a trace could be seen of where the feet were joined
Pinocchio merkte bald, dass er wieder Füße hatte
Pinocchio soon realized that he had feet again
und dann sprang er vom Tisch herunter
and then he jumped down from the table
Er sprang voller Energie und Freude durch den Raum
he jumped around the room with energy and joy
er tanzte, als wäre er vor Freude verrückt geworden
he danced as if he had gone mad with his delight
"Danke für alles, was du für mich getan hast"
"thank you for all you have done for me"
"Ich werde sofort zur Schule gehen", versprach Pinocchio
"I will go to school at once," Pinocchio promised
»aber um in die Schule zu gehen, brauche ich ein paar Kleider.«
"but to go to school I shall need some clothes"
inzwischen wissen Sie, dass Geppetto ein armer Mann war

by now you know that Geppetto was a poor man
er hatte nicht einmal einen Penny in der Tasche
he had not so much as a penny in his pocket
also machte er ihm ein kleines Kleid aus geblümtem Papier
so he made him a little dress of flowered paper
ein Paar Schuhe aus der Rinde eines Baumes
a pair of shoes from the bark of a tree
und er machte einen Hut aus dem Brot
and he made a hat out of the bread

Pinocchio rannte, um sich in einem Topf mit Wasser zu betrachten
Pinocchio ran to look at himself in a crock of water
er war sehr zufrieden mit seinem Aussehen
he was ever so pleased with his appearance
und er stolzierte wie ein Pfau durch das Zimmer
and he strutted about the room like a peacock
»Ich sehe ganz aus wie ein Gentleman!«
"I look quite like a gentleman!"
»Ja, allerdings,« antwortete Geppetto
"Yes, indeed," answered Geppetto
"Es sind nicht feine Kleider, die den Gentleman ausmachen"
"it is not fine clothes that make the gentleman"
"Vielmehr sind es saubere Kleider, die einen Gentleman ausmachen"

"rather, it is clean clothes that make a gentleman"
»Übrigens«, fügte die Puppe hinzu
"By the way," added the puppet
"Um zur Schule zu gehen, brauche ich noch etwas"
"to go to school there's still something I need"
"Mir fehlt immer noch das Beste"
"I am still without the best thing"
"Es ist das Wichtigste für einen Schuljungen"
"it is the most important thing for a school boy"
»Und was ist es?« fragte Geppetto
"And what is it?" asked Geppetto
"Ich habe kein Buchstabierbuch"
"I have no spelling-book"
"Du hast Recht", erkannte Geppetto
"You are right" realized Geppetto
»aber was sollen wir tun, um einen zu bekommen?«
"but what shall we do to get one?"
Pinocchio tröstete Geppetto: "Es ist ganz einfach"
Pinocchio comforted Geppetto, "It is quite easy"
"Wir müssen nur zum Buchhändler gehen"
"all we have to do is go to the bookseller's"
"Alles, was ich tun muss, ist, bei ihnen zu kaufen"
"all I have to do is buy from them"
"Aber wie können wir es ohne Geld kaufen?"
"but how do we buy it without money?"
»Ich habe kein Geld«, sagte Pinocchio
"I have got no money," said Pinocchio
»Ich auch nicht«, fügte der gute alte Mann sehr traurig hinzu
"Neither have I," added the good old man, very sadly
obwohl er ein sehr lustiger Junge war, wurde Pinocchio traurig
although he was a very merry boy, Pinocchio became sad
Armut, wenn sie real ist, wird von allen verstanden
poverty, when it is real, is understood by everybody
»Nun, Geduld!« rief Geppetto und erhob sich
"Well, patience!" exclaimed Geppetto, rising to his feet
und er zog seine alte Cordjacke an

and he put on his old corduroy jacket
und er rannte aus dem Haus in den Schnee
and he ran out of the house into the snow
Bald darauf kehrte er ins Haus zurück
He returned back to the house soon after
in der Hand hielt er ein Buchstabierbuch für Pinocchio
in his hand he held a spelling-book for Pinocchio
aber die alte Jacke, mit der er gegangen war, war weg
but the old jacket he had left with was gone
Der arme Mann war in Hemdsärmeln
The poor man was in his shirt-sleeves
und draußen war es kalt und schneite
and outdoors it was cold and snowing
»Und deine Jacke, Papa?« fragte Pinocchio
"And your jacket, papa?" asked Pinocchio
»Ich habe es verkauft«, bestätigte der alte Geppetto
"I have sold it," confirmed old Geppetto
»Warum haben Sie es verkauft?« fragte Pinocchio
"Why did you sell it?" asked Pinocchio
"Weil ich fand, dass meine Jacke zu heiß war"
"Because I found my jacket was too hot"
Pinocchio verstand diese Antwort sofort
Pinocchio understood this answer in an instant
Pinocchio war nicht imstande, den Impuls seines Herzens zu zügeln
Pinocchio was unable to restrain the impulse of his heart
Denn Pinocchio hatte doch ein gutes Herz
Because Pinocchio did have a good heart after all
er sprang auf und schlang Geppetto die Arme um den Hals
he sprang up and threw his arms around Geppetto's neck
und er küßte ihn wieder und wieder tausendmal
and he kissed him again and again a thousand times

Pinocchio besucht ein Puppentheater
Pinocchio Goes to See a Puppet Show

Irgendwann hörte es draußen auf zu schneien
eventually it stopped snowing outside
und Pinocchio machte sich auf den Weg, um zur Schule zu gehen
and Pinocchio set out to go to school
und er hatte sein schönes Buchstabierbuch unter dem Arm
and he had his fine spelling-book under his arm
er ging mit tausend Ideen im Kopf dahin
he walked along with a thousand ideas in his head
sein kleines Gehirn dachte an alle Möglichkeiten
his little brain thought of all the possibilities
und er baute tausend Luftschlösser
and he built a thousand castles in the air
Jedes Schloss war schöner als das andere
each castle was more beautiful than the other
Und indem er mit sich selbst sprach, sagte er:
And, talking to himself, he said;
"Heute in der Schule werde ich sofort lesen lernen"
"Today at school I will learn to read at once"
"Dann werde ich morgen anfangen zu schreiben"
"then tomorrow I will begin to write"
"Und übermorgen werde ich die Zahlen lernen"
"and the day after tomorrow I will learn the numbers"
"All diese Dinge werden sich als sehr nützlich erweisen"
"all of these things will prove very useful"
"und dann werde ich viel Geld verdienen"
"and then I will earn a great deal of money"
"Ich weiß schon, was ich mit dem ersten Geld machen werde"
"I already know what I will do with the first money"
"Ich werde sofort einen schönen neuen Stoffmantel kaufen"
"I will immediately buy a beautiful new cloth coat"
"Mein Papa muss nicht mehr frieren"
"my papa will not have to be cold anymore"

"Aber was sage ich?", erkannte er
"But what am I saying?" he realized
"Es soll alles aus Gold und Silber sein"
"It shall be all made of gold and silver"
"Und es soll Diamantknöpfe haben"
"and it shall have diamond buttons"
"Dieser arme Mann hat es wirklich verdient"
"That poor man really deserves it"
"Er hat mir Bücher gekauft und lässt mich unterrichten"
"he bought me books and is having me taught"
"Und um das zu tun, ist er in einem Hemd geblieben"
"and to do so he has remained in a shirt"
"Er hat das alles bei so kaltem Wetter für mich getan"
"he has done all this for me in such cold weather"
»Nur Papas sind zu solchen Opfern fähig!«
"only papas are capable of such sacrifices!"
Er sagte dies alles mit großer Rührung zu sich selbst
he said all this to himself with great emotion
aber in der Ferne glaubte er Musik zu hören
but in the distance he thought he heard music
es klang wie Pfeifen und das Schlagen einer großen Trommel
it sounded like pipes and the beating of a big drum
Er blieb stehen und lauschte, um zu hören, was es sein könnte
He stopped and listened to hear what it could be
Die Geräusche kamen vom Ende einer Straße
The sounds came from the end of a street
und die Straße führte zu einem kleinen Dorf am Meeresufer
and the street led to a little village on the seashore
"Was kann das für Musik sein?", fragte er sich
"What can that music be?" he wondered
"Schade, dass ich zur Schule gehen muss"
"What a pity that I have to go to school"
"Wenn ich nur nicht zur Schule gehen müsste..."
"if only I didn't have to go to school..."
Und er blieb unentschlossen

And he remained irresolute
Es war jedoch notwendig, zu einer Entscheidung zu kommen
It was, however, necessary to come to a decision
"Soll ich zur Schule gehen?", fragte er sich
"Should I go to school?" he asked himself
"Oder soll ich der Musik nachjagen?"
"or should I go after the music?"
"Heute werde ich die Musik hören", beschloss er
"Today I will go and hear the music" he decided
"Und morgen gehe ich zur Schule"
"and tomorrow I will go to school"
der junge Sündenbock eines Knaben hatte entschieden,
the young scapegrace of a boy had decided
und er zuckte die Achseln über seine Wahl
and he shrugged his shoulders at his choice
Je mehr er rannte, desto näher kamen die Klänge der Musik
The more he ran the nearer came the sounds of the music
und das Schlagen der großen Trommel wurde lauter und lauter
and the beating of the big drum became louder and louder
Endlich befand er sich mitten auf einem Marktplatz
At last he found himself in the middle of a town square
Der Platz war ziemlich voll von Menschen
the square was quite full of people
alle Menschen drängten sich um ein Gebäude
all the people were all crowded round a building
und das Gebäude war aus Holz und Leinwand
and the building was made of wood and canvas
und das Gebäude war in tausend Farben gestrichen
and the building was painted a thousand colours
»Was ist das für ein Gebäude?« fragte Pinocchio
"What is that building?" asked Pinocchio
und er wandte sich an einen kleinen Knaben
and he turned to a little boy
"Lesen Sie das Plakat", sagte der Junge zu ihm
"Read the placard," the boy told him

"Es steht alles dort geschrieben", fügte er hinzu
"it is all written there," he added
"Lies es und dann wirst du es wissen"
"read it and and then you will know"
"Ich würde es gerne lesen", sagte Pinocchio
"I would read it willingly," said Pinocchio
»aber es ist so, daß ich heute nicht lesen kann.«
"but it so happens that today I don't know how to read"
»Bravo, Dummkopf! Dann werde ich es dir vorlesen."
"Bravo, blockhead! Then I will read it to you"
»sehen Sie diese Worte so rot wie Feuer?«
"you see those words as red as fire?"
"Das große Puppentheater", las er ihm vor
"The Great Puppet Theatre," he read to him
»Hat das Stück schon begonnen?«
"Has the play already begun?"
»Es fängt jetzt an«, bestätigte der Junge
"It is beginning now," confirmed the boy
"Wie viel kostet es, hineinzugehen?"
"How much does it cost to go in?"
"Einen Cent kostet es"
"A dime is what it costs you"
Pinocchio war in einem Fieber der Neugier
Pinocchio was in a fever of curiosity
voller Aufregung verlor er alle Kontrolle über sich selbst
full of excitement he lost all control of himself
und Pinocchio verlor jedes Schamgefühl
and Pinocchio lost all sense of shame
"Würdest du mir bis morgen einen Cent leihen?"
"Would you lend me a dime until tomorrow?"
»Ich würde es dir gern leihen«, sagte der Knabe
"I would lend it to you willingly," said the boy
"aber leider kann ich es dir heute nicht geben"
"but unfortunately today I cannot give it to you"
Pinocchio hatte eine andere Idee, um an das Geld zu kommen
Pinocchio had another idea to get the money

"Ich werde dir meine Jacke für einen Cent verkaufen"
"I will sell you my jacket for a dime"
"Aber deine Jacke ist aus geblümtem Papier"
"but your jacket is made of flowered paper"
»wozu könnte ich eine solche Jacke gebrauchen?«
"what use could I have for such a jacket?"
"Stell dir vor, es regnet und die Jacke wird nass"
"imagine it rained and the jacket got wet"
"Es wäre unmöglich, es von meinem Rücken zu bekommen"
"it would be impossible to get it off my back"
»Willst du meine Schuhe kaufen?« versuchte Pinocchio
"Will you buy my shoes?" tried Pinocchio
"Sie würden nur dazu dienen, das Feuer zu entfachen"
"They would only be of use to light the fire"
»Wie viel geben Sie mir für meine Mütze?«
"How much will you give me for my cap?"
»Das wäre in der Tat eine wunderbare Anschaffung!«
"That would be a wonderful acquisition indeed!"
»Eine Mütze aus Brotkrume!« scherzte der Junge
"A cap made of bread crumb!" joked the boy
"Es besteht die Gefahr, dass die Mäuse kommen, um es zu fressen"
"There would be a risk of the mice coming to eat it"
»sie könnten es essen, solange es noch auf meinem Kopf war!«
"they might eat it whilst it was still on my head!"
Pinocchio war wegen seiner misslichen Lage im Dorn
Pinocchio was on thorns about his predicament
Er war im Begriff, ein neues Angebot zu machen
He was on the point of making another offer
aber er hatte nicht den Mut, ihn zu fragen
but he had not the courage to ask him
Er zögerte, fühlte sich unentschlossen und reumütig
He hesitated, felt irresolute and remorseful
Endlich fasste er den Mut, zu fragen
At last he raised the courage to ask
»Wollen Sie mir einen Groschen für dieses neue

Buchstabierbuch geben?«
"Will you give me a dime for this new spelling-book?"
aber der Junge lehnte auch dieses Anerbieten ab
but the boy declined this offer too
"Ich bin ein Junge und kaufe nicht von Jungs"
"I am a boy and I don't buy from boys"
ein Händler alter Kleider hatte sie belauscht
a hawker of old clothes had overheard them
"Ich werde das Buchstabierbuch für einen Groschen kaufen"
"I will buy the spelling-book for a dime"
Und das Buch wurde sofort verkauft
And the book was sold there and then
der arme Geppetto war zitternd vor Kälte zu Hause geblieben
poor Geppetto had remained at home trembling with cold
damit sein Sohn ein Buchstabierbuch haben könne
in order that his son could have a spelling-book

Die Marionetten erkennen ihren Bruder Pinocchio
The Puppets Recognize their Brother Pinocchio

Pinocchio war im kleinen Puppentheater
Pinocchio was in the little puppet theatre
es kam zu einem Zwischenfall, der fast eine Revolution ausgelöst hätte
an incident occurred that almost produced a revolution
Der Vorhang war aufgegangen und das Stück hatte bereits begonnen
The curtain had gone up and the play had already begun
Harlekin und Kasperle stritten sich
Harlequin and Punch were quarrelling with each other
jeden Augenblick drohten sie mit Schlägen
every moment they were threatening to come to blows
Plötzlich hielt Harlekin inne und wandte sich an das Publikum

All at once Harlequin stopped and turned to the public
Er deutete mit der Hand auf jemanden weit unten in der Grube
he pointed with his hand to someone far down in the pit
und er rief in dramatischem Ton
and he exclaimed in a dramatic tone
"Götter des Firmaments!"
"Gods of the firmament!"
"Träume ich oder bin ich wach?"
"Do I dream or am I awake?"
»Aber das ist doch Pinocchio!«
"But, surely that is Pinocchio!"
»Es ist wirklich Pinocchio!« rief Kasperle
"It is indeed Pinocchio!" cried Punch
Und Rose lugte hinter den Kulissen hervor
And Rose peeped out from behind the scenes
»Er ist es wirklich!« schrie Rose
"It is indeed himself!" screamed Rose
und alle Puppen schrien im Chor
and all the puppets shouted in chorus
"Es ist Pinocchio! es ist Pinocchio!«
"It is Pinocchio! it is Pinocchio!"
und sie sprangen von allen Seiten auf die Bühne
and they leapt from all sides onto the stage
»Es ist Pinocchio!« riefen alle Puppen
"It is Pinocchio!" all the puppets exclaimed
"Es ist unser Bruder Pinocchio!"
"It is our brother Pinocchio!"
"Es lebe Pinocchio!", jubelten sie gemeinsam
"Long live Pinocchio!" they cheered together
»Pinocchio, komm zu mir herauf!« rief Harlekin
"Pinocchio, come up here to me," cried Harlequin
"Wirf dich in die Arme deiner hölzernen Brüder!"
"throw yourself into the arms of your wooden brothers!"
Pinocchio konnte diese liebevolle Einladung nicht ablehnen
Pinocchio couldn't decline this affectionate invitation
Er sprang vom Ende der Grube auf die reservierten Plätze

he leaped from the end of the pit into the reserved seats
ein weiterer Sprung landete auf dem Kopf des Schlagzeugers
another leap landed him on the head of the drummer
und dann sprang er auf die Bühne
and he then sprang upon the stage
Die Umarmungen und die freundlichen Kneifungen
The embraces and the friendly pinches
und die Demonstrationen warmer brüderlicher Zuneigung
and the demonstrations of warm brotherly affection
Pinocchios Aufnahme durch die Puppen war unbeschreiblich
Pinocchio reception from the puppets was beyond description
Der Anblick war zweifellos ein bewegender
The sight was doubtless a moving one
aber das Publikum in der Grube war ungeduldig geworden
but the public in the pit had become impatient
Sie begannen zu schreien: "Wir sind gekommen, um ein Theaterstück zu sehen"
they began to shout, "we came to watch a play"
»Mach weiter mit dem Stück!« forderten sie
"go on with the play!" they demanded
aber die Puppen setzten das Konzert nicht fort
but the puppets didn't continue the recital
Die Puppen verdoppelten ihren Lärm und ihr Geschrei
the puppets doubled their noise and outcries
sie legten Pinocchio auf ihre Schultern
they put Pinocchio on their shoulders
und sie trugen ihn im Triumph vor die Scheinwerfer
and they carried him in triumph before the footlights
In diesem Moment kam der Zirkusdirektor heraus
At that moment the ringmaster came out
Er war ein großer und hässlicher Mann
He was a big and ugly man
sein Anblick reichte aus, um jeden zu erschrecken
the sight of him was enough to frighten anyone
Sein Bart war schwarz wie Tinte und lang

His beard was as black as ink and long
und sein Bart reichte vom Kinn bis zum Boden
and his beard reached from his chin to the ground
und er trat auf seinen Bart, wenn er ging
and he trod upon his beard when he walked
Sein Mund war so groß wie ein Ofen
His mouth was as big as an oven
und seine Augen waren wie zwei Laternen aus brennendem rotem Glas
and his eyes were like two lanterns of burning red glass
Er trug eine große Peitsche aus verdrehten Schlangen und Fuchsschwänzen
He carried a large whip of twisted snakes and foxes' tails
und er knallte beständig mit der Peitsche
and he cracked his whip constantly
Bei seinem unerwarteten Erscheinen trat tiefes Schweigen ein
At his unexpected appearance there was a profound silence
niemand wagte es auch nur zu atmen
no one dared to even breathe
In der Stille hätte man eine Fliege hören können
A fly could have been heard in the stillness
Die armen Marionetten beiderlei Geschlechts zitterten wie Blätter
The poor puppets of both sexes trembled like leaves
»Sind Sie gekommen, um in meinem Theater Unruhe zu stiften?«
"have you come to raise a disturbance in my theatre?"
Er hatte die raue Stimme eines Goblins
he had the gruff voice of a goblin
ein Goblin, der an einer schweren Erkältung leidet
a goblin suffering from a severe cold
»Glauben Sie mir, verehrter Herr, es ist nicht meine Schuld!«
"Believe me, honoured sir, it it not my fault!"
"Das ist genug von dir!", brüllte er
"That is enough from you!" he blared

"Heute Abend werden wir unsere Rechnungen begleichen"
"Tonight we will settle our accounts"
Bald war das Stück zu Ende und die Gäste gingen
soon the play was over and the guests left
Der Zirkusdirektor ging in die Küche
the ringmaster went into the kitchen
ein schönes Schaf wurde für sein Abendessen vorbereitet
a fine sheep was being prepared for his supper
es drehte sich langsam auf dem Feuer
it was turning slowly on the fire
Es war nicht genug Holz vorhanden, um das Lamm fertig zu braten
there was not enough wood to finish roasting the lamb
also rief er nach Harlekin und Kasperle
so he called for Harlequin and Punch
"Bringt die Puppe her", befahl er ihnen
"Bring that puppet here," he ordered them
"Sie werden ihn an einem Nagel hängend finden"
"you will find him hanging on a nail"
"Es scheint mir, dass er aus sehr trockenem Holz gemacht ist"
"It seems to me that he is made of very dry wood"
"Ich bin sicher, er würde eine schöne Flamme machen"
"I am sure he would make a beautiful blaze"
Zuerst zögerten Harlekin und Kasperle
At first Harlequin and Punch hesitated
aber sie waren entsetzt über einen strengen Blick ihres Herrn
but they were appalled by a severe glance from their master
und sie hatten keine andere Wahl, als seinen Wünschen zu gehorchen
and they had no choice but to obey his wishes
Nach kurzer Zeit kehrten sie in die Küche zurück
In a short time they returned to the kitchen
diesmal trugen sie den armen Pinocchio
this time they were carrying poor Pinocchio
er zappelte wie ein Aal aus dem Wasser

he was wriggling like an eel out of water
und er schrie verzweifelt
and he was screaming desperately
»Papa! Papa! Rette mich! Ich werde nicht sterben!"
"Papa! papa! save me! I will not die!"

Der Feuerschlucker niest und verzeiht Pinocchio
The Fire-Eater Sneezes and Pardons Pinocchio

Der Zirkusdirektor sah aus wie ein böser Mann
The ringmaster looked like a wicked man
und er war von allen als Feuerschlucker bekannt
and he was known by all as Fire-eater
sein schwarzer Bart bedeckte Brust und Beine
his black beard covered his chest and legs
es war, als würde er eine Schürze tragen
it was like he was wearing an apron
und das ließ ihn besonders böse aussehen
and this made him look especially wicked
Im Großen und Ganzen hatte er jedoch kein schlechtes Herz
On the whole, however, he did not have a bad heart
er sah, wie der arme Pinocchio vor sich hergeführt wurde
he saw poor Pinocchio brought before him
Er sah, wie die Puppe kämpfte und schrie
he saw the puppet struggling and screaming
"Ich werde nicht sterben, ich werde nicht sterben!"
"I will not die, I will not die!"
und er war ganz bewegt von dem, was er sah
and he was quite moved by what he saw
die hilflose Puppe tat ihm sehr leid
he felt very sorry for the helpless puppet
er versuchte, seine Sympathien in sich zu behalten
he tried to hold his sympathies within himself
aber nach einer Weile kamen sie alle heraus
but after a little they all came out

er konnte sein Mitleid nicht länger zurückhalten
he could contain his sympathy no longer
und er stieß ein gewaltiges, heftiges Niesen aus
and he let out an enormous violent sneeze
bis zu diesem Moment war Harlekin besorgt gewesen
up until that moment Harlequin had been worried
er hatte sich verbeugt wie eine Trauerweide
he had been bowing down like a weeping willow
aber als er das Niesen hörte, wurde er heiter
but when he heard the sneeze he became cheerful
er beugte sich zu Pinocchio und flüsterte;
he leaned towards Pinocchio and whispered;
"Gute Nachrichten, Bruder, der Zirkusdirektor hat niesen"
"Good news, brother, the ringmaster has sneezed"
"Das ist ein Zeichen, dass er Mitleid mit dir hat"
"that is a sign that he pities you"
"Und wenn er Mitleid mit dir hat, dann bist du gerettet"
"and if he pities you, then you are saved"
Die meisten Männer weinen, wenn sie Mitgefühl empfinden
most men weep when they feel compassion
oder zumindest tun sie so, als würden sie ihre Augen trocknen
or at least they pretend to dry their eyes
Feuerschlucker hatte jedoch eine andere Angewohnheit
Fire-Eater, however, had a different habit
wenn er von Emotionen bewegt wurde, kitzelte ihn seine Nase
when moved by emotion his nose would tickle him
Der Zirkusdirektor hörte nicht auf, den Raufbold zu spielen
the ringmaster didn't stop acting the ruffian
"Bist du ganz fertig mit all deinem Weinen?"
"are you quite done with all your crying?"
"Mein Magen tut weh von deinen Klagen"
"my stomach hurts from your lamentations"
"Ich spüre einen Krampf, der fast..."
"I feel a spasm that almost..."

und der Zirkusdirektor stieß wieder ein lautes Niesen aus
and the ringmaster let out another loud sneeze
»Gott segne dich!« sagte Pinocchio ganz heiter
"Bless you!" said Pinocchio, quite cheerfully
"Danke! Und dein Papa und deine Mama?«
"Thank you! And your papa and your mamma?"
"Sind sie noch am Leben?" fragte Feuerschlucker
"are they still alive?" asked Fire-Eater
»Mein Papa ist noch am Leben und wohlauf«, sagte Pinocchio
"My papa is still alive and well," said Pinocchio
»aber meine Mama habe ich nie gekannt«, fügte er hinzu
"but my mamma I have never known," he added
"Gut, dass ich dich nicht ins Feuer geworfen habe"
"good thing I did not have you thrown on the fire"
"Dein Vater hätte alles verloren, was er noch hatte"
"your father would have lost all who he still had"
»Armer alter Mann! Er tut mir leid!«
"Poor old man! I pity him!"
"Etchoo! etchoo! etchoo!" Feuerschlucker niest
"Etchoo! etchoo! etchoo!" Fire-eater sneezed
und er nieste wieder dreimal
and he sneezed again three times
"Gott segne dich", sagte Pinocchio jedes Mal
"Bless you," said Pinocchio each time
"Danke! Etwas Mitgefühl gebührt mir."
"Thank you! Some compassion is due to me"
"Wie du siehst, habe ich kein Holz mehr"
"as you can see I have no more wood"
"also werde ich mich abmühen, mein Hammelfleisch fertig zu braten"
"so I will struggle to finish roasting my mutton"
»Sie hätten mir von großem Nutzen sein können!«
"you would have been of great use to me!"
"Aber ich habe Mitleid mit dir gehabt."
"However, I have had pity on you"
"also muss ich Geduld mit dir haben"

"so I must have patience with you"
"Statt dir verbrenne ich eine weitere Marionette"
"Instead of you I will burn another puppet"
Auf diesen Ruf erschienen sogleich zwei hölzerne Gendarmen
At this call two wooden gendarmes immediately appeared
Es waren sehr lange und sehr dünne Puppen
They were very long and very thin puppets
und sie hatten wackelige Hüte auf dem Kopf
and they had wonky hats on their heads
und sie hielten ungezogene Schwerter in den Händen
and they held unsheathed swords in their hands
Der Zirkusdirektor sagte mit heiserer Stimme zu ihnen:
The ringmaster said to them in a hoarse voice:
"Nimm Harlekin und binde ihn sicher"
"Take Harlequin and bind him securely"
"Und dann wirf ihn ins Feuer, damit er verbrennt"
"and then throw him on the fire to burn"
"Ich bin entschlossen, dass mein Hammelfleisch gut gebraten wird"
"I am determined that my mutton shall be well roasted"
Stellen Sie sich vor, wie sich der arme Harlekin gefühlt haben muss!
imagine how poor Harlequin must have felt!
Sein Schrecken war so groß, dass seine Beine unter ihm gebeugt waren
His terror was so great that his legs bent under him
und er fiel mit dem Gesicht auf die Erde
and he fell with his face on the ground
Pinocchio war gequält von dem, was er sah
Pinocchio was agonized by what he was seeing
er warf sich dem Zirkusdirektor zu Füßen
he threw himself at the ringmaster's feet
er badete seinen langen Bart mit seinen Tränen
he bathed his long beard with his tears
und er versuchte, um Harlekins Leben zu betteln
and he tried to beg for Harlequin's life

»Haben Sie Mitleid, Herr Feuerschlucker!« Pinocchio bettelte
"Have pity, Sir Fire-Eater!" Pinocchio begged
»Hier gibt es keine Herren«, antwortete der Zirkusdirektor streng
"Here there are no sirs," the ringmaster answered severely
»Haben Sie Mitleid, Herr Ritter!« Pinocchio versuchte es
"Have pity, Sir Knight!" Pinocchio tried
"Hier gibt es keine Ritter!" antwortete der Zirkusdirektor
"Here there are no knights!" the ringmaster answered
"Haben Sie Mitleid, Commander!" Pinocchio versuchte es
"Have pity, Commander!" Pinocchio tried
"Hier gibt es keine Kommandanten!"
"Here there are no commanders!"
"Hab Mitleid, Exzellenz!" Pinocchio flehte
"Have pity, Excellence!" Pinocchio pleaded
Dem Feuerschlucker gefiel sehr, was er gerade gehört hatte
Fire-eater quite liked what he had just heard
Exzellenz war etwas, das er anstrebte
Excellence was something he did aspire to
und der Zirkusdirektor begann wieder zu lächeln
and the ringmaster began to smile again
und er wurde zugleich gütiger und gefügiger
and he became at once kinder and more tractable
Er wandte sich an Pinocchio und fragte:
Turning to Pinocchio, he asked:
"Nun, was willst du von mir?"
"Well, what do you want from me?"
»Ich flehe Sie an, dem armen Harlekin zu verzeihen.«
"I implore you to pardon poor Harlequin"
"Für ihn kann es keine Verzeihung geben"
"For him there can be no pardon"
"Ich habe dich verschont, wenn du dich erinnerst"
"I have spared you, if you remember"
"Also muss er ins Feuer gelegt werden"
"so he must be put on the fire"
"Ich bin entschlossen, dass mein Hammelfleisch gut

gebraten wird"
"I am determined that my mutton shall be well roasted"
Pinocchio stellte sich stolz vor dem Zirkusdirektor
Pinocchio stood up proudly to the ringmaster
und er warf seine Mütze mit Brotkrumen weg
and he threw away his cap of bread crumb
"In diesem Fall kenne ich meine Pflicht"
"In that case I know my duty"
"Kommt, Gendarmen!", rief er den Soldaten zu
"Come on, gendarmes!" he called the soldiers
"Binde mich und wirf mich in die Flammen"
"Bind me and throw me amongst the flames"
»es wäre nicht gerecht, wenn Harlekin für mich sterben würde!«
"it would not be just for Harlequin to die for me!"
"Er war ein wahrer Freund für mich"
"he has been a true friend to me"
Pinocchio hatte mit lauter, heldenhafter Stimme gesprochen
Pinocchio had spoken in a loud, heroic voice
und seine heldenhaften Taten brachten alle Marionetten zum Weinen
and his heroic actions made all the puppets cry
Auch wenn die Gendarmen aus Holz waren
Even though the gendarmes were made of wood
sie weinten wie zwei neugeborene Lämmer
they wept like two newly born lambs
Feuerschlucker blieb zunächst hart und unbewegt wie Eis
Fire-eater at first remained as hard and unmoved as ice
aber nach und nach begann er zu schmelzen und zu niesen
but little by little he began to melt and sneeze
er nieste wieder vier- oder fünfmal
he sneezed again four or five times
und er öffnete zärtlich seine Arme
and he opened his arms affectionately
"Du bist ein guter und tapferer Junge!", lobte er Pinocchio
"You are a good and brave boy!" he praised Pinocchio
"Komm her und gib mir einen Kuss"

"Come here and give me a kiss"
Pinocchio rannte sofort zum Zirkusdirektor
Pinocchio ran to the ringmaster at once
Er kletterte wie ein Eichhörnchen am Bart des Zirkusdirektors hoch
he climbed up the ringmaster's beard like a squirrel
und er drückte einen herzlichen Kuß auf seine Nasenspitze
and he deposited a hearty kiss on the point of his nose
»Dann ist die Begnadigung gewährt?« fragte der arme Harlekin
"Then the pardon is granted?" asked poor Harlequin
mit einer schwachen Stimme, die kaum hörbar war
in a faint voice that was scarcely audible
»Die Begnadigung ist gewährt!« antwortete der Feuerschlucker
"The pardon is granted!" answered Fire-Eater
Dann fügte er seufzend und kopfschüttelnd hinzu:
he then added, sighing and shaking his head:
"Ich muss Geduld mit meinen Puppen haben!"
"I must have patience with my puppets!"
»Heute abend werde ich das Hammelfleisch halb roh essen müssen.«
"Tonight I shall have to eat the mutton half raw;"
»aber ein andermal, wehe dem, der mir mißfällt!«
"but another time, woe to him who displeases me!"
Bei der Nachricht von der Begnadigung rannten die Puppen alle auf die Bühne
At the news of the pardon the puppets all ran to the stage
sie beleuchteten alle Lampen und Kronleuchter der Show
they lit all the lamps and chandeliers of the show
es war, als gäbe es eine Aufführung in voller Kleidung
it was as if there was a full-dress performance
sie fingen an zu springen und lustig zu tanzen
they began to leap and to dance merrily
Als die Morgendämmerung gekommen war, tanzten sie immer noch
when dawn had come they were still dancing

Pinocchio erhält fünf Goldstücke
Pinocchio Receives Five Gold Pieces

Am nächsten Tag rief Feuerschlucker Pinocchio vorbei
The following day Fire-eater called Pinocchio over
"Wie heißt dein Vater?", fragte er Pinocchio
"What is your father's name?" he asked Pinocchio
"Mein Vater heißt Geppetto", antwortete Pinocchio
"My father is called Geppetto," Pinocchio answered
»Und welchen Beruf übt er aus?« fragte Feuerschlucker
"And what trade does he follow?" asked Fire-eater
"Er hat keinen Beruf, er ist ein Bettler"
"He has no trade, he is a beggar"
»Verdient er viel?« fragte Feuerschlucker
"Does he earn much?" asked Fire-eater
»Nein, er hat nie einen Penny in der Tasche.«
"No, he has never a penny in his pocket"
"Einmal kaufte er mir ein Buchstabierbuch"
"once he bought me a spelling-book"
"Aber er musste die einzige Jacke, die er hatte, verkaufen"
"but he had to sell the only jacket he had"
»Armer Teufel! Er tut mir fast leid!«
"Poor devil! I feel almost sorry for him!"
"Hier sind fünf Goldstücke für ihn"

"Here are five gold pieces for him"
"Geh sofort und bringe ihm das Gold"
"Go at once and take the gold to him"
Pinocchio war überglücklich über das Geschenk
Pinocchio was overjoyed by the present
Er dankte dem Zirkusdirektor tausendmal
he thanked the ringmaster a thousand times
Er umarmte alle Marionetten des Unternehmens
He embraced all the puppets of the company
er umarmte sogar die Gendarmentruppe
he even embraced the troop of gendarmes
und dann machte er sich auf den Weg, um geradewegs nach Hause zurückzukehren
and then he set out to return straight home
Aber Pinocchio kam nicht weit
But Pinocchio didn't get very far
unterwegs begegnete er einem Fuchs mit lahmen Füßen
on the road he met a Fox with a lame foot
und er begegnete einer Katze, die auf beiden Augen blind war
and he met a Cat blind in both eyes
sie gingen mit und halfen sich gegenseitig
they were going along helping each other
sie waren gute Gefährten in ihrem Unglück
they were good companions in their misfortune
Der Fuchs, der lahm war, ging auf die Katze gestützt
The Fox, who was lame, walked leaning on the Cat
und die Katze, die blind war, wurde vom Fuchs geführt
and the Cat, who was blind, was guided by the Fox
der Fuchs begrüßte Pinocchio sehr höflich
the Fox greeted Pinocchio very politely
»Guten Tag, Pinocchio«, sagte der Fuchs
"Good-day, Pinocchio," said the Fox
"Wie kommst du zu meinem Namen?" fragte die Puppe
"How do you come to know my name?" asked the puppet
"Ich kenne deinen Vater gut", sagte der Fuchs
"I know your father well," said the fox

»Wo hast du ihn gesehen?« fragte Pinocchio
"Where did you see him?" asked Pinocchio
»Ich habe ihn gestern an der Tür seines Hauses gesehen.«
"I saw him yesterday, at the door of his house"
»Und was tat er?« fragte Pinocchio
"And what was he doing?" asked Pinocchio
"Er war in seinem Hemd und zitterte vor Kälte"
"He was in his shirt and shivering with cold"
»Armer Papa! Aber sein Leiden ist jetzt vorbei.«
"Poor papa! But his suffering is over now"
»in Zukunft soll er nicht mehr zittern!«
"in the future he shall shiver no more!"
"Warum wird er nicht mehr zittern?" fragte der Fuchs
"Why will he shiver no more?" asked the fox
»Weil ich ein Gentleman geworden bin,« antwortete Pinocchio
"Because I have become a gentleman" replied Pinocchio
»Ein Gentleman – Sie!« sagte der Fuchs
"A gentleman—you!" said the Fox
und er fing an, grob und höhnisch zu lachen
and he began to laugh rudely and scornfully
Die Katze fing auch an, mit dem Fuchs zu lachen
The Cat also began to laugh with the fox
aber sie konnte ihr Lachen besser verbergen
but she did better at concealing her laughter
und sie kämmte ihre Schnurrhaare mit den Vorderpfoten
and she combed her whiskers with her forepaws
»Es gibt wenig zu lachen«, rief Pinocchio ärgerlich
"There is little to laugh at," cried Pinocchio angrily
"Es tut mir wirklich leid, dass Ihnen das Wasser im Mund zusammenläuft"
"I am really sorry to make your mouth water"
"Wenn du etwas weißt, dann weißt du, was das ist"
"if you know anything then you know what these are"
"Sie können sehen, dass es fünf Goldstücke sind"
"you can see that they are five pieces of gold"
Und er zog das Geld hervor, das Feuerschlucker ihm

gegeben hatte
And he pulled out the money that Fire-eater had given him
Einen Augenblick lang taten der Fuchs und die Katze etwas Seltsames
for a moment the fox and the cat did a strange thing
das Klimpern des Geldes erregte wirklich ihre Aufmerksamkeit
the jingling of the money really got their attention
der Fuchs streckte die Pfote aus, die verkrüppelt schien
the Fox stretched out the paw that seemed crippled
und die Katze öffnete ihre beiden Augen weit
and the Cat opened wide her two eyes
ihre Augen sahen aus wie zwei grüne Laternen
her eyes looked like two green lanterns

es ist wahr, daß sie die Augen wieder schloß
it is true that she shut her eyes again
sie war so schnell, dass Pinocchio es nicht bemerkte
she was so quick that Pinocchio didn't notice
der Fuchs war sehr neugierig auf das, was er gesehen hatte
the Fox was very curious about what he had seen
"Was willst du mit all dem Geld machen?"
"what are you going to do with all that money?"
Pinocchio war nur allzu stolz, um ihnen seine Pläne zu erzählen
Pinocchio was all too proud to tell them his plans

"Zuerst habe ich vor, meinem Papa eine neue Jacke zu kaufen"
"First of all, I intend to buy a new jacket for my papa"
"Die Jacke wird aus Gold und Silber sein"
"the jacket will be made of gold and silver"
"Und der Mantel wird mit Diamantknöpfen kommen"
"and the coat will come with diamond buttons"
»und dann will ich mir ein Buchstabierbuch kaufen.«
"and then I will buy a spelling-book for myself"
"Willst du dir ein Buchstabierbuch kaufen?"
"You will buy a spelling book for yourself?"
»Ja, denn ich möchte ernsthaft studieren.«
"Yes indeed, for I wish to study in earnest"
"Sieh mich an!" sagte der Fuchs
"Look at me!" said the Fox
"Durch meine törichte Leidenschaft für das Studium habe ich ein Bein verloren"
"Through my foolish passion for study I have lost a leg"
"Sieh mich an!" sagte die Katze
"Look at me!" said the Cat
"Durch meine törichte Leidenschaft für das Studium habe ich meine Augen verloren"
"Through my foolish passion for study I have lost my eyes"
In diesem Moment begann eine weiße Amsel ihren üblichen Gesang
At that moment a white Blackbird began his usual song
"Pinocchio, höre nicht auf den Rat schlechter Gefährten"
"Pinocchio, don't listen to the advice of bad companions"
"Wenn du auf ihren Rat hörst, wirst du es bereuen!"
"if you listen to their advice you will repent it!"
Arme Amsel! Wenn er nur nicht gesprochen hätte!
Poor Blackbird! If only he had not spoken!
Die Katze sprang mit einem großen Sprung auf ihn zu
The Cat, with a great leap, sprang upon him
sie gab ihm nicht einmal Zeit, "Oh!" zu sagen.
she didn't even give him time to say "Oh!"
sie aß ihn in einem Bissen, Federn und alles

she ate him in one mouthful, feathers and all
Nachdem sie ihn gegessen hatte, reinigte sie ihren Mund
Having eaten him, she cleaned her mouth
und dann schloß sie wieder die Augen
and then she shut her eyes again
und sie täuschte Blindheit vor wie zuvor
and she feigned blindness just as before
»**Arme Amsel!« sagte Pinocchio zu der Katze**
"Poor Blackbird!" said Pinocchio to the Cat
"**Warum hast du ihn so schlecht behandelt?**"
"why did you treat him so badly?"
"**Ich habe es getan, um ihm eine Lektion zu erteilen**"
"I did it to give him a lesson"
"**Er wird lernen, sich nicht in die Angelegenheiten anderer einzumischen**"
"He will learn not to meddle in other people's affairs"
Inzwischen hatten sie fast die Hälfte des Weges nach Hause zurückgelegt
by now they had gone almost half-way home
der Fuchs hielt plötzlich inne und sprach mit der Puppe
the Fox, halted suddenly, and spoke to the puppet
"**Möchtest du dein Geld verdoppeln?**"
"Would you like to double your money?"
"**Auf welche Weise könnte ich mein Geld verdoppeln?**"
"In what way could I double my money?"
"**Möchtest du deine fünf elenden Münzen vervielfachen?**"
"Would you like to multiply your five miserable coins?"
"**Das würde mir sehr gefallen! aber wie?«**
"I would like that very much! but how?"
"**Der Weg dorthin ist einfach genug**"
"The way to do it is easy enough"
"**Anstatt nach Hause zurückzukehren, müssen Sie mit uns gehen**"
"Instead of returning home you must go with us"
»**Und wohin willst du mich bringen?«**
"And where do you wish to take me?"
"**Wir bringen dich ins Land der Eulen**"

"We will take you to the land of the Owls"
Pinocchio dachte einen Moment nach, um nachzudenken
Pinocchio reflected a moment to think
und dann sagte er entschlossen: »Nein, ich werde nicht gehen.«
and then he said resolutely "No, I will not go"
"Ich bin schon in der Nähe des Hauses"
"I am already close to the house"
»und ich werde nach Hause zu meinem Papa zurückkehren.«
"and I will return home to my papa"
"Er hat in der Kälte auf mich gewartet"
"he has been waiting for me in the cold"
"Gestern bin ich den ganzen Tag nicht zu ihm zurückgekommen"
"all day yesterday I did not come back to him"
»Wer kann sagen, wie oft er seufzte!«
"Who can tell how many times he sighed!"
"Ich war in der Tat ein schlechter Sohn"
"I have indeed been a bad son"
"Und die sprechende kleine Grille hatte recht"
"and the talking little cricket was right"
"Ungehorsame Jungs kommen nie zu etwas Gutem"
"Disobedient boys never come to any good"
"Was die sprechende kleine Grille gesagt hat, ist wahr"
"what the talking little cricket said is true"
"Mir ist schon viel Unglück widerfahren"
"many misfortunes have happened to me"
"Sogar gestern bin ich im Haus des Feuerschluckers ein Risiko eingegangen"
"Even yesterday in fire-eater's house I took a risk"
»Ach! es macht mich schaudern, wenn ich daran denke!«
"Oh! it makes me shudder to think of it!"
"Nun", sagte der Fuchs, **"du hast beschlossen, nach Hause zu gehen?"**
"Well, then," said the Fox, "you've decided to go home?"
»Geh also, und um so schlimmer für dich.«

"Go, then, and so much the worse for you"
»Um so schlimmer für dich!« wiederholte die Katze
"So much the worse for you!" repeated the Cat
»Denken Sie gut darüber nach, Pinocchio«, rieten sie ihm
"Think well of it, Pinocchio," they advised him
"Weil du dem Glück einen Tritt gibst"
"because you are giving a kick to fortune"
»ein Tritt ins Glück!« wiederholte die Katze
"a kick to fortune!" repeated the Cat
"Alles, was es gedauert hätte, wäre ein Tag gewesen"
"all it would have taken would have been a day"
"Bis morgen könnten sich deine fünf Münzen vervielfacht haben"
"by tomorrow your five coins could have multiplied"
"Aus deinen fünf Münzen hätten zweitausend werden können"
"your five coins could have become two thousand"
»Zweitausend Sovereigns!« wiederholte die Katze
"Two thousand sovereigns!" repeated the Cat
»Aber wie ist das möglich?« fragte Pinocchio
"But how is it possible?" asked Pinocchio
und er blieb mit offenem Mund vor Erstaunen stehen
and he remained with his mouth open from astonishment
»Ich will es dir gleich erklären,« sagte der Fuchs
"I will explain it to you at once," said the Fox
"Im Land der Eulen gibt es ein heiliges Feld"
"in the land of the Owls there is a sacred field"
"Alle nennen es das Feld der Wunder"
"everybody calls it the field of miracles"
"In diesem Feld muss man ein kleines Loch graben"
"In this field you must dig a little hole"
"Und du musst eine Goldmünze in das Loch stecken"
"and you must put a gold coin into the hole"
"Dann deckst du das Loch mit ein wenig Erde zu"
"then you cover up the hole with a little earth"
"Du musst Wasser aus dem Brunnen in der Nähe holen"
"you must get water from the fountain nearby"

"Du musst das Loch mit zwei Eimern Wasser gießen"
"you must water they hole with two pails of water"
"Dann das Loch mit zwei Prisen Salz bestreuen"
"then sprinkle the hole with two pinches of salt"
"Und wenn die Nacht kommt, kannst du ruhig zu Bett gehen"
"and when night comes you can go quietly to bed"
"In der Nacht wird das Wunder geschehen"
"during the night the miracle will happen"
"Die Goldstücke, die du gepflanzt hast, werden wachsen und blühen"
"the gold pieces you planted will grow and flower"
»Und was glaubst du, was du morgen morgen finden wirst?«
"and what do you think you will find in the morning?"
"Sie werden einen schönen Baum finden, wo Sie ihn gepflanzt haben"
"You will find a beautiful tree where you planted it"
"Der Baum wird mit Goldmünzen beladen sein"
"they tree will be laden with gold coins"
Pinocchio wurde immer verwirrter
Pinocchio grew more and more bewildered
"Nehmen wir an, ich vergrabe meine fünf Münzen in diesem Feld."
"let's suppose I bury my five coins in that field"
"Wie viele Münzen könnte ich am nächsten Morgen finden?"
"how many coins might I find the following morning?"
»Das ist eine außerordentlich einfache Berechnung,« erwiderte der Fuchs
"That is an exceedingly easy calculation," replied the Fox
"Eine Berechnung, die man mit den Händen machen kann"
"a calculation you can make with your hands"
"Jede Münze gibt Ihnen eine Erhöhung von fünfhundert"
"Every coin will give you an increase of five-hundred"
"Multipliziere fünfhundert mit fünf und du hast deine Antwort"
"multiply five hundred by five and you have your answer"

"Sie werden zweitausendfünfhundert glänzende Goldstücke finden"

"you will find two-thousand-five-hundred shining gold pieces"

»Ach! wie entzückend!« rief Pinocchio und tanzte vor Freude

"Oh! how delightful!" cried Pinocchio, dancing for joy

"Ich werde zweitausend für mich behalten"

"I will keep two thousand for myself"

»und die andern fünfhundert gebe ich dir zwei.«

"and the other five hundred I will give you two"

»Ein Geschenk für uns?« rief der Fuchs entrüstet

"A present to us?" cried the Fox with indignation

und er schien fast beleidigt über das Angebot

and he almost appeared offended at the offer

"Wovon träumst du?" fragte der Fuchs

"What are you dreaming of?" asked the Fox

"Wovon träumst du?" wiederholte die Katze

"What are you dreaming of?" repeated the Cat

"Wir arbeiten nicht, um Zinsen zu akkumulieren"

"We do not work to accumulate interest"

"Wir arbeiten nur, um andere zu bereichern"

"we work solely to enrich others"

»um andere zu bereichern!« wiederholte die Katze

"to enrich others!" repeated the Cat

»Was für gute Leute!« dachte Pinocchio bei sich

"What good people!" thought Pinocchio to himself

und er vergaß seinen Papa und die neue Jacke

and he forgot all about his papa and the new jacket

und er vergaß das Buchstabierbuch

and he forgot about the spelling-book

und er vergaß alle seine guten Vorsätze

and he forgot all of his good resolutions

»Laß uns sofort aufbrechen«, schlug er vor

"Let us be off at once" he suggested

"Ich werde mit euch beiden auf das Feld der Eulen gehen"

"I will go with you two to the field of Owls"

Das Gasthaus der roten Langusten
The Inn of the Red Craw-Fish

Sie gingen und gingen und gingen
They walked, and walked, and walked
Völlig erschöpft kamen sie schließlich in einem Gasthaus an
all tired out, they finally arrived at an inn
Das Gasthaus der roten Langusten
The Inn of The Red Craw-Fish
»Laß uns hier ein wenig stehen bleiben,« sagte der Fuchs
"Let us stop here a little," said the Fox
"Wir sollten etwas zu essen haben", fügte er hinzu
"we should have something to eat," he added
"Wir müssen uns ein oder zwei Stunden ausruhen"
"we need to rest ourselves for an hour or two"
"Und dann fangen wir um Mitternacht wieder an"
"and then we will start again at midnight"
"Wir kommen am Morgen auf dem Feld der Wunder an"
"we'll arrive at the Field of Miracles in the morning"
Pinocchio war auch müde von dem vielen Laufen
Pinocchio was also tired from all the walking
so ließ er sich leicht überreden, in die Herberge zu gehen
so he was easily convinced to go into the inn
Alle drei setzten sich an einen Tisch
all three of them sat down at a table
aber keiner von ihnen hatte wirklich Appetit
but none of them really had any appetite

Die Katze litt an Verdauungsstörungen
The Cat was suffering from indigestion
und sie fühlte sich ernsthaft unpässlich
and she was feeling seriously indisposed
sie konnte nur fünfunddreißig Fisch mit Tomatensauce essen
she could only eat thirty-five fish with tomato sauce
und sie hatte nur vier Portionen Nudeln mit Parmesan
and she had just four portions of noodles with Parmesan
aber sie fand, dass die Nudeln nicht gewürzt genug waren
but she thought the noodles weres not seasoned enough
Also fragte sie dreimal nach der Butter und dem geriebenen Käse!
so she asked three times for the butter and grated cheese!
Der Fuchs hätte auch ohne Essen auskommen können
The Fox could also have gone without eating
aber sein Arzt hatte ihm eine strenge Diät verordnet
but his doctor had ordered him a strict diet
so war er gezwungen, sich mit einem Hasen zu begnügen
so he was forced to content himself simply with a hare
Der Hase wurde mit einer süß-sauren Sauce angemacht
the hare was dressed with a sweet and sour sauce
Es wurde leicht mit fetten Hühnern garniert
it was garnished lightly with fat chickens
dann bestellte er eine Schüssel Rebhühner und Kaninchen
then he ordered a dish of partridges and rabbits
und er aß auch einige Frösche, Eidechsen und andere Köstlichkeiten
and he also ate some frogs, lizards and other delicacies
er konnte wirklich nichts anderes essen
he really could not eat anything else
Er kümmerte sich sehr wenig um Essen, sagte er
He cared very little for food, he said
und er sagte, er habe Mühe, es an die Lippen zu bringen
and he said he struggled to put it to his lips
Derjenige, der am wenigsten aß, war Pinocchio
The one who ate the least was Pinocchio

Er bat um ein paar Walnüsse und ein Stück Brot
He asked for some walnuts and a hunch of bread
und er ließ alles auf seinem Teller liegen
and he left everything on his plate
Der arme Junge dachte nicht an das Essen
The poor boy's thoughts were not with the food
er richtete seine Gedanken beständig auf das Feld der Wunder
he continually fixed his thoughts on the Field of Miracles
Als sie gegessen hatten, sprach der Fuchs mit dem Wirt
When they had supped, the Fox spoke to the host
"Gib uns zwei gute Zimmer, lieber Wirt"
"Give us two good rooms, dear inn-keeper"
"Bitte stellen Sie uns ein Zimmer für Herrn Pinocchio zur Verfügung"
"please provide us one room for Mr. Pinocchio"
»und ich werde das andere Zimmer mit meinem Begleiter teilen.«
"and I will share the other room with my companion"
"Wir werden ein wenig schlafen, bevor wir gehen"
"We will snatch a little sleep before we leave"
"Denken Sie jedoch daran, dass wir um Mitternacht aufbrechen wollen"
"Remember, however, that we wish to leave at midnight"
"Also rufen Sie uns bitte an, um unsere Reise fortzusetzen"
"so please call us, to continue our journey"
»Ja, meine Herren,« antwortete der Wirt
"Yes, gentlemen," answered the host
und er zwinkerte dem Fuchs und der Katze zu
and he winked at the Fox and the Cat
es war, als ob er sagte: "Ich weiß, was du vorhast"
it was as if he said "I know what you are up to"
Das Augenzwinkern schien zu sagen: "Wir verstehen uns!"
the wink seemed to say, "we understand one another!"
Pinocchio war sehr müde von dem Tag
Pinocchio was very tired from the day
Er schlief ein, sobald er in sein Bett gestiegen war

he fell asleep as soon as he got into his bed
und sobald er zu schlafen begann, fing er an zu träumen
and as soon as he started sleeping he started to dream
er träumte, dass er sich mitten auf einem Feld befand
he dreamed that he was in the middle of a field
das Feld war voller Sträucher, so weit das Auge reichte
the field was full of shrubs as far as the eye could see
die Sträucher waren mit Büscheln von Goldmünzen bedeckt
the shrubs were covered with clusters of gold coins
die Goldmünzen schwankten im Wind und klapperten
the gold coins swung in the wind and rattled
Und sie machten ein Geräusch wie: "Tzinn, Tzinn, Tzinn"
and they made a sound like, "tzinn, tzinn, tzinn"
sie klangen, als sprächen sie mit Pinocchio
they sounded as if they were speaking to Pinocchio
"Wer will, soll kommen und uns mitnehmen"
"Let who whoever wants to come and take us"
Pinocchio wollte gerade seine Hand ausstrecken
Pinocchio was just about to stretch out his hand
Er würde eine Handvoll dieser schönen Goldstücke pflücken
he was going to pick handfuls of those beautiful gold pieces
und er hätte sie fast in die Tasche stecken können
and he almost was able to put them in his pocket
aber plötzlich wurde er durch drei Klopfen an der Tür geweckt
but he was suddenly awakened by three knocks on the door
Es war der Gastgeber, der gekommen war, um ihn zu wecken
It was the host who had come to wake him up
"Ich bin gekommen, um Ihnen mitzuteilen, dass es Mitternacht ist"
"I have come to let you know it's midnight"
"Sind meine Gefährten bereit?" fragte die Puppe
"Are my companions ready?" asked the puppet
"Bereit! Nun, sie sind vor zwei Stunden abgereist.«
"Ready! Why, they left two hours ago"

"Warum hatten sie es so eilig?"
"Why were they in such a hurry?"
"Weil die Katze eine Nachricht erhalten hatte"
"Because the Cat had received a message"
"Sie hat die Nachricht erhalten, dass ihr ältestes Kätzchen krank ist"
"she got news that her eldest kitten was ill"
»Haben sie das Abendessen bezahlt?«
"Did they pay for the supper?"
"Woran denkst du?"
"What are you thinking of?"
"Sie sind zu gebildet, um davon zu träumen, dich zu beleidigen"
"They are too well educated to dream of insulting you"
"Ein Gentleman wie Sie würde seine Freunde nicht bezahlen lassen"
"a gentleman like you would not let his friends pay"
»Schade!« dachte Pinocchio
"What a pity!" thought Pinocchio
»eine solche Beleidigung hätte mir viel Freude bereitet!«
"such an insult would have given me much pleasure!"
"Und wo haben meine Freunde gesagt, dass sie auf mich warten würden?"
"And where did my friends say they would wait for me?"
"Auf dem Feld der Wunder, morgen früh bei Tagesanbruch"
"At the Field of Miracles, tomorrow morning at daybreak"
Pinocchio bezahlte eine Münze für das Abendessen seiner Gefährten
Pinocchio paid a coin for the supper of his companions
und dann ging er auf das Feld der Wunder
and then he left for the field of Miracles
Draußen vor dem Gasthaus war es fast stockdunkel
Outside the inn it was almost pitch black
Pinocchio konnte nur vorankommen, indem er sich tastete
Pinocchio could only make progress by groping his way
es war unmöglich, seine Hand vor sich zu sehen
it was impossible to see his hand's in front of him

Einige Nachtvögel flogen über die Straße
Some night-birds flew across the road
sie streiften Pinocchios Nase mit ihren Flügeln
they brushed Pinocchio's nose with their wings
es verursachte ihm einen schrecklichen Schrecken
it caused him a terrible fright
Er sprang zurück und rief: »Wer geht dahin?«
springing back, he shouted: "who goes there?"
und das Echo in den Hügeln, das sich in der Ferne wiederholte
and the echo in the hills repeated in the distance
"Wer geht dorthin?" - "Wer geht dorthin?" - "Wer geht dorthin?"
"Who goes there?" - "Who goes there?" - "Who goes there?"
auf dem Stamm des Baumes sah er ein kleines Licht
on the trunk of the tree he saw a little light
es war ein kleines Insekt, das er schwach leuchten sah
it was a little insect he saw shining dimly
Wie ein Nachtlicht in einer Lampe aus durchsichtigem Porzellan
like a night-light in a lamp of transparent china
»Wer bist du?« fragte Pinocchio
"Who are you?" asked Pinocchio
antwortete das Insekt mit leiser Stimme;
the insect answered in a low voice;
"Ich bin der Geist der sprechenden kleinen Grille"
"I am the ghost of the talking little cricket"
die Stimme war schwächer, als man es beschreiben kann
the voice was fainter than can be described
die Stimme schien aus der anderen Welt zu kommen
the voice seemed to come from the other world
"Was willst du mit mir?" sagte die Puppe
"What do you want with me?" said the puppet
"Ich möchte Ihnen einen Rat geben"
"I want to give you some advice"
"Geh zurück und nimm die vier Münzen, die du noch hast."
"Go back and take the four coins that you have left"

"Bring deine Münzen zu deinem armen Vater"
"take your coins to your poor father"
"Er weint und ist verzweifelt zu Hause"
"he is weeping and in despair at home"
"Weil du nicht zu ihm zurückgekehrt bist"
"because you have not returned to him"
aber Pinocchio hatte schon daran gedacht
but Pinocchio had already thought of this
"Morgen wird mein Papa ein Gentleman sein"
"By tomorrow my papa will be a gentleman"
"Aus diesen vier Münzen werden zweitausend"
"these four coins will become two thousand"
"Vertraue nicht denen, die versprechen, dich an einem Tag reich zu machen"
"Don't trust those who promise to make you rich in a day"
"Normalerweise sind sie entweder verrückt oder Schurken!"
"Usually they are either mad or rogues!"
»Hör mir zu und geh zurück, mein Junge.«
"Give ear to me, and go back, my boy"
"Im Gegenteil, ich bin entschlossen, weiterzumachen"
"On the contrary, I am determined to go on"
"Die Stunde ist spät!" sagte die Grille
"The hour is late!" said the cricket
"Ich bin entschlossen, weiterzumachen"
"I am determined to go on"
"Die Nacht ist dunkel!" sagte die Grille
"The night is dark!" said the cricket
"Ich bin entschlossen, weiterzumachen"
"I am determined to go on"
"Die Straße ist gefährlich!" sagte die Grille
"The road is dangerous!" said the cricket
"Ich bin entschlossen, weiterzumachen"
"I am determined to go on"
"Jungen sind entschlossen, ihren Wünschen zu folgen"
"boys are bent on following their wishes"
"Aber denken Sie daran, früher oder später bereuen sie es"
"but remember, sooner or later they repent it"

"Immer die gleichen Geschichten. Gute Nacht, kleine Grille.«
"Always the same stories. Good-night, little cricket"
Die Grille wünschte Pinocchio auch eine gute Nacht
The Cricket wished Pinocchio a good night too
"Möge der Himmel Sie vor Gefahren und Mördern bewahren"
"may Heaven preserve you from dangers and assassins"
Dann verschwand die sprechende kleine Grille plötzlich
then the talking little cricket vanished suddenly
wie ein Licht, das ausgeblasen wurde
like a light that has been blown out
und die Straße wurde dunkler als je zuvor
and the road became darker than ever

Pinocchio fällt in die Hände der Assassinen
Pinocchio Falls into the Hands of the Assassins

Pinocchio setzte seine Reise fort und sprach mit sich selbst
Pinocchio resumed his journey and spoke to himself
"Wie unglücklich wir armen Jungen sind"
"how unfortunate we poor boys are"
"Jeder schimpft mit uns und gibt uns gute Ratschläge"
"Everybody scolds us and gives us good advice"
»aber ich will nicht auf diese lästige kleine Grille hören.«
"but I don't choose to listen to that tiresome little cricket"
»wer weiß, wie viel Unglück mir noch widerfahren wird!«
"who knows how many misfortunes are to happen to me!"
"Ich habe noch nicht einmal Attentäter getroffen!"
"I haven't even met any assassins yet!"
"Das ist jedoch von geringer Bedeutung"
"That is, however, of little consequence"
»denn ich glaube nicht an Mörder«
"for I don't believe in assassins"
"Ich habe nie an Attentäter geglaubt"

"I have never believed in assassins"
"Ich denke, dass Attentäter absichtlich erfunden wurden"
"I think that assassins have been invented purposely"
"Papas benutzen sie, um kleine Jungen zu erschrecken"
"papas use them to frighten little boys"
"Und dann haben kleine Jungen Angst, nachts auszugehen"
"and then little boys are scared of going out at night"
"Wie auch immer, nehmen wir an, ich würde auf Attentäter stoßen."
"Anyway, let's suppose I was to come across assassins"
»Glaubst du, sie würden mich erschrecken?«
"do you imagine they would frighten me?"
"Sie würden mich nicht im Geringsten erschrecken"
"they would not frighten me in the least"
"Ich werde ihnen entgegengehen und sie rufen"
"I will go to meet them and call to them"
»Meine Herren Mörder, was wollt ihr mit mir?«
'Gentlemen assassins, what do you want with me?'
"Denken Sie daran, dass es bei mir keine Witze gibt"
'Remember that with me there is no joking'
»Darum geh deinen Geschäften nach und sei still!«
'Therefore, go about your business and be quiet!'
"Bei dieser Rede würden sie wie der Wind davonlaufen"
"At this speech they would run away like the wind"
"Es könnte sein, dass sie schlecht ausgebildete Attentäter sind"
"it could be that they are badly educated assassins"
"Dann könnten die Attentäter nicht weglaufen"
"then the assassins might not run away"
"Aber selbst das ist kein großes Problem"
"but even that isn't a great problem"
"Dann würde ich selbst einfach weglaufen"
"then I would just run away myself"
"Und das wäre das Ende"
"and that would be the end of that"
Aber Pinocchio hatte keine Zeit, seine Argumentation zu beenden

But Pinocchio had no time to finish his reasoning
Er glaubte, ein leichtes Rascheln der Blätter zu hören
he thought that he heard a slight rustle of leaves
Er drehte sich um, um zu sehen, woher das Geräusch gekommen war
He turned to look where the noise had come from
und er sah in der Dunkelheit zwei böse aussehende schwarze Gestalten
and he saw in the gloom two evil-looking black figures
sie waren vollständig in Holzkohlesäcke gehüllt
they were completely enveloped in charcoal sacks
Sie rannten ihm auf den Zehenspitzen hinterher
They were running after him on their tiptoes
und sie machten große Sprünge wie zwei Phantome
and they were making great leaps like two phantoms
»Hier sind sie in Wirklichkeit!« sagte er zu sich selbst
"Here they are in reality!" he said to himself
er hatte keinen Ort, an dem er seine Goldstücke verstecken konnte
he didn't have anywhere to hide his gold pieces
also steckte er sie in den Mund, unter die Zunge
so he put them in his mouth, under his tongue
Dann wandte er seine Aufmerksamkeit der Flucht zu
Then he turned his attention to escaping
Aber er schaffte es nicht, sehr weit zu kommen
But he did not manage to get very far
er fühlte sich am Arm gepackt
he felt himself seized by the arm

und er hörte zwei schreckliche Stimmen, die ihn bedrohten
and he heard two horrid voices threatening him
"Ihr Geld oder Ihr Leben!", drohten sie
"Your money or your life!" they threatened
Pinocchio war nicht in der Lage, mit Worten zu antworten
Pinocchio was not able to answer in words
weil er sein Geld in den Mund gesteckt hatte
because he had put his money in his mouth
also machte er tausend tiefe Verbeugungen
so he made a thousand low bows
und er bot tausend Pantomimen
and he offered a thousand pantomimes
Er versuchte, den beiden Gestalten verständlich zu machen
He tried to make the two figures understand
er war nur eine arme Marionette ohne Geld
he was just a poor puppet without any money
er hatte nicht einmal einen Nickel in der Tasche
he had not as much as a nickel in his pocket
aber die beiden Räuber waren nicht überzeugt
but the two robbers were not convinced
"Weniger Unsinn und raus mit dem Geld!"
"Less nonsense and out with the money!"
Und die Puppe machte eine Geste mit den Händen
And the puppet made a gesture with his hands
Er tat so, als würde er seine Taschen umdrehen
he pretended to turn his pockets inside out

Natürlich hatte Pinocchio keine Taschen
Of course Pinocchio didn't have any pockets
aber er versuchte zu signalisieren: "Ich habe kein Geld"
but he was trying to signify, "I have no money"
langsam verloren die Räuber die Geduld
slowly the robbers were losing their patience
»Gib dein Geld ab, sonst bist du tot«, sagte der Größere
"Deliver up your money or you are dead," said the taller one
»Tot!« wiederholte der kleinere
"Dead!" repeated the smaller one
"Und dann werden wir auch deinen Vater töten!"
"And then we will also kill your father!"
»Auch dein Vater!« wiederholte der kleinere wieder
"Also your father!" repeated the smaller one again
»Nein, nein, nein, nicht mein armer Papa!« rief Pinocchio verzweifelt
"No, no, no, not my poor papa!" cried Pinocchio in despair
und während er es sagte, klirrten die Münzen in seinem Munde
and as he said it the coins clinked in his mouth
»Ah! Du Schlingel!« erkannten die Räuber
"Ah! you rascal!" realized the robbers
»Sie haben Ihr Geld unter Ihrer Zunge versteckt!«
"you have hidden your money under your tongue!"
»Spuck es sofort aus!« befahl er ihm
"Spit it out at once!" he ordered him
»Spuck es aus«, wiederholte der kleinere
"spit it out," repeated the smaller one
Pinocchio beharrte auf ihren Befehlen
Pinocchio was obstinate to their commands
»Ah! Sie geben vor, taub zu sein, nicht wahr?«
"Ah! you pretend to be deaf, do you?"
"Überlassen Sie es uns, einen Weg zu finden"
"leave it to us to find a means"
"Wir werden einen Weg finden, Sie dazu zu bringen, Ihr Geld aufzugeben"
"we will find a way to make you give up your money"

»Wir werden einen Weg finden«, wiederholte der kleinere
"We will find a way," repeated the smaller one
Und einer von ihnen packte die Puppe an der Nase
And one of them seized the puppet by his nose
und der andere packte ihn am Kinn
and the other took him by the chin
und sie fingen an, brutal zu ziehen
and they began to pull brutally
einer hochgezogen und der andere heruntergezogen
one pulled up and the other pulled down
sie versuchten, ihn zu zwingen, den Mund zu öffnen
they tried to force him to open his mouth
Aber es war alles umsonst
But it was all to no purpose
Pinocchios Mund schien zusammengenagelt zu sein
Pinocchio's mouth seemed to be nailed together
Dann zog der kleinere Mörder ein hässliches Messer hervor
Then the shorter assassin drew out an ugly knife
und er versuchte, es zwischen seine Lippen zu stecken
and he tried to put it between his lips
Aber Pinocchio, blitzschnell, ergriff seine Hand
But Pinocchio, as quick as lightning, caught his hand
und er biss ihn mit den Zähnen
and he bit him with his teeth
und mit einem Bissen biss er die Hand sauber ab
and with one bite he bit the hand clean off
aber es war keine Hand, die er ausspuckte
but it wasn't a hand that he spat out
Er war haariger als eine Hand und hatte Krallen
it was hairier than a hand, and had claws
Stellen Sie sich Pinocchios Erstaunen vor, als er die Pfote einer Katze sah
imagine Pinocchio's astonishment when saw a cat's paw
oder zumindest glaubte er das zu sehen
or at least that's what he thought he saw
Pinocchio war durch diesen ersten Sieg ermutigt
Pinocchio was encouraged by this first victory

jetzt benutzte er seine Fingernägel, um sich zu befreien
now he used his fingernails to break free
es gelang ihm, sich von seinen Angreifern zu befreien
he succeeded in liberating himself from his assailants
er sprang über die Hecke am Straßenrand
he jumped over the hedge by the roadside
und fing an, über die Felder zu rennen
and began to run across the fields
Die Attentäter rannten hinter ihm her wie zwei Hunde, die einen Hasen jagen
The assassins ran after him like two dogs chasing a hare
und derjenige, der eine Pfote verloren hatte, rannte auf einem Bein
and the one who had lost a paw ran on one leg
und niemand wusste, wie er es schaffte
and no one ever knew how he managed it
Nach einem Rennen von einigen Kilometern konnte Pinocchio nicht mehr laufen
After a race of some miles Pinocchio could run no more
Er dachte, seine Situation sei verloren
he thought his situation was lost
er kletterte auf den Stamm einer sehr hohen Kiefer
he climbed the trunk of a very high pine tree
und er setzte sich in die obersten Zweige
and he seated himself in the topmost branches
Die Attentäter versuchten, hinter ihm her zu klettern
The assassins attempted to climb after him
Als sie die Hälfte des Baumes erreichten, glitten sie wieder hinunter
when they reached half-way up the tree they slid down again
und sie kamen mit aufgeschürfter Haut auf dem Boden an
and they arrived on the ground with their skin grazed
Aber sie gaben nicht so leicht auf
But they didn't give up so easily
sie häuften etwas trockenes Holz unter der Kiefer auf
they piled up some dry wood beneath the pine
und dann zündeten sie das Holz an

and then they set fire to the wood
sehr schnell begann die Kiefer höher zu brennen
very quickly the pine began to burn higher
wie eine Kerze, die vom Wind verweht wird
like a candle blown by the wind
Pinocchio sah die Flammen höher und höher steigen
Pinocchio saw the flames rising higher and higher
er wollte sein Leben nicht wie eine gebratene Taube beenden
he did not wish to end his life like a roasted pigeon
also machte er einen gewaltigen Sprung von der Spitze des Baumes
so he made a stupendous leap from the top of the tree
und er lief über die Felder und Weinberge
and he ran across the fields and vineyards
Die Attentäter folgten ihm wieder
The assassins followed him again
und sie blieben hinter ihm, ohne aufzugeben
and they kept behind him without giving up
Der Tag brach an und sie verfolgten ihn immer noch
The day began to break and they were still pursuing him
Plötzlich fand Pinocchio seinen Weg durch einen Graben versperrt
Suddenly Pinocchio found his way barred by a ditch
es war voll von stehendem Wasser in der Farbe von Kaffee
it was full of stagnant water the colour of coffee
Was sollte unser Pinocchio jetzt tun?
What was our Pinocchio to do now?
"Eins! Zwei! drei!« rief die Puppe
"One! two! three!" cried the puppet
Er stürzte sich und sprang auf die andere Seite
making a rush, he sprang to the other side
Die Attentäter versuchten auch, über den Graben zu springen
The assassins also tried to jump over the ditch
aber sie hatten die Entfernung nicht gemessen
but they had not measured the distance

Splish Splash! sie fielen mitten in den Graben
splish splash! they fell into the middle of the ditch

Pinocchio hörte den Sturz und das Plätschern
Pinocchio heard the plunge and the splashing
"Ein feines Bad für Sie, Gentleman-Attentäter"
"A fine bath to you, gentleman assassins"
Und er war überzeugt, dass sie ertrunken waren
And he felt convinced that they were drowned

aber es ist gut, dass Pinocchio hinter sich geschaut hat
but it's good that Pinocchio did look behind him
weil seine beiden Mörder nicht ertrunken waren
because his two assassins had not drowned
Die beiden Attentäter waren wieder aus dem Wasser gestiegen
the two assassins had got out the water again
und sie liefen beide noch hinter ihm her
and they were both still running after him
sie waren immer noch in ihre Säcke gehüllt
they were still enveloped in their sacks
und das Wasser tropfte von ihnen
and the water was dripping from them
als wären es zwei hohle Körbe gewesen
as if they had been two hollow baskets

Die Attentäter hängen Pinocchio an die große Eiche
The Assassins Hang Pinocchio to the Big Oak Tree

Bei diesem Anblick verließ die Puppe den Mut
At this sight, the puppet's courage failed him
er war im Begriff, sich auf den Boden zu werfen
he was on the point of throwing himself on the ground
und er wollte sich für verloren geben
and he wanted to give himself over for lost
er wandte seine Augen nach allen Richtungen
he turned his eyes in every direction
er sah ein kleines Haus, weiß wie Schnee
he saw a small house as white as snow
"Wenn ich nur Atem hätte, um dieses Haus zu erreichen"
"If only I had breath to reach that house"
"Vielleicht könnte ich dann gerettet werden"
"perhaps then I might be saved"
Ohne einen Augenblick zu zögern, begann er wieder zu laufen

without delaying an instant he recommenced running
der arme kleine Pinocchio rannte um sein Leben
poor little Pinocchio was running for his life
Er rannte durch den Wald, die Mörder folgten ihm
he ran through the wood with the assassins after him
es gab ein verzweifeltes Rennen von fast zwei Stunden
there was a desperate race of nearly two hours
und endlich kam er ganz atemlos an der Tür an
and finally he arrived quite breathless at the door
Er klopfte verzweifelt an die Tür des Hauses
he desperately knocked on the door of the house
aber niemand antwortete auf Pinocchios Klopfen
but no one answered Pinocchio's knock
Er klopfte wieder mit großer Gewalt an die Tür
He knocked at the door again with great violence
weil er das Geräusch von Schritten hörte, die sich ihm näherten
because he heard the sound of steps approaching him
und er hörte das schwere Keuchen seiner Verfolger
and he heard the the heavy panting of his persecutors
Es herrschte dieselbe Stille wie zuvor
there was the same silence as before
Er sah, dass Klopfen nutzlos war
he saw that knocking was useless
also begann er in seiner Verzweiflung, gegen die Tür zu treten und zu schlagen
so he began in desperation to kick and pommel the door
Das Fenster neben der Tür öffnete sich dann
The window next to the door then opened
und ein schönes Kind erschien am Fenster
and a beautiful Child appeared at the window
Das schöne Kind hatte blaue Haare
the beautiful child had blue hair
und ihr Gesicht war weiß wie ein wächsernes Bild.
and her face was as white as a waxen image
ihre Augen waren geschlossen, als ob sie schliefe
her eyes were closed as if she was asleep

und ihre Hände waren auf der Brust gekreuzt
and her hands were crossed on her breast
Ohne die Lippen im geringsten zu bewegen, sprach sie
Without moving her lips in the least, she spoke
"In diesem Haus ist niemand, sie sind alle tot"
"In this house there is no one, they are all dead"
und ihre Stimme schien aus der anderen Welt zu kommen
and her voice seemed to come from the other world
aber Pinocchio schrie und weinte und flehte
but Pinocchio shouted and cried and implored
"Dann mach mir wenigstens die Tür auf"
"Then at least open the door for me"
"Ich bin auch tot", sagte das wächserne Bild
"I am also dead," said the waxen image
"Was machst du dann dort am Fenster?"
"Then what are you doing there at the window?"
"Ich warte darauf, weggebracht zu werden"
"I am waiting to be taken away"
Nach diesen Worten verschwand sie sofort
Having said this she immediately disappeared
und das Fenster wurde ohne das geringste Geräusch wieder geschlossen
and the window was closed again without the slightest noise
»Ach! schönes Kind mit blauen Haaren", rief Pinocchio.
"Oh! beautiful Child with blue hair," cried Pinocchio"
»Öffnen Sie die Tür, um des Mitleids willen!«
"open the door, for pity's sake!"
"Hab Mitleid mit einem armen Jungen..."
"Have compassion on a poor boy pursued..."
Aber er konnte den Satz nicht beenden
But he could not finish the sentence
denn er fühlte sich am Kragen gepackt
because he felt himself seized by the collar
dieselben zwei schrecklichen Stimmen sagten drohend zu ihm:
the same two horrible voices said to him threateningly:
»Du sollst uns nicht mehr entkommen!«

"You shall not escape from us again!"
»Du sollst nicht entkommen!« keuchte der kleine Mörder
"You shall not escape," panted the little assassin
Die Puppe sah, dass der Tod ihm ins Gesicht starrte
The puppet saw death was staring him in the face
er wurde von einem heftigen Zittern ergriffen
he was taken with a violent fit of trembling
die Gelenke seiner Holzbeine begannen zu knarren
the joints of his wooden legs began to creak
und die Münzen, die unter seiner Zunge verborgen waren, begannen zu klirren
and the coins hidden under his tongue began to clink
»Willst du den Mund aufmachen – ja oder nein?« fragten die Mörder
"will you open your mouth—yes or no?" demanded the assassins
»Ah! Keine Antwort? Überlassen Sie es uns"
"Ah! no answer? Leave it to us"
"Diesmal werden wir dich zwingen, es zu öffnen!"
"this time we will force you to open it!"
»Wir werden dich zwingen«, wiederholte der zweite Mörder
"we will force you," repeated the second assassin
Und sie zogen zwei lange, schreckliche Messer
And they drew out two long, horrid knives
und die Messer waren so scharf wie Rasiermesser
and the knifes were as sharp as razors
sie versuchten zweimal, auf ihn einzustechen
they attempted to stab him twice
aber die Puppe hatte in einer Hinsicht Glück
but the puppet was lucky in one regard
er war aus sehr hartem Holz gefertigt worden
he had been made from very hard wood
die Messer zerbrachen in tausend Stücke
the knives broke into a thousand pieces
und den Attentätern blieben nur noch die Griffe
and the assassins were left with just the handles
Einen Moment lang konnten sie sich nur anstarren

for a moment they could only stare at each other
»Ich sehe, was wir tun müssen«, sagte einer von ihnen
"I see what we must do," said one of them
»Er muß gehängt werden! Laßt uns ihn aufhängen!«
"He must be hung! Let us hang him!"
»Laßt uns ihn aufhängen!« wiederholte der andere
"Let us hang him!" repeated the other
Ohne Zeitverlust banden sie ihm die Arme auf den Rücken
Without loss of time they tied his arms behind him
und sie legten ihm eine Schlinge um die Kehle
and they passed a running noose round his throat
und sie hängten ihn an den Ast der Großen Eiche
and they hung him to the branch of the Big Oak
Dann setzten sie sich auf den Rasen und beobachteten Pinocchio
They then sat down on the grass watching Pinocchio
und sie warteten auf das Ende seines Kampfes
and they waited for his struggle to end
aber es waren bereits drei Stunden vergangen
but three hours had already passed
die Augen der Puppe waren noch offen
the puppet's eyes were still open
sein Mund war wie zuvor geschlossen
his mouth was closed just as before
und er trat mehr denn je
and he was kicking more than ever
sie hatten schließlich die Geduld mit ihm verloren
they had finally lost their patience with him
sie wandten sich an Pinocchio und sprachen in scherzhaftem Ton
they turned to Pinocchio and spoke in a bantering tone
"Auf Wiedersehen Pinocchio, wir sehen uns morgen wieder"
"Good-bye Pinocchio, see you again tomorrow"
"Hoffentlich bist du so freundlich, tot zu sein"
"hopefully you'll be kind enough to be dead"
"Und hoffentlich hast du den Mund weit offen"
"and hopefully you will have your mouth wide open"

Und sie gingen in eine andere Richtung
And they walked off in a different direction
Inzwischen begann ein Nordwind zu wehen und zu brausen
In the meantime a northerly wind began to blow and roar
und der Wind schlug die arme Puppe von einer Seite zur anderen
and the wind beat the poor puppet from side to side

der Wind ließ ihn heftig herumschwanken
the wind made him swing about violently
wie das Klappern einer Glocke, die für eine Hochzeit läutet
like the clatter of a bell ringing for a wedding
Und das Schwingen verursachte ihm schreckliche Krämpfe
And the swinging gave him atrocious spasms
und die Schlinge um seine Kehle wurde enger und enger
and the noose became tighter and tighter around his throat
und schließlich raubte es ihm den Atem
and finally it took away his breath
Nach und nach begannen seine Augen trüb zu werden
Little by little his eyes began to grow dim
er fühlte, dass der Tod nahe war
he felt that death was near
aber Pinocchio gab die Hoffnung nie auf
but Pinocchio never gave up hope
"Vielleicht kommt mir eine wohltätige Person zu Hilfe"

"perhaps some charitable person will come to my assistance"
Aber er wartete und wartete und wartete
But he waited and waited and waited
Und am Ende kam niemand, absolut niemand
and in the end no one came, absolutely no one
dann erinnerte er sich an seinen armen Vater
then he remembered his poor father
Er dachte, er würde sterben, und stammelte
thinking he was dying, he stammered out
»Ach, Papa! Papa! Wenn du nur hier wärst!"
"Oh, papa! papa! if only you were here!"
Sein Atem versagte ihm und er konnte nichts mehr sagen
His breath failed him and he could say no more
Er schloss die Augen und öffnete den Mund
He shut his eyes and opened his mouth
und er streckte seine Arme und Beine aus
and he stretched out his arms and legs
Er schüttelte sich ein letztes Mal
he gave one final long shudder
und dann hing er steif und besinnungslos
and then he hung stiff and insensible

Das schöne Kind rettet die Puppe
The Beautiful Child Rescues the Puppet

der arme Pinocchio hing immer noch an der großen Eiche
poor Pinocchio was still suspended from the Big Oak tree
aber anscheinend war Pinocchio mehr tot als lebendig
but apparently Pinocchio was more dead than alive
das schöne Kind mit den blauen Haaren kam wieder ans Fenster
the beautiful Child with blue hair came to the window again
sie sah die unglückliche Puppe an seiner Kehle hängen
she saw the unhappy puppet hanging by his throat
sie sah ihn in den Windböen auf und ab tanzen

she saw him dancing up and down in the gusts of the wind
und sie war von Mitleid mit ihm gerührt
and she was moved by compassion for him
schlug das schöne Kind die Hände zusammen
the beautiful child struck her hands together
und sie klatschte dreimal
and she gave three little claps
Da ertönte ein Geräusch von schnell fliegenden Flügeln
there came a sound of wings flying rapidly
ein großer Falke flog auf das Fensterbrett
a large Falcon flew on to the window-sill

»Was befiehlst du, gnädige Fee?« fragte er
"What are your orders, gracious Fairy?" he asked
und er neigte seinen Schnabel zum Zeichen der Ehrfurcht
and he inclined his beak in sign of reverence
"Siehst du die Puppe, die von der großen Eiche baumelt?"
"Do you see that puppet dangling from the Big Oak tree?"
»Ich sehe ihn«, bestätigte der Falke
"I see him," confirmed the falcon
»Flieg sofort zu ihm hinüber«, befahl sie ihm
"Fly over to him at once," she ordered him
"Benutze deinen starken Schnabel, um den Knoten zu lösen"
"use your strong beak to break the knot"
"lege ihn sanft auf das Gras am Fuße des Baumes"
"lay him gently on the grass at the foot of the tree"

Der Falke flog davon, um seine Befehle auszuführen
The Falcon flew away to carry out his orders
und nach zwei Minuten kehrte er zu dem Kinde zurück
and after two minutes he returned to the child
"Ich habe getan, was du befohlen hast"
"I have done as you commanded"
»Und wie haben Sie ihn gefunden?«
"And how did you find him?"
"Als ich ihn zum ersten Mal sah, schien er tot zu sein"
"when I first saw him he appeared dead"
"Aber er kann nicht wirklich ganz tot gewesen sein"
"but he couldn't really have been entirely dead"
"Ich habe die Schlinge um seinen Hals gelöst"
"I loosened the noose around his throat"
"Und dann seufzte er leise."
"and then he gave soft a sigh"
"murmelte er mit schwacher Stimme zu mir"
"he muttered to me in a faint voice"
"'Jetzt fühle ich mich besser!' sagte er."
"'Now I feel better!' he said"
Dann schlug die Fee zweimal mit den Händen zusammen
The Fairy then struck her hands together twice
sobald sie dies tat, erschien ein prächtiger Pudel
as soon as she did this a magnificent Poodle appeared
Der Pudel ging aufrecht auf den Hinterbeinen
the poodle walked upright on his hind legs
es war genau so, als wäre er ein Mann gewesen
it was exactly as if he had been a man
Er trug die volle Livree eines Kutschers
He was in the full-dress livery of a coachman
Auf dem Kopf trug er eine dreieckige, mit Gold geflochtene Mütze
On his head he had a three-cornered cap braided with gold
seine lockige weiße Perücke fiel ihm bis auf die Schultern
his curly white wig came down on to his shoulders
er trug eine Weste mit Schokoladenkragen und Diamantknöpfen

he had a chocolate-collared waistcoat with diamond buttons
und er hatte zwei große Taschen, um Knochen aufzunehmen
and he had two large pockets to contain bones
die Knochen, die ihm seine Herrin zum Essen geschenkt hatte
the bones that his mistress gave him at dinner
Er hatte auch eine kurze karmesinrote Samthose
he also had a pair of short crimson velvet breeches
und er trug einige Seidenstrümpfe
and he wore some silk stockings
und er trug schicke italienische Lederschuhe
and he wore smart Italian leather shoes
hinter ihm hing eine Art Regenschirmkasten
hanging behind him was a species of umbrella case
Das Schirmetui war aus blauem Satin gefertigt
the umbrella case was made of blue satin
er steckte seinen Schwanz hinein, wenn das Wetter regnerisch war
he put his tail into it when the weather was rainy
»Sei schnell, Medoro, wie ein guter Hund!«
"Be quick, Medoro, like a good dog!"
und die Fee gab ihrem Pudel die Befehle
and the fairy gave her poodle the commands
"Lassen Sie sich die schönste Kutsche anspannen"
"get the most beautiful carriage harnessed"
»und den Wagen in meinem Kutscherhaus warten lassen.«
"and have the carriage waiting in my coach-house"
"Und gehen Sie die Straße entlang in den Wald"
"and go along the road to the forest"
"Wenn du zur großen Eiche kommst, wirst du eine arme Puppe finden"
"When you come to the Big Oak tree you will find a poor puppet"
"Er wird halbtot auf dem Gras liegen"
"he will be stretched on the grass half dead"
"Du wirst ihn sanft hochheben müssen"
"you will have to pick him up gently"

"**Lege ihn flach auf die Kissen des Wagens**"
"lay him flat on the cushions of the carriage"
"**Wenn du das getan hast, bringe ihn hierher zu mir.**"
"when you have done this bring him here to me"
"**Verstehst du?", fragte sie ein letztes Mal**
"Do you understand?" she asked one last time
Der Pudel zeigte, dass er verstanden hatte
The Poodle showed that he had understood
er schüttelte das Etui mit blauem Satin drei- oder viermal
he shook the case of blue satin three or four times
und dann rannte er davon wie ein Rennpferd
and then he ran off like a race-horse
Bald kam ein schöner Wagen aus dem Kutscherhaus
soon a beautiful carriage came out of the coach-house
Die Kissen waren mit Kanarienfedern ausgestopft
The cushions were stuffed with canary feathers
Der Wagen war innen mit Schlagsahne ausgekleidet
the carriage was lined on the inside with whipped cream
und Pudding- und Vanillewaffeln machten die Sitzgelegenheiten
and custard and vanilla wafers made the seating
Der kleine Wagen wurde von hundert weißen Mäusen gezogen
The little carriage was drawn by a hundred white mice
und der Pudel saß auf der Kutsche
and the Poodle was seated on the coach-box
Er knallte mit der Peitsche von einer Seite zur anderen
he cracked his whip from side to side
wie ein Fahrer, wenn er Angst hat, hinter der Zeit zurückzubleiben
like a driver when he is afraid that he is behind time
weniger als eine Viertelstunde verging
less than a quarter of an hour passed
und der Wagen kehrte nach dem Hause zurück
and the carriage returned to the house
Die Fee wartete an der Tür des Hauses
The Fairy was waiting at the door of the house

sie nahm die arme Puppe in ihre Arme
she took the poor puppet in her arms
und sie trug ihn in ein kleines Zimmer
and she carried him into a little room
das Zimmer war mit Perlmutt getäfelt
the room was wainscoted with mother-of-pearl
sie rief die berühmtesten Ärzte der Nachbarschaft an
she called for the most famous doctors in the neighbourhood
Sie kamen sofort, einer nach dem anderen
They came immediately, one after the other
eine Krähe, eine Eule und eine sprechende kleine Grille
a Crow, an Owl, and a talking little cricket
»Ich möchte etwas von Ihnen wissen, meine Herren,« sagte die Fee
"I wish to know something from you, gentlemen," said the Fairy
"Lebt diese unglückliche Marionette oder ist sie tot?"
"is this unfortunate puppet alive or dead?"
die Krähe begann damit, Pinocchios Puls zu fühlen
the Crow started by feeling Pinocchio's pulse
Dann fühlte er seine Nase und seinen kleinen Zeh
he then felt his nose and his little toe
Sorgfältig stellte er seine Diagnose der Puppe
he carefully made his diagnosis of the puppet
und dann sprach er feierlich die folgenden Worte:
and then he solemnly pronounced the following words:
"Meiner Meinung nach ist die Marionette bereits tot"
"To my belief the puppet is already dead"
"Aber es besteht immer die Möglichkeit, dass er noch am Leben ist"
"but there is always the chance he's still alive"
"Ich bedaure", sagte die Eule, "der Krähe widersprochen zu haben."
"I regret," said the Owl, "to contradict the Crow"
"Mein illustrer Freund und Kollege"
"my illustrious friend and colleague"
"Meiner Meinung nach lebt die Marionette noch"

"in my opinion the puppet is still alive"
"Aber es besteht immer die Möglichkeit, dass er bereits tot ist"
"but there's always a chance he's already dead"
endlich fragte die Fee die sprechende kleine Grille
lastly the Fairy asked the talking little Cricket
»Und du, hast du nichts zu sagen?«
"And you, have you nothing to say?"
"Ärzte werden nicht immer zum Sprechen gerufen"
"doctors are not always called upon to speak"
"Manchmal ist es am klügsten, zu schweigen"
"sometimes the wisest thing is to be silent"
»aber lassen Sie mich Ihnen sagen, was ich weiß.«
"but let me tell you what I know"
"Diese Puppe hat ein Gesicht, das mir nicht neu ist"
"that puppet has a face that is not new to me"
»Ich kenne ihn schon seit einiger Zeit!«
"I have known him for some time!"
Pinocchio lag bis zu diesem Moment unbeweglich
Pinocchio had lain immovable up to that moment
er war wie ein echtes Stück Holz
he was just like a real piece of wood
aber dann ergriff ihn ein krampfhaftes Zittern
but then he was seized with a fit of convulsive trembling
und das ganze Bett zitterte unter seinem Zittern
and the whole bed shook from his shaking
die sprechende kleine Grille redete weiter
the talking little Cricket continued talking
"Diese Marionette dort ist ein bestätigter Schurke"
"That puppet there is a confirmed rogue"
Pinocchio öffnete die Augen, schloss sie aber sofort wieder
Pinocchio opened his eyes, but shut them again immediately
"Er ist ein nichtsnutziger Vagabund"
"He is a good for nothing ragamuffin vagabond"
Pinocchio verbarg sein Gesicht unter den Kleidern
Pinocchio hid his face beneath the clothes
"Diese Marionette dort ist ein ungehorsamer Sohn"

"That puppet there is a disobedient son"
»er wird seinen armen Vater an gebrochenem Herzen sterben lassen!«
"he will make his poor father die of a broken heart!"
In diesem Moment konnte jeder etwas hören
At that instant everyone could hear something
Ersticktes Geräusch von Schluchzen und Weinen war zu hören
suffocated sound of sobs and crying was heard
Die Ärzte hoben die Laken ein wenig an
the doctors raised the sheets a little
Stellen Sie sich ihr Erstaunen vor, als sie Pinocchio sahen
Imagine their astonishment when they saw Pinocchio
Die Krähe war die erste, die ihre medizinische Meinung abgab
the crow was the first to give his medical opinion
"Wenn ein Toter weint, ist er auf dem Weg der Besserung"
"When a dead person cries he's on the road to recovery"
aber die Eule war anderer medizinischer Meinung
but the owl was of a different medical opinion
"Es tut mir leid, meinem erlauchten Freund zu widersprechen"
"I grieve to contradict my illustrious friend"
"Wenn der Tote weint, bedeutet das, dass es ihm leid tut zu sterben"
"when the dead person cries it means he's is sorry to die"

Pinocchio weigert sich, seine Medizin zu nehmen
Pinocchio Refuses to Take his Medicine

Die Ärzte hatten alles getan, was sie konnten
The doctors had done all that they could
so ließen sie Pinocchio mit der Fee zurück
so they left Pinocchio with the fairy
die Fee berührte Pinocchios Stirn
the Fairy touched Pinocchio's forehead
Sie konnte sehen, dass er hohes Fieber hatte
she could tell that he had a high fever
die Fee wusste genau, was sie Pinocchio geben musste
the Fairy knew exactly what to give Pinocchio
sie löste ein weißes Pulver in etwas Wasser auf
she dissolved a white powder in some water
und sie bot Pinocchio den Becher mit Wasser an
and she offered Pinocchio the tumbler of water
und sie versicherte ihm, dass alles gut werden würde
and she reassured him that everything would fine
"Trink es und in ein paar Tagen wirst du geheilt sein"
"Drink it and in a few days you will be cured"
Pinocchio betrachtete den Becher der Medizin
Pinocchio looked at the tumbler of medicine
und er machte ein schiefes Gesicht bei der Arznei
and he made a wry face at the medicine
»Ist es süß oder bitter?« fragte er klagend
"Is it sweet or bitter?" he asked plaintively
"Es ist bitter, aber es wird dir gut tun"
"It is bitter, but it will do you good"
"Wenn es bitter ist, werde ich es nicht trinken"
"If it is bitter, I will not drink it"
"Hör mich an", sagte die Fee, "trink es!"
"Listen to me," said the Fairy, "drink it"
»Ich mag nichts Bitteres«, wandte er ein
"I don't like anything bitter," he objected
"Ich gebe dir ein Stück Zucker"
"I will give you a lump of sugar"

"Es wird den bitteren Geschmack wegnehmen"
"it will take away the bitter taste"
"Aber zuerst musst du deine Medizin trinken"
"but first you have to drink your medicine"
»Wo ist der Zuckerklumpen?« fragte Pinocchio
"Where is the lump of sugar?" asked Pinocchio
"Hier ist der Zuckerklumpen!" sagte die Fee
"Here is the lump of sugar," said the Fairy
und sie nahm ein Stück aus einer goldenen Zuckerschüssel
and she took out a piece from a gold sugar-basin
"Bitte gib mir zuerst das Stück Zucker"
"please give me the lump of sugar first"
"und dann werde ich dieses schlechte bittere Wasser trinken"
"and then I will drink that bad bitter water"
"Versprichst du es mir?", fragte sie Pinocchio
"Do you promise me?" she asked Pinocchio
»Ja, versprochen«, antwortete Pinocchio
"Yes, I promise," answered Pinocchio
da gab die Fee Pinocchio das Stück Zucker
so the Fairy gave Pinocchio the piece of sugar
und Pinocchio zerknirschte den Zucker und schluckte ihn
and Pinocchio crunched up the sugar and swallowed it
Er leckte sich die Lippen und genoss den Geschmack
he licked his lips and enjoyed the taste
»Es wäre eine feine Sache, wenn Zucker Medizin wäre!«
"It would be a fine thing if sugar were medicine!"
"Dann würde ich jeden Tag Medikamente nehmen"
"then I would take medicine every day"
die Fee hatte Pinocchios Versprechen nicht vergessen
the Fairy had not forgotten Pinocchio's promise
"Halten Sie Ihr Versprechen und trinken Sie diese Medizin"
"keep your promise and drink this medicine"
"Es wird Sie wieder gesund machen"
"it will restore you back to health"
Pinocchio nahm widerwillig den Becher
Pinocchio took the tumbler unwillingly

Er legte die Spitze seiner Nase an den Becher
he put the point of his nose to the tumbler
und er senkte den Becher an die Lippen
and he lowered the tumbler to his lips
und dann steckte er seine Nase wieder hinein
and then again he put his nose to it
und endlich sagte er: »Es ist zu bitter!«
and at last he said, "It is too bitter!"
"So etwas Bitteres kann ich nicht trinken"
"I cannot drink anything so bitter"
»Du weißt noch nicht, ob du es nicht kannst«, sagte die Fee
"you don't know yet if you can't," said the Fairy
"Du hast es noch nicht einmal probiert"
"you have not even tasted it yet"
"Ich kann mir vorstellen, wie es schmecken wird!"
"I can imagine how it's going to taste!"
»Ich erkenne es am Geruch«, wandte Pinocchio ein
"I know it from the smell," objected Pinocchio
"Zuerst möchte ich bitte noch ein Stück Zucker"
"first I want another lump of sugar please"
»und dann verspreche ich, daß ich es trinken werde!«
"and then I promise that will drink it!"
Die Fee hatte die ganze Geduld einer guten Mama
The Fairy had all the patience of a good mamma
und sie steckte ihm ein weiteres Stück Zucker in den Mund
and she put another lump of sugar in his mouth
und wieder reichte sie ihm den Becher
and again, she presented the tumbler to him
"Ich kann es immer noch nicht trinken!" sagte die Puppe
"I still cannot drink it!" said the puppet
und Pinocchio machte tausend Grimassen
and Pinocchio made a thousand grimaced faces
"Warum kannst du es nicht trinken?" fragte die Fee
"Why can't you drink it?" asked the fairy
"Weil mich das Kissen an meinen Füßen stört"
"Because that pillow on my feet bothers me"
Die Fee nahm das Kissen von seinen Füßen

The Fairy removed the pillow from his feet
Pinocchio entschuldigte sich erneut
Pinocchio excused himself again
"Ich habe mein Bestes gegeben, aber es hilft mir nicht"
"I've tried my best but it doesn't help me"
"Auch ohne das Kissen kann ich es nicht trinken"
"Even without the pillow I cannot drink it"
»**Was ist denn los?**« **fragte die Fee**
"What is the matter now?" asked the fairy
"Die Tür des Zimmers ist halb offen"
"The door of the room is half open"
"Es stört mich, wenn Türen halb offen stehen"
"it bothers me when doors are half open"
Die Fee ging und schloss die Tür für Pinocchio
The Fairy went and closed the door for Pinocchio
Aber das half nichts, und er brach in Tränen aus
but this didn't help, and he burst into tears
»**Ich werde dieses bittere Wasser nicht trinken – nein, nein, nein!**«
"I will not drink that bitter water—no, no, no!"
"Mein Junge, du wirst es bereuen, wenn du es nicht tust."
"My boy, you will repent it if you don't"
"Es ist mir egal, ob ich es bereue", antwortete er
"I don't care if I will repent it," he replied
»**Deine Krankheit ist ernst**«**, warnte die Fee**
"Your illness is serious," warned the Fairy
"Es ist mir egal, ob meine Krankheit ernst ist"
"I don't care if my illness is serious"
"Das Fieber wird dich in die andere Welt tragen"
"The fever will carry you into the other world"
"Dann lass mich das Fieber in die andere Welt tragen"
"then let the fever carry me into the other world"
"Hast du keine Angst vor dem Tod?"
"Are you not afraid of death?"
»**Ich fürchte mich nicht im geringsten vor dem Tod!**«
"I am not in the least afraid of death!"
"Ich würde lieber sterben, als bittere Medizin zu trinken"

"I would rather die than drink bitter medicine"
In diesem Moment flog die Tür des Zimmers auf
At that moment the door of the room flew open
Vier Kaninchen, schwarz wie Tinte, betraten das Zimmer
four rabbits as black as ink entered the room
auf ihren Schultern trugen sie eine kleine Bahre
on their shoulders they carried a little bier

»Was willst du mit mir?« rief Pinocchio
"What do you want with me?" cried Pinocchio
und er richtete sich in großer Angst im Bett auf
and he sat up in bed in a great fright
"Wir sind gekommen, um dich zu holen", sagte das größte Kaninchen
"We have come to take you," said the biggest rabbit
»Sie können mich noch nicht mitnehmen; Ich bin nicht tot"
"you cannot take me yet; I am not dead"
"Wohin willst du mich bringen?"
"where are you planning to take me to?"
"Nein, du bist noch nicht tot", bestätigte das Kaninchen
"No, you are not dead yet," confirmed the rabbit
"Aber du hast nur noch wenige Minuten zu leben"
"but you have only a few minutes left to live"
"Weil du die bittere Medizin abgelehnt hast"
"because you refused the bitter medicine"
"Die bittere Medizin hätte dein Fieber geheilt"
"the bitter medicine would have cured your fever"
"Oh, Fee, Fee!" begann die Puppe zu schreien
"Oh, Fairy, Fairy!" the puppet began to scream
»Gib mir sofort den Becher«, bat er
"give me the tumbler at once," he begged
»beeilen Sie sich, um des Mitleids willen, ich will nicht sterben.«
"be quick, for pity's sake, I do not want die"
"Nein, ich werde heute nicht sterben"
"no, I will not die today"
Pinocchio nahm den Becher mit beiden Händen
Pinocchio took the tumbler with both hands

und er leerte das Wasser mit einem großen Schluck
and he emptied the water one one big gulp
"Wir müssen Geduld haben!" sagten die Kaninchen
"We must have patience!" said the rabbits
"Diesmal haben wir unsere Reise umsonst gemacht"
"this time we have made our journey in vain"
sie nahmen die kleine Bahre wieder auf ihre Schultern
they took the little bier on their shoulders again
und sie verließen das Zimmer wieder dorthin, wo sie hergekommen waren
and they left the room back to where they came from
und sie murrten und murmelten zwischen den Zähnen
and they grumbled and murmured between their teeth
Pinocchios Genesung dauerte nicht lange
Pinocchio's recovery did not take long at all
ein paar Minuten später sprang er vom Bett herunter
a few minutes later he jumped down from the bed
Holzpuppen haben ein besonderes Privileg
wooden puppets have a special privilege
sie werden selten ernsthaft krank wie wir
they seldom get seriously ill like us
und sie haben das Glück, sehr schnell geheilt zu werden
and they are lucky to be cured very quickly
"Hat dir meine Medizin gut getan?" fragte die Fee
"has my medicine done you good?" asked the fairy

"**Ihre Medizin hat mir mehr als gut getan**"
"your medicine has done me more than good"
"**Ihre Medizin hat mir das Leben gerettet**"
"your medicine has saved my life"
"**Warum hast du deine Medizin nicht früher genommen?**"
"why didn't you take your medicine sooner?"
»**Nun, Fee, wir Jungen sind alle so!**«
"Well, Fairy, we boys are all like that!"
"**Wir haben mehr Angst vor der Medizin als vor der Krankheit**"
"We are more afraid of medicine than of the illness"
»**Schändlich!**« **rief die Fee entrüstet**
"Disgraceful!" cried the fairy in indignation
"**Jungen sollten die Macht der Medizin kennen**"
"Boys ought to know the power of medicine"
"**Ein gutes Mittel kann sie vor einer schweren Krankheit bewahren**"
"a good remedy may save them from a serious illness"
"**Und vielleicht rettet es dich sogar vor dem Tod**"
"and perhaps it even saves you from death"
»**das nächste Mal werde ich nicht so viel Überredungskunst brauchen.**«
"next time I shall not require so much persuasion"
"**Ich werde mich an diese schwarzen Kaninchen erinnern**"
"I shall remember those black rabbits"
»**und ich werde mich an die Bahre auf ihren Schultern erinnern.**«
"and I shall remember the bier on their shoulders"
»**und dann werde ich sofort den Becher nehmen.**«
"and then I shall immediately take the tumbler"
»**und ich werde die ganze Medizin auf einmal trinken!**«
"and I will drink all the medicine in one go!"
Die Fee freute sich über Pinocchios Worte
The Fairy was happy with Pinocchio's words
"**Jetzt komm zu mir und setz dich auf meinen Schoß**"
"Now, come here to me and sit on my lap"
"**Und erzähl mir alles über die Assassinen**"

"and tell me all about the assassins"
"Wie bist du dazu gekommen, an der großen Eiche zu hängen?"
"how did you end up hanging from the big Oak tree?"
Und Pinocchio ordnete alle Ereignisse an, die geschahen
And Pinocchio ordered all the events that happened
»Sehen Sie, es gab einen Zirkusdirektor; Feuerschlucker"
"You see, there was a ringmaster; Fire-eater"
"Feuerschlucker hat mir ein paar Goldstücke gegeben"
"Fire-eater gave me some gold pieces"
"Er sagte mir, ich solle das Gold zu meinem Vater bringen"
"he told me to take the gold to my father"
"aber ich habe das Gold nicht direkt zu meinem Vater gebracht"
"but I didn't take the gold straight to my father"
"Auf dem Heimweg traf ich einen Fuchs und eine Katze"
"on the way home I met a Fox and a Cat"
"Sie machten mir ein Angebot, das ich nicht ablehnen konnte"
"they made me an offer I couldn't refuse"
"Möchtest du, dass sich diese Goldstücke vermehren?"
'Would you like those pieces of gold to multiply?'
"'Komm mit uns und', sagten sie."
"'Come with us and,' they said"
"Wir werden dich auf das Feld der Wunder bringen"
'we will take you to the Field of Miracles'
"Und ich sagte: 'Lass uns zum Feld der Wunder gehen'"
"and I said, 'Let's go to the Field of Miracles'"
"Und sie sagten: 'Lasst uns in dieser Herberge anhalten'"
"And they said, 'Let us stop at this inn'"
»und wir hielten bei den roten Langusten an.«
"and we stopped at the Red Craw-Fish in"
"Wir sind alle nach dem Essen schlafen gegangen"
"all of us went to sleep after our food"
"Als ich aufwachte, waren sie nicht mehr da"
"when I awoke they were no longer there"
"Weil sie vor mir gehen mussten"

"because they had to leave before me"
"Dann begann ich, nachts zu reisen"
"Then I began to travel by night"
"Sie können sich nicht vorstellen, wie dunkel es war"
"you cannot imagine how dark it was"
"Da traf ich die beiden Attentäter"
"that's when I met the two assassins"
"Und sie trugen Holzkohlesäcke"
"and they were wearing charcoal sacks"
"Sie sagten zu mir: 'Raus mit deinem Geld'"
"they said to me: 'Out with your money'"
"Und ich sagte zu ihnen: 'Ich habe kein Geld'"
"and I said to them, 'I have no money'"
"weil ich die vier Goldstücke versteckt hatte"
"because I had hidden the four gold pieces"
"Ich hatte das Geld in den Mund genommen"
"I had put the money in my mouth"
"Einer versuchte, seine Hand in meinen Mund zu stecken"
"one tried to put his hand in my mouth"
"und ich biss ihm die Hand ab und spuckte sie aus."
"and I bit his hand off and spat it out"
"Aber statt einer Hand war es eine Katzenpfote"
"but instead of a hand it was a cat's paw"
"Und dann rannten die Attentäter hinter mir her"
"and then the assassins ran after me"
"Und ich rannte und rannte, so schnell ich konnte"
"and I ran and ran as fast as I could"
"Aber am Ende haben sie mich trotzdem erwischt"
"but in the end they caught me anyway"
"Und sie banden mir eine Schlinge um den Hals"
"and they tied a noose around my neck"
"und sie haben mich an der großen Eiche aufgehängt"
"and they hung me from the Big Oak tree"
"Sie warteten darauf, dass ich aufhörte, mich zu bewegen"
"they waited for me to stop moving"
"aber ich habe nie aufgehört, mich zu bewegen"
"but I never stopped moving at all"

"**Und dann riefen sie mich an**"
"and then they called up to me"
"**Morgen werden wir hierher zurückkehren**"
'Tomorrow we shall return here'
"**Dann bist du tot mit offenem Mund**"
'then you will be dead with your mouth open'
"**Und wir werden das Gold unter deiner Zunge haben**"
'and we will have the gold under your tongue'
die Fee interessierte sich für die Geschichte
the Fairy was interested in the story
»**Und wo haben Sie jetzt die Goldstücke hingelegt?**«
"And where have you put the pieces of gold now?"
»**Ich habe sie verloren!**« **sagte Pinocchio unehrlich**
"I have lost them!" said Pinocchio, dishonestly
er hatte die Goldstücke in der Tasche
he had the pieces of gold in his pocket
wie Sie wissen, hatte Pinocchio bereits eine lange Nase
as you know Pinocchio already had a long nose
aber das Lügen ließ seine Nase noch länger werden
but lying made his nose grow even longer
und seine Nase wuchs noch zwei Zoll
and his nose grew another two inches
»**Und wo haben Sie das Gold verloren?**«
"And where did you lose the gold?"
"**Ich habe es im Wald verloren**", **log er wieder**
"I lost it in the woods," he lied again
und auch seine Nase wuchs bei seiner zweiten Lüge
and his nose also grew at his second lie
"**Sorge dich nicht um das Gold**", **sagte die Fee**
"worry not about the gold," said the fairy
"**Wir werden in den Wald gehen und dein Gold finden**"
"we will go to the woods and find your gold"
"**Alles, was in diesen Wäldern verloren geht, wird immer gefunden**"
"all that is lost in those woods is always found"
Pinocchio war ziemlich verwirrt über seine Situation
Pinocchio got quite confused about his situation

»**Ah! jetzt erinnere ich mich an alles**«, **erwiderte er**
"Ah! now I remember all about it," he replied

"**Ich habe die vier Goldstücke überhaupt nicht verloren**"
"I didn't lose the four gold pieces at all"

"**Ich habe gerade deine Medizin geschluckt, nicht wahr?**"
"I just swallowed your medicine, didn't I?"

"**Ich habe die Münzen mit der Medizin geschluckt**"
"I swallowed the coins with the medicine"

Bei dieser kühnen Lüge wurde seine Nase noch länger
at this daring lie his nose grew even longer

jetzt konnte sich Pinocchio in keine Richtung bewegen
now Pinocchio could not move in any direction

Er versuchte, sich auf die linke Seite zu drehen
he tried to turn to his left side

aber seine Nase stieß gegen das Bett und die Fensterscheiben
but his nose struck the bed and window-panes

Er versuchte, sich auf die rechte Seite zu drehen
he tried to turn to the right side

aber jetzt stieß seine Nase gegen die Wände
but now his nose struck against the walls

und er konnte auch nicht den Kopf heben
and he could not raise his head either

weil seine Nase lang und spitz war
because his nose was long and pointy

und seine Nase hätte der Fee ins Auge stechen können
and his nose could have poke the Fairy in the eye

die Fee sah ihn an und lachte
the Fairy looked at him and laughed

Pinocchio war sehr verwirrt über seine Situation
Pinocchio was very confused about his situation

er wußte nicht, warum seine Nase gewachsen war
he did not know why his nose had grown

"**Worüber lachst du?**" **fragte die Puppe**
"What are you laughing at?" asked the puppet

"**Ich lache über die Lügen, die du mir erzählt hast**"
"I am laughing at the lies you've told me"

»wie können Sie wissen, daß ich gelogen habe?«
"how can you know that I have told lies?"
"Lügen, mein lieber Junge, werden sofort entdeckt"
"Lies, my dear boy, are found out immediately"
"In dieser Welt gibt es zwei Arten von Lügen"
"in this world there are two sorts of lies"
"Es gibt Lügen, die kurze Beine haben"
"There are lies that have short legs"
"Und es gibt Lügen, die lange Nasen haben"
"and there are lies that have long noses"
"Deine Lüge ist eine von denen, die eine lange Nase haben"
"Your lie is one of those that has a long nose"
Pinocchio wusste nicht, wo er sich verstecken sollte
Pinocchio did not know where to hide himself
Er schämte sich, dass seine Lügen entdeckt wurden
he was ashamed of his lies being discovered
Er versuchte, aus dem Zimmer zu rennen
he tried to run out of the room
aber es gelang ihm nicht, zu entkommen
but he did not succeed at escaping
seine Nase war zu lang geworden, um zu entkommen
his nose had gotten too long to escape
und er konnte nicht mehr durch die Tür gehen
and he could no longer pass through the door

Pinocchio trifft den Fuchs und die Katze wieder
Pinocchio Meets the Fox and the Cat Again

die Fee verstand die Bedeutung der Lektion
the Fairy understood the importance of the lesson
sie ließ die Puppe eine gute halbe Stunde lang weinen
she let the puppet to cry for a good half-hour
seine Nase konnte nicht mehr durch die Tür gehen
his nose could no longer pass through the door
Lügen zu erzählen ist das Schlimmste, was ein Junge tun

kann
telling lies is the worst thing a boy can do
und sie wollte, dass er aus seinen Fehlern lernte
and she wanted him to learn from his mistakes
aber sie konnte es nicht ertragen, ihn weinen zu sehen
but she could not bear to see him weeping
sie fühlte sich voller Mitgefühl für die Puppe
she felt full of compassion for the puppet
also klatschte sie wieder in die Hände
so she clapped her hands together again
tausend große Spechte flogen aus dem Fenster herein
a thousand large Woodpeckers flew in from the window
Die Spechte setzten sich sofort auf Pinocchios Nase
The woodpeckers immediately perched on Pinocchio's nose
und sie fingen an, mit großem Eifer an seiner Nase zu picken
and they began to peck at his nose with great zeal
Sie können sich die Geschwindigkeit von tausend Spechten vorstellen
you can imagine the speed of a thousand woodpeckers
innerhalb kürzester Zeit war Pinocchios Nase normal
within no time at all Pinocchio's nose was normal
Natürlich erinnert man sich, dass er immer eine große Nase hatte
of course you remember he always had a big nose
"Was für eine gute Fee du bist!" sagte die Puppe
"What a good Fairy you are," said the puppet
und Pinocchio trocknete seine tränenüberströmten Augen
and Pinocchio dried his tearful eyes
»und wie sehr ich dich liebe!« fügte er hinzu
"and how much I love you!" he added
"Ich liebe dich auch," antwortete die Fee
"I love you also," answered the Fairy
"Wenn du bei mir bleibst, sollst du mein kleiner Bruder sein"
"if you remain with me you shall be my little brother"
"und ich werde deine gute kleine Schwester sein"

"and I will be your good little sister"
"Ich würde sehr gerne bleiben", sagte Pinocchio
"I would like to remain very much," said Pinocchio
»aber ich muß zu meinem armen Papa zurück.«
"but I have to go back to my poor papa"
"Ich habe an alles gedacht", sagte die Fee
"I have thought of everything," said the fairy
"Ich habe deinen Vater schon informiert"
"I have already let your father know"
"Und er wird heute Abend hierher kommen"
"and he will come here tonight"
"Wirklich?", rief Pinocchio und hüpfte vor Freude
"Really?" shouted Pinocchio, jumping for joy
"Dann, kleine Fee, habe ich einen Wunsch"
"Then, little Fairy, I have a wish"
"Ich würde ihn sehr gerne treffen"
"I would very much like to go and meet him"
"Ich möchte diesem armen alten Mann einen Kuss geben"
"I want to give a kiss to that poor old man"
"Er hat meinetwegen so viel gelitten"
"he has suffered so much on my account"
"Geh, aber pass auf, dass du dich nicht verirrst"
"Go, but be careful not to lose your way"
"Nehmen Sie die Straße, die durch den Wald führt"
"Take the road that goes through the woods"
"Ich bin sicher, dass du ihn dort treffen wirst."
"I am sure that you will meet him there"
Pinocchio machte sich auf den Weg, um durch den Wald zu gehen
Pinocchio set out to go through the woods
Sobald er im Wald war, begann er wie ein Kind zu rennen
once in the woods he began to run like a kid
Aber dann hatte er eine bestimmte Stelle im Wald erreicht
But then he had reached a certain spot in the woods
er stand fast vor der großen Eiche
he was almost in front of the Big Oak tree
Er glaubte, Menschen zwischen den Büschen zu hören

he thought he heard people amongst the bushes
Tatsächlich kamen zwei Personen auf die Straße
In fact, two persons came out on to the road
Können Sie erraten, wer sie waren?
Can you guess who they were?
sie waren seine beiden Reisegefährten
they were his two travelling companions
vor ihm war der Fuchs und die Katze
in front of him was the Fox and the Cat
seine Gefährten, die ihn in die Herberge gebracht hatten
his companions who had taken him to the inn

»**Nun, hier ist unser lieber Pinocchio!**« rief der Fuchs
"Why, here is our dear Pinocchio!" cried the Fox
und er küßte und umarmte seinen alten Freund
and he kissed and embraced his old friend
"Wie bist du hierhergekommen?" fragte der Fuchs
"How came you to be here?" asked the fox
"Wie kommst du hierher?" wiederholte die Katze
"How come you to be here?" repeated the Cat
"Es ist eine lange Geschichte", antwortete die Puppe
"It is a long story," answered the puppet
"Ich erzähle dir die Geschichte, wenn ich Zeit habe"
"I will tell you the story when I have time"
»**aber ich muß Ihnen sagen, was mit mir geschehen ist.**«
"but I must tell you what happened to me"

"Weißt du, dass ich mich neulich nachts mit Meuchelmördern getroffen habe?"
"do you know that the other night I met with assassins?"
»Assassinen! Ach, armer Pinocchio!« machte sich der Fuchs Sorgen
"Assassins! Oh, poor Pinocchio!" worried the Fox
"Und was wollten sie?", fragte er
"And what did they want?" he asked
"Sie wollten mir meine Goldstücke rauben"
"They wanted to rob me of my gold pieces"
»Schurken!« sagte der Fuchs
"Villains!" said the Fox
»Berüchtigte Schurken!« wiederholte die Katze
"Infamous villains!" repeated the Cat
"Aber ich bin vor ihnen weggelaufen", fuhr die Puppe fort
"But I ran away from them," continued the puppet
"Sie haben ihr Bestes getan, um mich zu fangen"
"they did their best to catch me"
"Und nach einer langen Verfolgungsjagd haben sie mich eingeholt"
"and after a long chase they did catch me"
"Sie haben mich an einem Ast dieser Eiche aufgehängt"
"they hung me from a branch of that oak tree"
Und Pinocchio zeigte auf die große Eiche
And Pinocchio pointed to the Big Oak tree
der Fuchs war entsetzt über das, was er gehört hatte
the Fox was appalled by what he had heard
»Ist es möglich, von etwas Schrecklicherem zu hören?«
"Is it possible to hear of anything more dreadful?"
"In was für einer Welt sind wir dazu verdammt, zu leben!"
"In what a world we are condemned to live!"
"Wo können anständige Menschen wie wir eine sichere Zuflucht finden?"
"Where can respectable people like us find a safe refuge?"
Das Gespräch ging einige Zeit so weiter
the conversation went on this way for some time
in dieser Zeit bemerkte Pinocchio etwas an der Katze

in this time Pinocchio observed something about the Cat
die Katze war am rechten Vorderbein lahm
the Cat was lame of her front right leg
tatsächlich hatte sie ihre Pfote und alle ihre Krallen verloren
in fact, she had lost her paw and all its claws
Pinocchio wollte wissen, was passiert war
Pinocchio wanted to know what had happened
"Was hast du mit deiner Pfote gemacht?"
"What have you done with your paw?"
Die Katze versuchte zu antworten, wurde aber verwirrt
The Cat tried to answer, but became confused
der Fuchs sprang ein, um zu erklären, was passiert war
the Fox jumped in to explain what had happened
"Du musst wissen, dass mein Freund zu bescheiden ist"
"you must know that my friend is too modest"
"Ihre Bescheidenheit ist der Grund, warum sie normalerweise nicht spricht"
"her modesty is why she doesn't usually speak"
"Also lass mich die Geschichte für sie erzählen"
"so let me tell the story for her"
"Vor einer Stunde trafen wir einen alten Wolf auf der Straße"
"an hour ago we met an old wolf on the road"
"Er fiel vor Nahrungsmangel fast in Ohnmacht"
"he was almost fainting from want of food"
"Und er bat uns um Almosen"
"and he asked alms of us"
»wir hatten ihm nicht einmal eine Fischgräte zu geben.«
"we had not so much as a fish-bone to give him"
»Aber was hat mein Freund getan?«
"but what did my friend do?"
»nun, sie hat wirklich das Herz eines Césars«
"well, she really has the heart of a César"
"Sie hat eine ihrer Vorderpfoten abgebissen"
"She bit off one of her fore paws"
"Und sie warf ihre Pfote dem armen Tier zu"
"and the threw her paw to the poor beast"

"damit er seinen Hunger stille"
"so that he might appease his hunger"
Und der Fuchs war von seiner Geschichte zu Tränen gerührt
And the Fox was brought to tears by his story
Auch Pinocchio war von der Geschichte berührt
Pinocchio was also touched by the story
als er sich der Katze näherte, flüsterte er ihr ins Ohr
approaching the Cat, he whispered into her ear
"Wenn alle Katzen dir ähnlich wären, wie glücklich wären die Mäuse!"
"If all cats resembled you, how fortunate the mice would be!"
»Und nun, was machst du hier?« fragte der Fuchs
"And now, what are you doing here?" asked the Fox
»Ich warte auf meinen Papa«, antwortete die Puppe
"I am waiting for my papa," answered the puppet
"Ich erwarte, dass er jeden Moment eintrifft"
"I am expecting him to arrive at any moment now"
»Und was ist mit Ihren Goldstücken?«
"And what about your pieces of gold?"
»Ich habe sie in der Tasche«, bestätigte Pinocchio
"I have got them in my pocket," confirmed Pinocchio
obwohl er erklären musste, dass er eine Münze ausgegeben hatte
although he had to explain that he had spent one coin
die Kosten für ihr Essen waren auf ein Goldstück gestiegen
the cost of their meal had come to one piece of gold
aber er sagte ihnen, sie sollten sich darüber keine Sorgen machen
but he told them not to worry about that
aber der Fuchs und die Katze machten sich Sorgen
but the Fox and the Cat did worry about it
"Warum hörst du nicht auf unseren Rat?"
"Why do you not listen to our advice?"
"Bis morgen könnten Sie ein oder zweitausend haben!"
"by tomorrow you could have one or two thousand!"
"Warum begräbst du sie nicht auf dem Feld der Wunder?"
"Why don't you bury them in the Field of Miracles?"

»Heute ist es unmöglich«, wandte Pinocchio ein
"Today it is impossible," objected Pinocchio
"Aber keine Sorge, ich werde an einem anderen Tag gehen"
"but don't worry, I will go another day"
"An einem anderen Tag wird es zu spät sein!" sagte der Fuchs
"Another day it will be too late!" said the Fox
"Warum sollte es zu spät sein?", fragte Pinocchio
"Why would it be too late?" asked Pinocchio
"Weil das Feld von einem Gentleman gekauft wurde"
"Because the field has been bought by a gentleman"
"Ab morgen darf niemand mehr dort Geld vergraben"
"after tomorrow no one will be allowed to bury money there"
"Wie weit ist das Feld der Wunder entfernt?"
"How far off is the Field of Miracles?"
"Es ist weniger als zwei Meilen von hier"
"It is less than two miles from here"
»Willst du mit uns kommen?« fragte der Fuchs
"Will you come with us?" asked the Fox
"In einer halben Stunde können wir da sein"
"In half an hour we can be there"
"Sie können Ihr Geld sofort vergraben"
"You can bury your money straight away"
"und in wenigen Minuten werden Sie zweitausend Münzen sammeln"
"and in a few minutes you will collect two thousand coins"
»und heute abend werden Sie mit vollen Taschen zurückkehren.«
"and this evening you will return with your pockets full"
»Kommst du mit?« fragte der Fuchs wieder
"Will you come with us?" the Fox asked again
Pinocchio dachte an die gute Fee
Pinocchio thought of the good Fairy
und Pinocchio dachte an den alten Geppetto
and Pinocchio thought of old Geppetto
und er erinnerte sich an die Warnungen der sprechenden kleinen Grille

and he remembered the warnings of the talking little cricket
und er zögerte ein wenig, bevor er antwortete
and he hesitated a little before answering
Inzwischen wissen Sie, was für ein Junge Pinocchio ist
by now you know what kind of boy Pinocchio is
Pinocchio ist einer dieser Jungs ohne viel Verstand
Pinocchio is one of those boys without much sense
Er schüttelte schließlich ein wenig den Kopf
he ended by giving his head a little shake
und dann erzählte er dem Fuchs und der Katze seine Pläne
and then he told the Fox and the Cat his plans
"Lass uns gehen: Ich komme mit"
"Let us go: I will come with you"
und sie gingen auf das Feld der Wunder
and they went to the field of miracles
Sie gingen einen halben Tag zu Fuß und erreichten eine Stadt
they walked for half a day and reached a town
die Stadt war die Falle für Dummköpfe
the town was the Trap for Blockheads
Pinocchio ist etwas Interessantes an dieser Stadt aufgefallen
Pinocchio noticed something interesting about this town
überall, wo man hinschaute, gab es Hunde
everywhere where you looked there were dogs
alle Hunde gähnten vor Hunger
all the dogs were yawning from hunger
und er sah geschorene Schafe, die vor Kälte zitterten
and he saw shorn sheep trembling with cold
selbst die Hähne bettelten um indischen Mais
even the cockerels were begging for Indian corn
es gab große Schmetterlinge, die nicht mehr fliegen konnten
there were large butterflies that could no longer fly
weil sie ihre schönen bunten Flügel verkauft hatten
because they had sold their beautiful coloured wings
es gab Pfauen, die sich schämten, gesehen zu werden
there were peacocks that were ashamed to be seen
weil sie ihre schönen farbigen Schwänze verkauft hatten

because they had sold their beautiful coloured tails
und Fasane scharrten gedämpft umher
and pheasants went scratching about in a subdued fashion
sie trauerten um ihre goldenen und silbernen Federn
they were mourning for their gold and silver feathers
die meisten waren Bettler und beschämte Kreaturen
most were beggars and shamefaced creatures
aber unter ihnen fuhr ein herrschaftlicher Wagen vorbei
but among them some lordly carriage passed
die Wagen enthielten einen Fuchs oder eine diebische Elster
the carriages contained a Fox, or a thieving Magpie
oder der Wagen saß ein anderer gefräßiger Raubvogel
or the carriage seated some other ravenous bird of prey
»Und wo ist das Feld der Wunder?« fragte Pinocchio
"And where is the Field of Miracles?" asked Pinocchio
"Es ist hier, keine zwei Schritte von uns entfernt"
"It is here, not two steps from us"
Sie durchquerten die Stadt und gingen über eine Mauer
They crossed the town and and went over a wall
und dann kamen sie auf ein einsames Feld
and then they came to a solitary field
"Hier sind wir", sagte der Fuchs zu der Puppe
"Here we are," said the Fox to the puppet
"Jetzt bückt euch und grabt mit den Händen ein kleines Loch."
"Now stoop down and dig with your hands a little hole"
"Und stecke deine Goldstücke in das Loch"
"and put your gold pieces into the hole"
Pinocchio gehorchte, was der Fuchs ihm gesagt hatte
Pinocchio obeyed what the fox had told him
Er grub ein Loch und steckte die vier Goldstücke hinein
He dug a hole and put into it the four gold pieces
und dann füllte er das Loch mit ein wenig Erde
and then he filled up the hole with a little earth
"Nun denn", sagte der Fuchs, "geh zu dem Kanal in unserer Nähe."
"Now, then," said the Fox, "go to that canal close to us"

"Holen Sie einen Eimer Wasser aus dem Kanal"
"fetch a bucket of water from the canal"
"Bewässere den Boden, wo du das Gold gesät hast"
"water the ground where you have sowed the gold"
Pinocchio ging ohne Eimer zum Kanal
Pinocchio went to the canal without a bucket
da er keinen Eimer hatte, zog er einen seiner alten Schuhe aus
as he had no bucket, he took off one of his old shoes
und er füllte seinen Schuh mit Wasser
and he filled his shoe with water
und dann bewässerte er den Boden über dem Loch
and then he watered the ground over the hole
Dann fragte er: "Gibt es noch etwas zu tun?
He then asked, "Is there anything else to be done?
»Sie brauchen nichts weiter zu tun,« antwortete der Fuchs
"you need not do anything else," answered the Fox
"Es gibt keinen Grund für uns, hier zu bleiben"
"there is no need for us to stay here"
"Sie können in etwa zwanzig Minuten zurückkehren"
"you can return in about twenty minutes"
"Und dann wirst du einen Strauch in der Erde finden"
"and then you will find a shrub in the ground"
"Die Äste des Baumes werden mit Geld beladen sein"
"the tree's branches will be loaded with money"
Die arme Puppe war außer sich vor Freude
The poor puppet was beside himself with joy
er dankte dem Fuchs und der Katze tausendmal
he thanked the Fox and the Cat a thousand times
und er versprach ihnen viele schöne Geschenke
and he promised them many beautiful presents
»Wir wünschen keine Geschenke,« antworteten die beiden Spitzbuben
"We wish for no presents," answered the two rascals
"Es genügt, dass wir Ihnen beigebracht haben, wie Sie sich bereichern können"
"It is enough for us to have taught you how to enrich yourself"

"Es gibt nichts Schlimmeres, als anderen dabei zuzusehen, wie sie harte Arbeit leisten"
"there is nothing worse than seeing others do hard work"
"Und wir sind so glücklich wie Menschen, die Urlaub machen"
"and we are as happy as people out for a holiday"
Mit diesen Worten nahmen sie Abschied von Pinocchio
Thus saying, they took leave of Pinocchio
und sie wünschten ihm eine gute Ernte
and they wished him a good harvest
und dann gingen sie ihren Geschäften nach
and then they went about their business

Pinocchio wird seines Geldes beraubt
Pinocchio is Robbed of his Money

Die Puppe kehrte in die Stadt zurück
The puppet returned to the town
und er fing an, die Minuten eins nach dem anderen zu zählen
and he began to count the minutes one by one
und bald glaubte er, lange genug gezählt zu haben
and soon he thought he had counted long enough
also schlug er den Weg ein, der zum Feld der Wunder führte
so he took the road leading to the Field of Miracles
Und er ging mit eiligen Schritten dahin.
And he walked along with hurried steps
und sein Herz schlug vor großer Aufregung schnell
and his heart beat fast with great excitement
wie eine Salonuhr, die sehr gut läuft
like a drawing-room clock going very well
Inzwischen dachte er bei sich:
Meanwhile he was thinking to himself:
»was ist, wenn ich tausend Goldstücke nicht finde?«
"what if I don't find a thousand gold pieces?"

"Was ist, wenn ich stattdessen zweitausend Goldstücke finde?"
"what if I find two thousand gold pieces instead?"
»aber was ist, wenn ich keine zweitausend Goldstücke finde?«
"but what if I don't find two thousand gold pieces?"
»was ist, wenn ich fünftausend Goldstücke finde?«
"what if I find five thousand gold pieces!"
"Was ist, wenn ich hunderttausend Goldstücke finde??"
"what if I find a hundred thousand gold pieces??"
»Ach! was für ein feiner Gentleman würde ich dann werden!«
"Oh! what a fine gentleman I should then become!"
"Ich könnte in einem wunderschönen Palast leben"
"I could live in a beautiful palace"
"und ich hätte tausend kleine Holzpferde"
"and I would have a thousand little wooden horses"
"Ein Keller voller Johannisbeerwein und süßer Sirupe"
"a cellar full of currant wine and sweet syrups"
"und eine Bibliothek voller Süßigkeiten und Torten"
"and a library quite full of candies and tarts"
»und ich hätte Pflaumenkuchen und Makronen.«
"and I would have plum-cakes and macaroons"
"Und ich hätte Kekse mit Sahne"
"and I would have biscuits with cream"
Er ging entlang und baute Himmelsschlösser
he walked along building castles in the sky
und er baute viele dieser Schlösser in den Himmel
and he build many of these castles in the sky
und schließlich kam er an den Rand des Feldes
and eventually he arrived at the edge of the field
und er blieb stehen, um sich nach einem Baum umzusehen
and he stopped to look about for a tree
es gab noch andere Bäume auf dem Feld
there were other trees in the field
aber sie waren dort gewesen, als er gegangen war
but they had been there when he had left

und er sah keinen Geldbaum auf dem ganzen Felde
and he saw no money tree in all the field
Er ging noch hundert Schritte auf dem Feld entlang
He walked along the field another hundred steps
aber er konnte den gesuchten Baum nicht finden
but he couldn't find the tree he was looking for
Dann betrat er das Feld
he then entered into the field
und er ging zu dem kleinen Loch hinauf
and he went up to the little hole
das Loch, in dem er seine Münzen vergraben hatte
the hole where he had buried his coins
und er betrachtete das Loch sehr genau
and he looked at the hole very carefully
aber es wuchs dort definitiv kein Baum
but there was definitely no tree growing there
Dann wurde er sehr nachdenklich
He then became very thoughtful
und er vergaß die Regeln der Gesellschaft
and he forget the rules of society
und er kümmerte sich keinen Augenblick um gute Manieren
and he didn't care for good manners for a moment
Er nahm die Hände aus der Tasche
he took his hands out of his pocket
und er kratzte sich lange am Kopf
and he gave his head a long scratch
In diesem Moment hörte er eine Explosion von Gelächter
At that moment he heard an explosion of laughter
jemand in der Nähe lachte sich dumm
someone close by was laughing himself silly
Er schaute zu einem der Bäume in der Nähe hinauf
he looked up one of the nearby trees
er sah einen großen Papagei, der auf einem Ast saß
he saw a large Parrot perched on a branch
Der Papagei wurde mit den wenigen Federn, die er noch hatte, gebürstet
the parrot was brushed the few feathers he had left

fragte Pinocchio den Papagei mit zorniger Stimme;
Pinocchio asked the parrot in an angry voice;
"Warum lachst du hier so laut?"
"Why are you here laughing so loud?"
"Ich lache, weil ich meine Federn bürste"
"I am laughing because in brushing my feathers"
"Ich habe nur ein wenig unter meine Fittiche gestreift"
"I was just brushing a little under my wings"
"und während ich meine Federn bürstete, kitzelte ich mich"
"and while brushing my feathers I tickled myself"
Die Puppe antwortete dem Papagei nicht
The puppet did not answer the parrot
aber stattdessen ging Pinocchio zum Kanal
but instead Pinocchio went to the canal
Er füllte seinen alten Schuh wieder mit Wasser
he filled his old shoe full of water again
und er fuhr fort, das Loch noch einmal zu gießen
and he proceeded to water the hole once more
Während er damit beschäftigt war, hörte er noch mehr Gelächter
While he was busy doing this he heard more laughter
das Gelächter war noch unverschämter als zuvor
the laughter was even more impertinent than before
es ertönte in der Stille dieses einsamen Ortes
it rang out in the silence of that solitary place
Pinocchio schrie noch wütender als zuvor
Pinocchio shouted out even angrier than before
»Darf ich ein für allemal wissen, worüber Sie lachen?«
"Once for all, may I know what you are laughing at?"
"Ich lache über Einfaltspinsel", antwortete der Papagei
"I am laughing at simpletons," answered the parrot
"Einfaltspinsel, die an törichte Dinge glauben
"simpletons who believe in foolish things
"Die dummen Dinge, die die Leute ihnen erzählen"
"the foolish things that people tell them"
"Ich lache über diejenigen, die sich täuschen lassen"
"I laugh at those who let themselves be fooled"

"getäuscht von denen, die gerissener sind als sie"
"fooled by those more cunning than they are"
»Sprichst du vielleicht von mir?«
"Are you perhaps speaking of me?"
»Ja, ich spreche von dir, armer Pinocchio.«
"Yes, I am speaking of you, poor Pinocchio"
"Du hast etwas sehr Dummes geglaubt"
"you have believed a very foolish thing"
"Sie glaubten, dass Geld auf Feldern angebaut werden kann"
"you believed that money can be grown in fields"
"Sie dachten, Geld kann wie Bohnen angebaut werden"
"you thought money can be grown like beans"
"Ich habe es auch einmal geglaubt", gab der Papagei zu
"I also believed it once," admitted the parrot
"und heute leide ich, weil ich es geglaubt habe"
"and today I am suffering for having believed it"
"aber ich habe meine Lektion aus diesem Trick gelernt"
"but I have learned my lesson from that trick"
"Ich wandte mich ehrlicher Arbeit zu"
"I turned my efforts to honest work"
"und ich habe ein paar Pfennige zusammengelegt"
"and I have put a few pennies together"
"Es ist notwendig zu wissen, wie man seine Pfennige verdient"
"it is necessary to know how to earn your pennies"
"Man muss sie sich entweder mit den Händen verdienen"
"you have to earn them either with your hands"
"Oder du musst sie dir mit deinem Verstand verdienen"
"or you have to earn them with your brains"
"Ich verstehe dich nicht", sagte die Puppe
"I don't understand you," said the puppet
und er zitterte schon vor Angst
and he was already trembling with fear
»Haben Sie Geduld!« entgegnete der Papagei
"Have patience!" rejoined the parrot
"Ich werde mich besser erklären, wenn du mich lässt"

"I will explain myself better, if you let me"
"Es gibt etwas, das Sie wissen müssen"
"there is something that you must know"
"Etwas ist passiert, während du in der Stadt warst"
"something happened while you were in the town"
"Der Fuchs und die Katze kehrten auf das Feld zurück"
"the Fox and the Cat returned to the field"
"Sie haben das Geld genommen, das du vergraben hattest"
"they took the money you had buried"
"Und dann flohen sie vom Tatort"
"and then they fled from the scene of the crime"
"Und wer sie fängt, wird klug sein"
"And now he that catches them will be clever"
Pinocchio blieb mit offenem Mund stehen
Pinocchio remained with his mouth open
und er entschied sich, den Worten des Papageis nicht zu glauben
and he chose not to believe the Parrot's words
Er begann mit seinen Händen, die Erde umzugraben
he began with his hands to dig up the earth
Und er grub sich tief in den Boden
And he dug deep into the ground
ein Strohhalm hätte in dem Loch stehen können
a rick of straw could have stood in the hole
Aber das Geld war nicht mehr da
but the money was no longer there
Er eilte in einem Zustand der Verzweiflung zurück in die Stadt
He rushed back to the town in a state of desperation
und er begab sich sofort an die Gerichte
and he went at once to the Courts of Justice
und er sprach direkt mit dem Richter
and he spoke directly with the judge
er denunzierte die beiden Spitzbuben, die ihn bestohlen hatten
he denounced the two knaves who had robbed him
Der Richter war ein großer Affe des Gorillastammes

The judge was a big ape of the gorilla tribe
ein alter Affe, der wegen seines weißen Bartes respektabel war
an old ape respectable because of his white beard
und er war aus anderen Gründen respektabel
and he was respectable for other reasons
weil er eine goldene Brille auf der Nase hatte
because he had gold spectacles on his nose
obwohl seine Brille ohne Glas war
although, his spectacles were without glass
aber er war immer gezwungen, sie zu tragen
but he was always obliged to wear them
wegen einer Entzündung der Augen
on account of an inflammation of the eyes

Pinocchio erzählte ihm alles über das Verbrechen
Pinocchio told him all about the crime
das Verbrechen, dessen Opfer er geworden war
the crime of which he had been the victim of
Er gab ihm die Vor- und Nachnamen
He gave him the names and the surnames
und er gab alle Einzelheiten über die Schurken
and he gave all the details of the rascals
und er schloß mit der Forderung nach Gerechtigkeit
and he ended by demanding to have justice
Der Richter hörte mit großer Güte zu

The judge listened with great benignity
Er interessierte sich lebhaft für die Geschichte
he took a lively interest in the story
Er war sehr berührt und bewegt von dem, was er hörte
he was much touched and moved by what he heard
Schließlich hatte die Puppe nichts mehr zu sagen
finally the puppet had nothing further to say
und dann läutete der Gorilla eine Glocke
and then the gorilla rang a bell
Zwei Doggen erschienen an der Tür
two mastiffs appeared at the door
Die Hunde waren als Gendarmen verkleidet
the dogs were dressed as gendarmes
Der Richter zeigte dann auf Pinocchio
The judge then pointed to Pinocchio
"Der arme Teufel ist bestohlen worden"
"That poor devil has been robbed"
"Schurken nahmen ihm vier Goldstücke ab"
"rascals took four gold pieces from him"
"Bringt ihn sofort ins Gefängnis", befahl er
"take him away to prison immediately," he ordered
Die Puppe war wie versteinert, als sie das hörte
The puppet was petrified on hearing this
es war ganz und gar nicht das Urteil, das er erwartet hatte
it was not at all the judgement he had expected
und er versuchte, gegen den Richter zu protestieren
and he tried to protest the judge
aber die Gendarmen hielten ihm den Mund zu
but the gendarmes stopped his mouth
sie wollten keine Zeit verlieren
they didn't want to lose any time
und sie führten ihn ins Gefängnis
and they carried him off to the prison
Und dort blieb er vier lange Monate
And there he remained for four long months
und er wäre noch länger dort geblieben
and he would have remained there even longer

Aber auch Marionetten haben manchmal Glück
but puppets do sometimes have good fortune too
ein junger König herrschte über die Falle für Dummköpfe
a young King ruled over the Trap for Blockheads
er hatte einen glänzenden Sieg in der Schlacht errungen
he had won a splendid victory in battle
Aus diesem Grund ordnete er großen öffentlichen Jubel an
because of this he ordered great public rejoicings
Es gab Illuminationen und Feuerwerk
There were illuminations and fireworks
und es gab Pferde- und Velozipedrennen
and there were horse and velocipede races
der König war so glücklich, dass er alle Gefangenen freiließ
the King was so happy he released all prisoners
Pinocchio freute sich sehr über diese Nachricht
Pinocchio was very happy at this news
"Wenn sie befreit sind, dann bin ich es auch"
"if they are freed, then so am I"
aber der Gefängniswärter hatte andere Befehle
but the jailor had other orders
»Nein, Sie nicht«, sagte der Gefängniswärter
"No, not you," said the jailor
"Weil du nicht zur glücklichen Klasse gehörst"
"because you do not belong to the fortunate class"
»Ich bitte um Verzeihung,« erwiderte Pinocchio
"I beg your pardon," replied Pinocchio
"Ich bin auch ein Krimineller", sagte er stolz
"I am also a criminal," he proudly said
der Gefängniswärter sah Pinocchio wieder an
the jailor looked at Pinocchio again
"In diesem Fall haben Sie vollkommen Recht"
"In that case you are perfectly right"
und er nahm seinen Hut ab
and he took off his hat
und er verbeugte sich ehrerbietig vor ihm
and he bowed to him respectfully
und er öffnete die Gefängnistüren

and he opened the prison doors
und er ließ die kleine Puppe entkommen
and he let the little puppet escape

Pinocchio kehrt ins Feenhaus zurück
Pinocchio Goes back to the Fairy's House

Sie können sich Pinocchios Freude vorstellen
You can imagine Pinocchio's joy
schließlich war er nach vier Monaten frei
finally he was free after four months
Aber er hielt nicht an, um zu feiern
but he didn't stop in order to celebrate
Stattdessen verließ er sofort die Stadt
instead, he immediately left the town
er schlug den Weg ein, der zum Haus der Fee führte
he took the road that led to the Fairy's house
In den letzten Tagen hatte es viel geregnet
there had been a lot of rain in recent days
So war die Straße sumpfig und sumpfig geworden
so the road had become a went boggy and marsh
und Pinocchio versank knietief im Schlamm
and Pinocchio sank knee deep into the mud

Aber die Puppe gab nicht auf
But the puppet was not one to give up
er wurde von dem Wunsch gequält, seinen Vater zu sehen
he was tormented by the desire to see his father
und er wollte auch seine kleine Schwester wiedersehen
and he wanted to see his little sister again too
und er rannte durch den Sumpf wie ein Windhund
and he ran through the marsh like a greyhound
und während er rannte, wurde er mit Schlamm bespritzt
and as he ran he was splashed with mud
und er war von Kopf bis Fuß bedeckt
and he was covered from head to foot
Und er sagte zu sich selbst, während er weiterging:
And he said to himself as he went along:
"Wie viele Unglücke sind mir widerfahren"
"How many misfortunes have happened to me"
"Aber ich habe dieses Unglück verdient"
"But I deserved these misfortunes"
"weil ich eine eigensinnige, leidenschaftliche Marionette bin"
"because I am an obstinate, passionate puppet"
"Ich bin immer bestrebt, meinen eigenen Willen durchzusetzen"
"I am always bent upon having my own way"
"und ich höre nicht auf diejenigen, die mir Gutes wünschen"
"and I don't listen to those who wish me well"
»sie haben tausendmal mehr Verstand als ich!«
"they have a thousand times more sense than I!"
"Aber von jetzt an bin ich entschlossen, mich zu ändern"
"But from now I am determined to change"
"Ich werde ordentlich und gehorsam werden"
"I will become orderly and obedient"
"weil ich gesehen habe, was passiert ist"
"because I have seen what happened"
"Ungehorsame Jungen haben es nicht leicht"
"disobedient boys do not have an easy life"
"Sie kommen zu nichts Gutem und gewinnen nichts"

"they come to no good and gain nothing"
»Und hat mein Papa auf mich gewartet?«
"And has my papa waited for me?"
»Werde ich ihn im Hause der Fee finden?«
"Shall I find him at the Fairy's house?"
»es ist so lange her, seit ich ihn das letzte Mal gesehen habe.«
"it has been so long since I last saw him"
"Ich brenne darauf, ihn wieder zu umarmen"
"I am dying to embrace him again"
"Ich kann es kaum erwarten, ihn mit Küssen zu bedecken!"
"I can't wait to cover him with kisses!"
»Und wird mir die Fee mein schlechtes Benehmen verzeihen?«
"And will the Fairy forgive me my bad conduct?"
"Wenn ich an all die Freundlichkeit denke, die ich von ihr erhalten habe"
"To think of all the kindness I received from her"
"Oh, wie liebevoll hat sie sich um mich gekümmert"
"oh how lovingly did she care for me"
»daß ich jetzt lebe, das verdanke ich ihr!«
"that I am now alive I owe to her!"
"Könntest du einen undankbareren Jungen finden?"
"could you find a more ungrateful boy"
»Gibt es einen Jungen, der weniger Herz hat als ich?«
"is there a boy with less heart than I have?"
Während er dies sagte, hielt er plötzlich inne
Whilst he was saying this he stopped suddenly
er war zu Tode erschrocken
he was frightened to death
und er machte vier Schritte rückwärts
and he made four steps backwards
Was hatte Pinocchio gesehen?
What had Pinocchio seen?
Er hatte eine riesige Schlange gesehen
He had seen an immense Serpent
Die Schlange war über die Straße gespannt

the snake was stretched across the road
Die Haut der Schlange hatte eine grasgrüne Farbe
the snake's skin was a grass green colour
und es hatte rote Augen im Kopf
and it had red eyes in its head
und er hatte einen langen, spitzen Schwanz
and it had a long and pointed tail
und der Schwanz rauchte wie ein Schornstein
and the tail was smoking like a chimney

Es wäre unmöglich, sich den Schrecken der Marionette vorzustellen
It would be impossible to imagine the puppet's terror
Er ging in eine sichere Entfernung
He walked away to a safe distance
und er saß auf einem Haufen Steine
and he sat on a heap of stones
dort wartete er, bis die Schlange fertig war
there he waited until the Serpent had finished
bald sollte das Geschäft der Schlange erledigt sein
soon the Serpent's business should be done
Er wartete eine Stunde; zwei Stunden; drei Stunden
He waited an hour; two hours; three hours
aber die Schlange war immer da
but the Serpent was always there
Schon von weitem konnte er seine feurigen Augen sehen
even from a distance he could see his fiery eyes
und er konnte die Rauchsäule sehen
and he could see the column of smoke
der Rauch, der aus dem Ende seines Schwanzes aufstieg
the smoke that ascended from the end of his tail
Endlich versuchte Pinocchio, sich mutig zu fühlen
At last Pinocchio tried to feel courageous
und er näherte sich bis auf wenige Schritte
and he approached to within a few steps
er sprach mit leiser Stimme zur Schlange
he spoke to the Serpent in a little soft voice
»Entschuldigen Sie, Herr Schlange«, deutete er an
"Excuse me, Sir Serpent," he insinuated
»Wären Sie so gut, sich ein wenig zu bewegen?«
"would you be so good as to move a little?"
"Nur einen Schritt zur Seite, wenn du könntest"
"just a step to the side, if you could"
Er hätte genauso gut gegen die Wand sprechen können
He might as well have spoken to the wall
Er begann wieder mit derselben sanften Stimme:
He began again in the same soft voice:

"Bitte wissen Sie, Herr Schlange, ich bin auf dem Weg nach Hause"
"please know, Sir Serpent, I am on my way home"
"Mein Vater wartet auf mich"
"my father is waiting for me"
»und es ist so lange her, daß ich ihn gesehen habe!«
"and it has been such a long time since I saw him!"
»Erlauben Sie mir daher, fortzufahren?«
"Will you, therefore, allow me to continue?"
Er wartete auf ein Zeichen als Antwort auf diese Bitte
He waited for a sign in answer to this request
aber die Schlange gab keine Antwort
but the snake made no answer
Bis zu diesem Augenblick war die Schlange munter gewesen
up to that moment the serpent had been sprightly
Bis dahin war es voller Leben gewesen
up until then it had been full of life
aber jetzt wurde er regungslos und fast starr
but now he became motionless and almost rigid
Er schloss die Augen und sein Schwanz hörte auf zu rauchen
He shut his eyes and his tail ceased smoking
»Kann er wirklich tot sein?« fragte Pinocchio
"Can he really be dead?" said Pinocchio
und er rieb sich vor Entzücken die Hände
and he rubbed his hands with delight
Er beschloss, über ihn zu springen
He decided to jump over him
und dann konnte er die andere Straßenseite erreichen
and then he could reach the other side of the road
Pinocchio nahm einen kleinen Anlauf
Pinocchio took a little run up
und er ging, um über die Schlange zu springen
and he went to jump over the snake
aber plötzlich richtete sich die Schlange auf
but suddenly the Serpent raised himself on end
wie eine Feder, die in Bewegung gesetzt wird

like a spring set in motion
und die Puppe blieb gerade noch rechtzeitig stehen
and the puppet stopped just in time
Er hielt seine Füße davon ab, zu springen
he stopped his feet from jumping
und er fiel zu Boden
and he fell to the ground
er fiel ziemlich unbeholfen in den Schlamm
he fell rather awkwardly into the mud
sein Kopf blieb im Schlamm stecken
his head got stuck in the mud
und seine Beine gingen in die Luft
and his legs went into the air
die Schlange brach in Gelächter aus
the Serpent went into convulsions of laughter
er lachte, bis er ein Blutgefäß zerbrach
it laughed until he broke a blood-vessel
und die Schlange starb vor lauter Gelächter
and the snake died from all its laughter
Diesmal war die Schlange wirklich tot
this time the snake really was dead
Pinocchio rannte dann wieder los
Pinocchio then set off running again
er hoffte, das Haus der Fee vor Einbruch der Dunkelheit zu erreichen
he hoped to reach the Fairy's house before dark
aber bald hatte er wieder andere Probleme
but soon he had other problems again
er fing an, so schrecklich an Hunger zu leiden
he began to suffer so dreadfully from hunger
und er konnte den Hunger nicht länger ertragen
and he could not bear the hunger any longer
er sprang auf ein Feld am Wegesrand
he jumped into a field by the wayside
vielleicht gab es ein paar Trauben, die er pflücken konnte
perhaps there were some grapes he could pick
Ach, wenn er es nur nie getan hätte!

Oh, if only he had never done it!
Kaum hatte er die Trauben erreicht
He had scarcely reached the grapes
und dann gab es ein "knackendes" Geräusch
and then there was a "cracking" sound
seine Beine waren zwischen etwas eingeklemmt
his legs were caught between something
er war in zwei schneidende Eisenstangen getreten
he had stepped into two cutting iron bars
der arme Pinocchio wurde schwindlig vor Schmerzen
poor Pinocchio became giddy with pain
Sterne in allen Farben tanzten vor seinen Augen
stars of every colour danced before his eyes
Die arme Puppe war in eine Falle getappt
The poor puppet had been caught in a trap
Er war dort aufgestellt worden, um Iltis zu fangen
it had been put there to capture polecats

Pinocchio wird zum Wachhund
Pinocchio Becomes a Watch-Dog

Pinocchio begann zu weinen und zu schreien
Pinocchio began to cry and scream
aber seine Tränen und sein Stöhnen waren nutzlos
but his tears and groans were useless
denn es war kein Haus zu sehen
because there was not a house to be seen
noch ging eine lebendige Seele die Straße hinunter
nor did living soul pass down the road
Endlich war die Nacht angebrochen
At last the night had come on
die Falle hatte sich in sein Bein geschnitten
the trap had cut into his leg
der Schmerz brachte ihn an den Punkt, an dem er ohnmächtig wurde
the pain brought him the point of fainting
Er hatte Angst davor, allein zu sein
he was scared from being alone
Er mochte die Dunkelheit nicht
he didn't like the darkness
Genau in diesem Moment sah er ein Glühwürmchen
Just at that moment he saw a Firefly
Er rief dem Glühwürmchen zu und sagte:
He called to the firefly and said:
»Ach, kleines Glühwürmchen, willst du Mitleid mit mir haben?«
"Oh, little Firefly, will you have pity on me?"
"Bitte befreie mich von dieser Folter"
"please liberate me from this torture"
»Armer Junge!« sagte das Glühwürmchen
"Poor boy!" said the Firefly
das Glühwürmchen blieb stehen und sah ihn mitleidig an
the Firefly stopped and looked at him with compassion
"Deine Beine sind von diesen scharfen Eisen erwischt worden"

"your legs have been caught by those sharp irons"
"Wie bist du in diese Falle geraten?
"how did you get yourself into this trap?
"Ich bin aufs Feld gekommen, um Trauben zu pflücken"
"I came into the field to pick grapes"
"Aber wo hast du deine Trauben gepflanzt?"
"But where did you plant your grapes?"
"Nein, das waren nicht meine Trauben"
"No, they were not my grapes"
"Wer hat dir beigebracht, fremdes Eigentum wegzutragen?"
"who taught you to carry off other people's property?"
"Ich war so hungrig", wimmerte Pinocchio
"I was so hungry," Pinocchio whimpered
"Hunger ist kein guter Grund"
"Hunger is not a good reason"
"Wir können uns nicht aneignen, was uns nicht gehört"
"we cannot appropriated what does not belong to us"
»Das ist wahr, das ist wahr!« sagte Pinocchio weinend
"That is true, that is true!" said Pinocchio, crying
"Ich werde es nie wieder tun", versprach er
"I will never do it again," he promised
In diesem Augenblick wurde ihr Gespräch unterbrochen
At this moment their conversation was interrupted
Es war ein leises Geräusch von sich nähernden Schritten zu hören
there was a slight sound of approaching footsteps
Es war der Besitzer des Feldes, der auf Zehenspitzen kam
It was the owner of the field coming on tiptoe
Er wollte sehen, ob er einen Iltis gefangen hatte
he wanted to see if he had caught a polecat
der Iltis, der nachts seine Hühner fraß
the polecat that ate his chickens in the night
aber er war überrascht von dem, was sich in seiner Falle befand
but he was surprised by what was in his trap
Statt eines Iltis war ein Junge gefangen genommen worden
instead of a polecat, a boy had been captured

"Ach, kleiner Dieb", sagte der wütende Bauer,
"Ah, little thief," said the angry peasant,
»Du bist es also, der meine Hühner fortführt?«
"then it is you who carries off my chickens?"
"Nein, ich habe deine Hühner nicht weggetragen."
"No, I have not been carrying off your chickens"
"Ich bin nur aufs Feld gekommen, um zwei Trauben zu nehmen!"
"I only came into the field to take two grapes!"
"Wer Trauben stiehlt, kann leicht Hühnchen stehlen"
"He who steals grapes can easily steal chicken"
"Überlass es mir, dir eine Lektion zu erteilen"
"Leave it to me to teach you a lesson"
"Und diese Lektion wirst du so schnell nicht vergessen"
"and you won't forget this lesson in a hurry"
Er öffnete die Falle und packte die Puppe am Kragen
Opening the trap, he seized the puppet by the collar
und er trug ihn wie ein junges Lamm in sein Haus
and he carried him to his house like a young lamb
sie erreichten den Hof vor dem Haus
they reached the yard in front of the house
und er warf ihn grob auf den Boden
and he threw him roughly on the ground
Er setzte ihm den Fuß in den Nacken und sagte zu ihm:
he put his foot on his neck and said to him:
"Es ist spät und ich will ins Bett"
"It is late and I want to go to bed"
"Wir werden morgen abrechnen"
"we will settle our accounts tomorrow"
"Der Hund, der nachts Wache hielt, ist heute gestorben"
"the dog who kept guard at night died today"
"Du wirst von nun an an seiner Stelle leben"
"you will live in his place from now"
"Du sollst von nun an mein Wachhund sein"
"You shall be my watch-dog from now"
Er nahm ein großes Hundehalsband mit, das mit Messingknöpfen bedeckt war

he took a great dog collar covered with brass knobs
und er schnallte Pinocchio das Hundehalsband um den Hals
and he strapped the dog collar around Pinocchio's neck
es war so eng, dass er seinen Kopf nicht herausziehen konnte
it was so tight that he could not pull his head out
Das Hundehalsband war an einer schweren Kette befestigt
the dog collar was attached to a heavy chain
und die schwere Kette wurde an der Wand befestigt
and the heavy chain was fastened to the wall
"Wenn es heute Nacht regnet, kannst du in den Zwinger gehen"
"If it rains tonight you can go into the kennel"
"Mein armer Hund hatte ein kleines Strohbett drin"
"my poor dog had a little bed of straw in there"
"Denken Sie daran, die Ohren für Räuber zu spitzen"
"remember to keep your ears pricked for robbers"
"Und wenn du Räuber hörst, dann belle laut"
"and if you hear robbers, then bark loudly"
Pinocchio hatte seine Befehle für die Nacht erhalten
Pinocchio had received his orders for the night
und der arme Mann ging endlich zu Bett
and the poor man finally went to bed

Der arme Pinocchio blieb auf dem Boden liegen
Poor Pinocchio remained lying on the ground
er fühlte sich toter als lebendig
he felt more dead than he felt alive
die Kälte, der Hunger und die Furcht hatten seine ganze Kraft gekostet
the cold, and hunger, and fear had taken all his energy
Von Zeit zu Zeit legte er seine Hände wütend an den Go-Kragen
From time to time he put his hands angrily to the go collar
»Es tut mir recht!« sagte er zu sich selbst
"It serves me right!" he said to himself
"Ich war entschlossen, ein Vagabund zu werden"
"I was determined to be a vagabond"
"Ich wollte das Leben eines Taugenichts führen"
"I wanted to live the life of a good-for-nothing"
"Früher habe ich schlechten Gefährten zugehört"
"I used to listen to bad companions"
"und deshalb erleide ich immer Unglück"
"and that is why I always meet with misfortunes"
"Wenn ich nur ein braver kleiner Junge gewesen wäre"
"if only I had been a good little boy"
"Dann wäre ich nicht mitten im Felde"
"then I would not be in the midst of the field"
"Ich wäre nicht hier, wenn ich zu Hause geblieben wäre"
"I wouldn't be here if I had stayed at home"
»Ich wäre kein Wachhund, wenn ich bei meinem Papa geblieben wäre.«
"I wouldn't be a watch-dog if I had stayed with my papa"
»Ach, wenn ich nur wiedergeboren werden könnte!«
"Oh, if only I could be born again!"
"Aber jetzt ist es zu spät, um etwas zu ändern"
"But now it is too late to change anything"
"Das Beste, was man jetzt tun kann, ist Geduld zu haben!"
"the best thing to do now is having patience!"
Er war erleichtert über diesen kleinen Ausbruch
he was relieved by this little outburst

weil es direkt aus seinem Herzen gekommen war
because it had come straight from his heart
und er ging in den Hundezwinger und schlief ein
and he went into the dog-kennel and fell asleep

Pinocchio entdeckt die Räuber
Pinocchio Discovers the Robbers

Er hatte etwa zwei Stunden lang schwer geschlafen
He had been sleeping heavily for about two hours
dann wurde er durch ein seltsames Flüstern geweckt
then he was aroused by a strange whispering
die seltsamen Stimmen kamen aus dem Hof
the strange voices were coming from the courtyard
Er steckte die Spitze seiner Nase aus dem Zwinger
he put the point of his nose out of the kennel
und er sah vier kleine Tiere mit dunklem Fell
and he saw four little beasts with dark fur
sie sahen aus wie Katzen, die einen Plan schmiedeten
they looked like cats making a plan
Aber es waren keine Katzen, es waren Iltis
But they were not cats, they were polecats
Was Iltis ist, sind fleischfressende kleine Tiere
what polecats are are carnivorous little animals
Sie sind besonders gierig nach Eiern und jungen Hühnern
they are especially greedy for eggs and young chickens
Einer der Iltis kam zur Eröffnung des Zwingers
One of the polecats came to the opening of the kennel
er sprach mit leiser Stimme: "Guten Abend, Melampo."
he spoke in a low voice, "Good evening, Melampo"
"Ich heiße nicht Melampo", antwortete die Puppe
"My name is not Melampo," answered the puppet
»Ach! Wer bist du denn?" fragte der Iltis
"Oh! then who are you?" asked the polecat
»Ich bin Pinocchio,« antwortete Pinocchio

"I am Pinocchio," answered Pinocchio
"Und was machst du hier?"
"And what are you doing here?"
"Ich fungiere als Wachhund", bestätigte Pinocchio
"I am acting as watch-dog," confirmed Pinocchio
"Wo ist dann Melampo?", fragte sich der Iltis
"Then where is Melampo?" wondered the polecat
"Wo ist der alte Hund, der in diesem Zwinger lebte?"
"Where is the old dog who lived in this kennel?"
"Er ist heute Morgen gestorben", teilte Pinocchio mit
"He died this morning," Pinocchio informed
"Ist er tot? Armes Tier! Er war so gut"
"Is he dead? Poor beast! He was so good"
"aber ich würde sagen, dass du auch ein guter Hund warst"
"but I would say that you were also a good dog"
"Ich kann es in deinem Gesicht sehen"
"I can see it in your face"
"Ich bitte um Verzeihung, ich bin kein Hund"
"I beg your pardon, I am not a dog"
"Kein Hund? Was bist du dann?«
"Not a dog? Then what are you?"
»Ich bin eine Marionette«, korrigierte Pinocchio
"I am a puppet," corrected Pinocchio
»Und Sie fungieren als Wachhund?«
"And you are acting as watch-dog?"
"Jetzt verstehst du die Situation"
"now you understand the situation"
"Ich wurde zur Strafe zum Wachhund gemacht"
"I have been made to be a watch dog as a punishment"
"Nun, dann werden wir Ihnen sagen, was der Deal ist"
"well, then we shall tell you what the deal is"
"derselbe Deal, den wir mit dem verstorbenen Melampo hatten"
"the same deal we had with the deceased Melampo"
"Ich bin sicher, dass Sie dem Deal zustimmen werden"
"I am sure you will be agree to the deal"
"Was sind die Bedingungen dieses Deals?"

"What are the conditions of this deal?"
"Einen Abend in der Woche besuchen wir den Hühnerhof"
"one night a week we will visit the poultry-yard"
"Und du wirst uns erlauben, acht Hühner wegzutragen."
"and you will allow us to carry off eight chickens"
"Von diesen Hühnern sollen sieben von uns gegessen werden"
"Of these chickens seven are to be eaten by us"
"Und wir geben dir ein Huhn"
"and we will give one chicken to you"
"Ihr Teil der Abmachung ist sehr einfach"
"your end of the bargain is very easy"
"Alles, was Sie tun müssen, ist so zu tun, als würden Sie schlafen"
"all you have to do is pretend to be asleep"
"Und komm nicht auf die Idee, zu bellen"
"and don't get any ideas about barking"
"Du sollst den Bauern nicht wecken, wenn wir kommen"
"you are not to wake the peasant when we come"
»Hat Melampo so gehandelt?« fragte Pinocchio
"Did Melampo act in this manner?" asked Pinocchio
"Das ist der Deal, den wir mit Melampo hatten"
"that is the deal we had with Melampo"
"Und wir hatten immer das beste Verhältnis zu ihm
"and we were always on the best terms with him
"Schlafen Sie ruhig und lassen Sie uns unser Geschäft machen"
"sleep quietly and let us do our business"
"Und am Morgen haben Sie ein schönes Huhn"
"and in the morning you will have a beautiful chicken"
"Es wird morgen für dein Frühstück gepflückt sein"
"it will be ready plucked for your breakfast tomorrow"
"Haben wir uns klar verstanden?"
"Have we understood each other clearly?"
»Nur zu deutlich!« antwortete Pinocchio
"Only too clearly!" answered Pinocchio
und er schüttelte drohend den Kopf

and he shook his head threateningly
als wollte er sagen: »Du sollst gleich davon hören!«
as if to say: "You shall hear of this shortly!"
Die vier Iltis dachten, sie hätten einen Deal
the four polecats thought that they had a deal
so zogen sie weiter zum Hühnerhof
so they continued to the poultry-yard
zuerst öffneten sie das Tor mit den Zähnen
first they opened the gate with their teeth
und dann schlüpften sie einer nach dem anderen hinein
and then they slipped in one by one
sie waren noch nicht lange im Hühnerputsch
they hadn't been in the chicken-coup for long
aber dann hörten sie, wie sich das Tor hinter ihnen schloss
but then they heard the gate shut behind them
Es war Pinocchio, der das Tor geschlossen hatte
It was Pinocchio who had shut the gate
und Pinocchio hat einige zusätzliche Sicherheitsmaßnahmen ergriffen
and Pinocchio took some extra security measures
Er legte einen großen Stein gegen das Tor
he put a large stone against the gate
Auf diese Weise konnten die Iltisse nicht wieder rauskommen
this way the polecats couldn't get out again
und dann fing Pinocchio an zu bellen wie ein Hund
and then Pinocchio began to bark like a dog
und er bellte genau wie ein Wachhund bellt
and he barked exactly like a watch-dog barks
der Bauer hörte Pinocchio bellen
the peasant heard Pinocchio barking
Er wachte schnell auf und sprang aus dem Bett
he quickly awoke and jumped out of bed
Mit seinem Gewehr kam er ans Fenster
with his gun he came to the window
und aus dem Fenster rief er Pinocchio zu
and from the window he called to Pinocchio

»Was ist los?« fragte er die Puppe
"What is the matter?" he asked the puppet
»Es gibt Räuber!« antwortete Pinocchio
"There are robbers!" answered Pinocchio
"Wo sind sie?", wollte er wissen
"Where are they?" he wanted to know
»sie sind im Hühnerhof«, bestätigte Pinocchio
"they are in the poultry-yard," confirmed Pinocchio
»Ich will gleich herunterkommen«, sagte der Bauer
"I will come down directly," said the peasant
und er kam in großer Eile herunter
and he came down in a great hurry
es hätte weniger Zeit gedauert, "Amen" zu sagen
it would have taken less time to say "Amen"
Er stürzte in den Hühnerhof
He rushed into the poultry-yard
und schnell fing er alle Iltis
and quickly he caught all the polecats
und dann steckte er die Iltis in einen Sack
and then he put the polecats into a sack
Er sagte zu ihnen in einem Tone großer Befriedigung:
he said to them in a tone of great satisfaction:
»Endlich bist du mir in die Hände gefallen!«
"At last you have fallen into my hands!"
"Ich könnte dich bestrafen, wenn ich wollte"
"I could punish you, if I wanted to"
»aber ich bin nicht so grausam«, tröstete er sie
"but I am not so cruel," he comforted them
"Ich werde mich auf andere Weise begnügen"
"I will content myself in other ways"
"Ich werde dich morgen früh zum Wirt tragen"
"I will carry you in the morning to the innkeeper"
"Er wird euch häuten und kochen wie Hasen"
"he will skin and cook you like hares"
"Und Sie werden mit einer süßen Soße serviert"
"and you will be served with a sweet sauce"
"Es ist eine Ehre, die Sie nicht verdienen"

"It is an honour that you don't deserve"
"Du hast Glück, dass ich so großzügig mit dir bin"
"you're lucky I am so generous with you"
Dann näherte er sich Pinocchio und streichelte ihn
He then approached Pinocchio and stroked him
"Wie hast du es geschafft, die vier Diebe zu entdecken?"
"How did you manage to discover the four thieves?"
»mein treuer Melampo hat nie etwas herausgefunden!«
"my faithful Melampo never found out anything!"
Die Puppe hätte ihm dann die ganze Geschichte erzählen können
The puppet could then have told him the whole story
Er hätte ihm von dem verräterischen Deal erzählen können
he could have told him about the treacherous deal
aber er erinnerte sich, dass der Hund tot war
but he remembered that the dog was dead
und die Puppe dachte bei sich:
and the puppet thought to himself:
»Was nützt es, die Toten zu beschuldigen?«
"of what use it it accusing the dead?"
"Die Toten sind nicht mehr unter uns"
"The dead are no longer with us"
"Es ist am besten, die Toten in Ruhe zu lassen!"
"it is best to leave the dead in peace!"
Der Bauer stellte weitere Fragen
the peasant went on to ask more questions
»Haben Sie geschlafen, als die Diebe kamen?«
"were you sleeping when the thieves came?"
»Ich habe geschlafen«, antwortete Pinocchio
"I was asleep," answered Pinocchio
"Aber die Iltis haben mich mit ihrem Geschwätz geweckt"
"but the polecats woke me with their chatter"
"Einer der Iltis kam in den Zwinger"
"one of the polecats came to the kennel"
Er versuchte, einen schrecklichen Deal mit mir zu machen
he tried to make a terrible deal with me
"Versprich, nicht zu bellen und wir geben dir feines

Hühnchen"
"promise not to bark and we'll give you fine chicken"
"Ich war beleidigt über so ein hinterhältiges Angebot"
"I was offended by such an underhanded offer"
"Ich kann zugeben, dass ich eine ungezogene Marionette bin"
"I can admit that I am a naughty puppet"
»aber es gibt eine Sache, derer ich mich niemals schuldig machen werde.«
"but there is one thing I will never be guilty of"
"Ich werde mich nicht mit unehrlichen Leuten arrangieren!"
"I will not make terms with dishonest people!"
"und ich werde ihre unehrlichen Gewinne nicht teilen"
"and I will not share their dishonest gains"
»Gut gesagt, mein Junge!« rief der Bauer
"Well said, my boy!" cried the peasant
und er klopfte Pinocchio auf die Schulter
and he patted Pinocchio on the shoulder
»Solche Gefühle machen dir große Ehre, mein Junge.«
"Such sentiments do you great honour, my boy"
"Lassen Sie mich Ihnen den Beweis meiner Dankbarkeit Ihnen zeigen"
"let me show you proof of my gratitude to you"
»Ich werde Sie sofort freilassen.«
"I will at once set you at liberty"
»und Sie können nach Hause zurückkehren, wie Sie wollen.«
"and you may return home as you please"
Und er nahm Pinocchio das Hundehalsband ab
And he removed the dog-collar from Pinocchio

Pinocchio fliegt ans Meer
Pinocchio Flies to the Seashore

ein Hundehalsband hing um Pinocchios Hals
a dog-collar had hung around Pinocchio's neck
aber jetzt hatte Pinocchio seine Freiheit wieder
but now Pinocchio had his freedom again
und er trug das demütigende Hundehalsband nicht mehr
and he wore the humiliating dog-collar no more
Er rannte über die Felder davon.
he ran off across the fields
und er lief weiter, bis er die Straße erreichte
and he kept running until he reached the road
die Straße, die zum Haus der Fee führte
the road that led to the Fairy's house
im Wald konnte er die Große Eiche sehen
in the woods he could see the Big Oak tree
die große Eiche, an der er aufgehängt worden war
the Big Oak tree to which he had been hung
Pinocchio schaute sich in alle Richtungen um
Pinocchio looked around in every direction
aber er konnte das Haus seiner Schwester nicht sehen
but he couldn't see his sister's house
das Haus des schönen Kindes mit blauen Haaren
the house of the beautiful Child with blue hair
Pinocchio wurde von einer traurigen Ahnung ergriffen
Pinocchio was seized with a sad presentiment
er begann mit aller Kraft, die er noch hatte, zu rennen
he began to run with all the strength he had left
in wenigen Minuten erreichte er das Feld
in a few minutes he reached the field
er war dort, wo einst das kleine Haus gestanden hatte
he was where the little house had once stood
Aber das kleine weiße Haus war nicht mehr da
But the little white house was no longer there
Anstelle des Hauses sah er einen Marmorstein
Instead of the house he saw a marble stone

Auf dem Stein waren diese traurigen Worte eingraviert:
on the stone were engraved these sad words:
"Hier liegt das Kind mit den blauen Haaren"
"Here lies the child with the blue hair"
"Sie wurde von ihrem kleinen Bruder Pinocchio verlassen"
"she was abandoned by her little brother Pinocchio"
"Und vor Kummer erlag sie dem Tod"
"and from the sorrow she succumbed to death"
mit Mühe hatte er diese Grabinschrift gelesen
with difficulty he had read this epitaph
Ich überlasse es Ihnen, sich die Gefühle der Puppe vorzustellen
I leave you to imagine the puppet's feelings
Er fiel mit dem Gesicht auf den Boden
He fell with his face on the ground
Er bedeckte den Grabstein mit tausend Küssen
he covered the tombstone with a thousand kisses
und er brach in Tränen aus
and he burst into an agony of tears
Er weinte die ganze Nacht hindurch
He cried for all of that night
und als der Morgen kam, weinte er immer noch
and when morning came he was still crying
Er weinte, obwohl er keine Tränen mehr hatte
he cried although he had no tears left
seine Klagen waren herzzerreißend
his lamentations were heart-breaking
und sein Schluchzen hallte in den umliegenden Hügeln wider
and his sobs echoed in the surrounding hills
Und während er weinte, sagte er:
And while he was weeping he said:
"Ach, kleine Fee, warum bist du gestorben?"
"Oh, little Fairy, why did you die?"
"Warum bin ich nicht an deiner Stelle gestorben?"
"Why did I not die instead of you?"
"Ich, der ich so böse bin, während du so gut warst"

"I who am so wicked, whilst you were so good"
»Und mein Papa? Wo kann er sein?«
"And my papa? Where can he be?"
"Oh, kleine Fee, sag mir, wo ich ihn finden kann."
"Oh, little Fairy, tell me where I can find him"
»denn ich will immer bei ihm bleiben«
"for I want to remain with him always"
»und ich will ihn nie wieder verlassen!«
"and I never want to leave him ever again!"
»Sagen Sie mir, daß es nicht wahr ist, daß Sie tot sind!«
"tell me that it is not true that you are dead!"
"Wenn du deinen kleinen Bruder wirklich liebst, erwache wieder zum Leben"
"If you really love your little brother, come to life again"
»Betrübt es Sie nicht, mich allein auf der Welt zu sehen?«
"Does it not grieve you to see me alone in the world?"
»macht es Sie nicht traurig, mich von allen verlassen zu sehen?«
"does it not sadden you to see me abandoned by everybody?"
"Wenn Attentäter kommen, werden sie mich wieder am Baum aufhängen"
"If assassins come they will hang me from the tree again"
"Und dieses Mal würde ich wirklich sterben"
"and this time I would die indeed"
"Was kann ich hier allein auf der Welt tun?"
"What can I do here alone in the world?"
"Ich habe dich und meinen Papa verloren"
"I have lost you and my papa"
»Wer wird mich jetzt lieben und mir zu essen geben?«
"who will love me and give me food now?"
»Wo soll ich nachts schlafen gehen?«
"Where shall I go to sleep at night?"
»Wer macht mir eine neue Jacke?«
"Who will make me a new jacket?"
"Oh, es wäre besser, wenn ich auch sterben würde!"
"Oh, it would be better for me to die also!"
"Nicht zu leben wäre hundertmal besser"

"not to live would be a hundred times better"
"Ja, ich will sterben", schloss er
"Yes, I want to die," he concluded
Und in seiner Verzweiflung versuchte er, sich die Haare auszureißen
And in his despair he tried to tear his hair
aber sein Haar war aus Holz
but his hair was made of wood
also konnte er nicht die Genugtuung haben,
so he could not have the satisfaction
In diesem Moment flog eine große Taube über seinen Kopf hinweg
Just then a large Pigeon flew over his head
die Taube blieb mit aufgeblähten Flügeln stehen
the pigeon stopped with distended wings
und die Taube rief aus großer Höhe herab
and the pigeon called down from a great height
"Sag mir, Kind, was machst du da?"
"Tell me, child, what are you doing there?"
»Siehst du nicht? Ich weine!«, sagte Pinocchio
"Don't you see? I am crying!" said Pinocchio
und er hob den Kopf zu der Stimme
and he raised his head towards the voice
und er rieb sich die Augen mit seiner Jacke
and he rubbed his eyes with his jacket
»Sag es mir«, fuhr die Taube fort
"Tell me," continued the Pigeon
"Kennst du zufällig eine Puppe namens Pinocchio?"
"do you happen to know a puppet called Pinocchio?"
"Pinocchio? Hast du Pinocchio gesagt?« wiederholte die Puppe
"Pinocchio? Did you say Pinocchio?" repeated the puppet
und er sprang schnell auf die Füße
and he quickly jumped to his feet
»Ich bin Pinocchio!« rief er hoffnungsvoll aus
"I am Pinocchio!" he exclaimed with hope
Bei dieser Antwort senkte sich die Taube schnell herab

At this answer the Pigeon descended rapidly
Er war größer als ein Truthahn
He was larger than a turkey
»Kennst du auch Geppetto?« fragte er
"Do you also know Geppetto?" he asked
»Kenne ich ihn! Er ist mein armer Papa!«
"Do I know him! He is my poor papa!"
»Hat er vielleicht mit Ihnen von mir gesprochen?«
"Has he perhaps spoken to you of me?"
»Willst du mich zu ihm bringen?«
"Will you take me to him?"
»Lebt er noch?«
"Is he still alive?"
"Antworte mir, um des Mitleids willen"
"Answer me, for pity's sake"
"Lebt er noch??"
"is he still alive??"
"Ich habe ihn vor drei Tagen am Meer zurückgelassen"
"I left him three days ago on the seashore"
"Was hat er getan?" Pinocchio musste es wissen
"What was he doing?" Pinocchio had to know
"Er baute sich ein kleines Boot"
"He was building a little boat for himself"
"Er wollte den Ozean überqueren"
"he was going to cross the ocean"
"Dieser arme Mann ist um die ganze Welt gereist"
"that poor man has been going all round the world"
"Er hat nach dir gesucht"
"he has been looking for you"
»aber er hatte keinen Erfolg, Sie zu finden.«
"but he had no success in finding you"
"Jetzt wird er also in die fernen Länder gehen"
"so now he will go to the distant countries"
"Er wird dich in der Neuen Welt suchen"
"he will search for you in the New World"
»Wie weit ist es von hier bis zum Ufer?«
"How far is it from here to the shore?"

"Mehr als sechshundert Meilen"
"More than six hundred miles"
»Sechshundert Meilen?« wiederholte Pinocchio
"Six hundred miles?" echoed Pinocchio
»Ach, schöne Taube,« flehte Pinocchio
"Oh, beautiful Pigeon," pleaded Pinocchio
»Was wäre es für eine schöne Sache, deine Flügel zu haben!«
"what a fine thing it would be to have your wings!"
"Wenn du gehen willst, werde ich dich dorthin tragen"
"If you wish to go, I will carry you there"
"Wie konntest du mich dorthin tragen?"
"How could you carry me there?"
"Ich kann dich auf meinem Rücken tragen"
"I can carry you on my back"
»Wiegen Sie viel?«
"Do you weigh much?"
"Ich wiege so gut wie nichts"
"I weigh next to nothing"
"Ich bin federleicht"
"I am as light as a feather"
Pinocchio zögerte keinen Moment länger
Pinocchio didn't hesitate for another moment
und er sprang sogleich auf den Rücken der Taube
and he jumped at once on the Pigeon's back
Er legte ein Bein auf jede Seite der Taube
he put a leg on each side of the pigeon
genau wie Männer es tun, wenn sie reiten
just like men do when they're riding horseback
und Pinocchio rief freudig aus:
and Pinocchio exclaimed joyfully:
"Galopp, galoppieren, mein kleines Pferd"
"Gallop, gallop, my little horse"
»weil ich darauf bedacht bin, schnell anzukommen!«
"because I am anxious to arrive quickly!"
Die Taube flog in die Lüfte
The Pigeon took flight into the air
und in wenigen Minuten berührten sie fast die Wolken

and in a few minutes they almost touched the clouds

jetzt befand sich die Puppe in einer ungeheuren Höhe
now the puppet was at an immense height
und er wurde immer neugieriger
and he became more and more curious
also blickte er zu Boden
so he looked down to the ground
aber sein Kopf drehte sich vor Schwindel
but his head spun round in dizziness
er bekam solche Angst vor der Höhe
he became ever so frightened of the height
und er mußte sich vor der Gefahr des Sturzes retten
and he had to save himself from the danger of falling
und so hielt er sich fest an seinem gefiederten Rosse fest
and so held tightly to his feathered steed
Sie flogen den ganzen Tag durch die Lüfte
They flew through the skies all of that day
Gegen Abend sagte die Taube:
Towards evening the Pigeon said:
»Ich habe großen Durst von all dem Fliegen!«
"I am very thirsty from all this flying!"
»Und ich bin sehr hungrig!« stimmte Pinocchio zu
"And I am very hungry!" agreed Pinocchio
"Lass uns ein paar Minuten bei diesem Taubenschlag

anhalten"
"Let us stop at that dovecote for a few minutes"
"Und dann werden wir unsere Reise fortsetzen"
"and then we will continue our journey"
"Dann können wir morgen im Morgengrauen die Küste erreichen"
"then we may reach the seashore by dawn tomorrow"
Sie gingen in einen verlassenen Taubenschlag
They went into a deserted dovecote
hier fanden sie nichts als ein Becken voll Wasser
here they found nothing but a basin full of water
und sie fanden einen Korb voll Wicke
and they found a basket full of vetch
Die Puppe hatte noch nie in seinem Leben Wicke essen können
The puppet had never in his life been able to eat vetch
Seiner Meinung nach machte es ihn krank
according to him it made him sick
An diesem Abend jedoch aß er satt
That evening, however, he ate to repletion
und er hätte fast den Korb davon geleert
and he nearly emptied the basket of it
und dann wandte er sich an die Taube und sagte zu ihr:
and then he turned to the Pigeon and said to him:
"Ich hätte nie geglaubt, dass Wicke so gut ist!"
"I never could have believed that vetch was so good!"
»Sei versichert, mein Junge,« antwortete die Taube
"Be assured, my boy," replied the Pigeon
"Wenn der Hunger echt ist, wird sogar die Wicke köstlich"
"when hunger is real even vetch becomes delicious"
"Hunger kennt weder Laune noch Habgier"
"Hunger knows neither caprice nor greediness"
Die beiden beendeten schnell ihre kleine Mahlzeit
the two quickly finished their little meal
und sie setzten ihre Reise fort und flogen davon
and they recommenced their journey and flew away
Am nächsten Morgen erreichten sie die Küste

The following morning they reached the seashore
Die Taube setzte Pinocchio auf den Boden
The Pigeon placed Pinocchio on the ground
Die Taube wollte nicht mit Dank belästigt werden
the pigeon did not wish to be troubled with thanks
es war in der Tat eine gute Tat, die er vollbracht hatte
it was indeed a good action he had done
aber er hatte es aus der Güte seines Herzens getan
but he had done it out the goodness of his heart
und Pinocchio hatte keine Zeit zu verlieren
and Pinocchio had no time to lose
also flog er schnell davon und verschwand
so he flew quickly away and disappeared
Das Ufer war überfüllt mit Menschen
The shore was crowded with people
die Leute schauten aufs Meer hinaus
the people were looking out to sea
sie schreien und gestikulieren auf etwas
they shouting and gesticulating at something
»Was ist geschehen?« fragte Pinocchio eine alte Frau
"What has happened?" asked Pinocchio of an old woman
"Es gibt einen armen Vater, der seinen Sohn verloren hat"
"there is a poor father who has lost his son"
"Er ist in einem kleinen Boot aufs Meer hinausgefahren"
"he has gone out to sea in a little boat"
"Er wird ihn auf der anderen Seite des Wassers suchen"
"he will search for him on the other side of the water"
"Und heute ist das Meer am stürmischsten"
"and today the sea is most tempestuous"
"Und das kleine Boot droht zu sinken"
"and the little boat is in danger of sinking"
»Wo ist das kleine Boot?« fragte Pinocchio
"Where is the little boat?" asked Pinocchio
"Es ist da draußen in einer Linie mit meinem Finger"
"It is out there in a line with my finger"
und sie zeigte auf ein kleines Boot
and she pointed to a little boat

und das kleine Boot sah aus wie eine kleine Nussschale
and the little boat looked like a little nutshell
eine kleine Nussschale mit einem sehr kleinen Mann darin
a little nutshell with a very little man in it
Pinocchio heftete seine Augen auf die kleine Nussschale
Pinocchio fixed his eyes on the little nutshell
Nachdem er aufmerksam hingesehen hatte, stieß er einen durchdringenden Schrei aus:
after looking attentively he gave a piercing scream:
»Es ist mein Papa! Es ist mein Papa!«
"It is my papa! It is my papa!"
Das Boot wurde unterdessen von der Wut der Wellen geschlagen
The boat, meanwhile, was being beaten by the fury of the waves
eines Augenblicks verschwand es in der Mulde des Meeres
at one moment it disappeared in the trough of the sea
und im nächsten Augenblick kam das Boot wieder an die Oberfläche
and in the next moment the boat came to the surface again
Pinocchio stand auf der Spitze eines hohen Felsens
Pinocchio stood on the top of a high rock
und er rief immer wieder nach seinem Vater
and he kept calling to his father
und er gab ihm alle möglichen Signale
and he made every kind of signal to him
er fuchtelte mit den Händen, seinem Taschentuch und seiner Mütze
he waved his hands, his handkerchief, and his cap
Pinocchio war sehr weit von ihm entfernt
Pinocchio was very far away from him
aber Geppetto schien seinen Sohn zu erkennen
but Geppetto appeared to recognize his son
und er nahm auch seine Mütze ab und schwenkte sie
and he also took off his cap and waved it
er versuchte, ihm durch Gesten verständlich zu machen
he tried by gestures to make him understand

"Ich wäre zurückgekehrt, wenn es möglich gewesen wäre"
"I would have returned if it were possible"
"Aber das Meer ist am stürmischsten"
"but the sea is most tempestuous"
"Und meine Ruder werden mich nicht wieder an die Ufer bringen"
"and my oars won't take me to the shores again"
Plötzlich erhob sich eine gewaltige Welle aus dem Meer
Suddenly a tremendous wave rose out of the sea
und dann verschwand die kleine Nussschale
and then the the little nutshell disappeared
Sie warteten in der Hoffnung, dass das Boot wieder an die Oberfläche kommen würde
They waited, hoping the boat would come again to the surface
aber das kleine Boot war nicht mehr zu sehen
but the little boat was seen no more
der Fischer hatte sich am Ufer versammelt
the fisherman had assembled at the shore
»Armer Mann!« sagten sie von ihm und murmelten ein Gebet
"Poor man!" they said of him, and murmured a prayer
und dann wandten sie sich um, um nach Hause zu gehen
and then they turned to go home
In diesem Moment hörten sie einen verzweifelten Schrei
Just then they heard a desperate cry
Als sie zurückblickten, sahen sie einen kleinen Jungen
looking back, they saw a little boy
»Ich werde meinen Papa retten«, rief der Junge
"I will save my papa," the boy exclaimed
und er sprang von einem Felsen ins Meer
and he jumped from a rock into the sea
wie Sie wissen, war Pinocchio aus Holz
as you know Pinocchio was made of wood
so trieb er leicht auf dem Wasser
so he floated easily on the water
und er schwamm so gut wie ein Fisch
and he swam as well as a fish

Eines Augenblicks sahen sie ihn unter Wasser verschwinden
At one moment they saw him disappear under the water
er wurde von der Wut der Wellen hinabgerissen
he was carried down by the fury of the waves
und im nächsten Augenblick erschien er wieder an der Oberfläche des Wassers
and in the next moment he reappeared to the surface of the water
er hatte Schwierigkeiten, mit einem Bein oder einem Arm zu schwimmen
he struggled on swimming with a leg or an arm
aber schließlich verloren sie ihn aus den Augen
but at last they lost sight of him
und er wurde nicht mehr gesehen
and he was seen no more
und sie sprachen ein weiteres Gebet für die Puppe
and they offered another prayer for the puppet

Pinocchio findet die Fee wieder
Pinocchio Finds the Fairy Again

Pinocchio wollte rechtzeitig sein, um seinem Vater zu helfen
Pinocchio wanted to be in time to help his father
also schwamm er die ganze Nacht hindurch
so he swam all through the night
Und was für eine schreckliche Nacht es war!
And what a horrible night it was!
Der Regen fiel in Strömen
The rain came down in torrents
es hagelte und der Donner war furchtbar
it hailed and the thunder was frightful
die Blitze machten es so hell wie der Tag
the flashes of lightning made it as light as day

Gegen Morgen erblickte er einen langen Landstreifen
Towards morning he saw a long strip of land
Es war eine Insel mitten im Meer
It was an island in the midst of the sea
Er versuchte sein Möglichstes, um das Ufer zu erreichen
He tried his utmost to reach the shore
aber seine Bemühungen waren alle vergeblich
but his efforts were all in vain
Die Wellen rasten und stürzten übereinander
The waves raced and tumbled over each other
und der Strom stieß Pinocchio umher
and the torrent knocked Pinocchio about
es war, als wäre er ein Strohhalm gewesen
it was as if he had been a wisp of straw
Endlich, zu seinem Glück, rollte eine Woge auf
At last, fortunately for him, a billow rolled up
sie erhob sich mit solcher Wut, dass er emporgehoben wurde
it rose with such fury that he was lifted up
und schließlich wurde er auf den Sand geworfen
and finally he was thrown on to the sands
Die kleine Puppe krachte auf den Boden
the little puppet crashed onto the ground
und alle seine Gelenke knackten durch den Aufprall
and all his joints cracked from the impact

aber er tröstete sich und sagte:
but he comforted himself, saying:
»Auch diesmal habe ich eine wunderbare Flucht gemacht!«
"This time also I have made a wonderful escape!"
Nach und nach klarte der Himmel auf
Little by little the sky cleared
die Sonne schien in ihrer ganzen Pracht
the sun shone out in all his splendour
und das Meer wurde so ruhig und glatt wie Öl
and the sea became as quiet and smooth as oil
Die Puppe legte ihre Kleider zum Trocknen in die Sonne
The puppet put his clothes in the sun to dry
und er fing an, nach allen Richtungen zu schauen
and he began to look in every direction
irgendwo auf dem Wasser muss ein kleines Boot sein
somewhere on the water there must be a little boat
und im Boot hoffte er, einen kleinen Mann zu sehen
and in the boat he hoped to see a little man
er blickte aufs Meer hinaus, so weit er sehen konnte
he looked out to sea as far as he could see
aber alles, was er sah, war der Himmel und das Meer
but all he saw was the sky and the sea
»Wenn ich nur wüßte, wie diese Insel hieße!«
"If I only knew what this island was called!"
"Wenn ich nur wüsste, ob es bewohnt ist"
"If I only knew whether it was inhabited"
"Vielleicht leben hier doch zivilisierte Menschen"
"perhaps civilized people do live here"
"Leute, die keine Jungen an Bäumen hängen"
"people who do not hang boys from trees"
»aber wen kann ich fragen, wenn niemand da ist?«
"but whom can I ask if there is nobody?"
Pinocchio mochte die Vorstellung nicht, ganz allein zu sein
Pinocchio didn't like the idea of being all alone
und nun war er allein auf einem großen, unbewohnten Land
and now he was alone on a great uninhabited country
der Gedanke daran machte ihn melancholisch

the idea of it made him melancholy
er war kurz davor zu weinen
he was just about to to cry
Aber in diesem Moment sah er einen großen Fisch vorbeischwimmen
But at that moment he saw a big fish swimming by
Der große Fisch war nur eine kurze Strecke vom Ufer entfernt
the big fish was only a short distance from the shore
der Fisch ging ruhig seinen eigenen Geschäften nach
the fish was going quietly on its own business
und er hatte den Kopf aus dem Wasser
and it had its head out of the water
Da die Puppe ihren Namen nicht kannte, rief sie dem Fisch zu
Not knowing its name, the puppet called to the fish
rief er mit lauter Stimme, um sich Gehör zu verschaffen:
he called out in a loud voice to make himself heard:
»Eh, Sir Fish, erlauben Sie mir ein Wort mit Ihnen?«
"Eh, Sir Fish, will you permit me a word with you?"
"Zwei Worte, wenn du willst," antwortete der Fisch
"Two words, if you like," answered the fish
der Fisch war in Wirklichkeit gar kein Fisch
the fish was in fact not a fish at all
was der Fisch war, war ein Delfin
what the fish was was a Dolphin
und man hätte keinen höflicheren Delfin finden können
and you couldn't have found a politer dolphin
"Wären Sie so freundlich, es zu sagen:"
"Would you be kind enough to tell:"
"Gibt es Dörfer auf dieser Insel?"
"is there are villages in this island?"
»Und gibt es in diesen Dörfern vielleicht etwas zu essen?«
"and might there be something to eat in these villages?"
»Und gibt es eine Gefahr in diesen Dörfern?«
"and is there any danger in these villages?"
"Könnte man in diesen Dörfern gegessen werden?"

"might one get eaten in these villages?"
»es gibt gewiß Dörfer,« antwortete der Delphin
"there certainly are villages," replied the Dolphin
»In der Tat, Sie werden ein Dorf ganz in der Nähe finden.«
"Indeed, you will find one village quite close by"
»Und welchen Weg muß ich nehmen, um dorthin zu gelangen?«
"And what road must I take to go there?"
"Du musst diesen Weg nach links nehmen"
"You must take that path to your left"
"Und dann musst du deiner Nase folgen"
"and then you must follow your nose"
»Wollen Sie mir noch etwas sagen?«
"Will you tell me another thing?"
"Du schwimmst Tag und Nacht auf dem Meer"
"You swim about the sea all day and night"
"Hast du zufällig ein kleines Boot getroffen?"
"have you by chance met a little boat"
»Ein kleines Boot mit meinem Papa darin?«
"a little boat with my papa in it?"
»Und wer ist dein Papa?«
"And who is your papa?"
"Er ist der beste Papa der Welt"
"He is the best papa in the world"
»aber es wäre schwer, einen schlechteren Sohn zu finden, als ich bin.«
"but it would be difficult to find a worse son than I am"
Der Fisch bedauerte, ihm gesagt zu haben, was er fürchtete
The fish regretted to tell him what he feared
"Sie haben den schrecklichen Sturm gesehen, den wir letzte Nacht hatten"
"you saw the terrible storm we had last night"
"Das kleine Boot muss auf den Grund gegangen sein"
"the little boat must have gone to the bottom"
»Und mein Papa?« fragte Pinocchio
"And my papa?" asked Pinocchio
"Er muss von dem schrecklichen Hundsfisch verschluckt

worden sein"
"He must have been swallowed by the terrible Dog-Fish"
"In letzter Zeit ist er auf unseren Gewässern geschwommen"
"of late he has been swimming on our waters"
"Und er hat Verwüstung und Verderben verbreitet"
"and he has been spreading devastation and ruin"
Pinocchio begann bereits vor Angst zu zittern
Pinocchio was already beginning to quake with fear
»Ist dieser Hundsfisch sehr groß?« fragte Pinocchio
"Is this Dog-Fish very big?" asked Pinocchio
»Oh, sehr groß!« antwortete der Delphin
"oh, very big!" replied the Dolphin
"Lass mich dir von diesem Fisch erzählen"
"let me tell you about this fish"
"Dann kannst du dir eine Vorstellung von seiner Größe machen"
"then you can form some idea of his size"
"Er ist größer als ein fünfstöckiges Haus"
"he is bigger than a five-storied house"
"Und sein Mund ist riesiger, als du es je gesehen hast"
"and his mouth is more enormous than you've ever seen"
"Ein Eisenbahnzug könnte durch seine Kehle fahren"
"a railway train could pass down his throat"
»Erbarmen mit uns!« rief die erschrockene Puppe
"Mercy upon us!" exclaimed the terrified puppet
und er zog seine Kleider mit der größten Eile an
and he put on his clothes with the greatest haste
»Auf Wiedersehen, Sir Fish, und danke.«
"Good-bye, Sir Fish, and thank you"
"Entschuldigen Sie die Mühe, die ich Ihnen bereitet habe"
"excuse the trouble I have given you"
"Und vielen Dank für Ihre Höflichkeit"
"and many thanks for your politeness"
Dann schlug er den Weg ein, der ihm gezeigt worden war
He then took the path that had been pointed out to him
und er fing an, so schnell er konnte zu gehen
and he began to walk as fast as he could

er ging sogar so schnell, daß er fast gerannt wäre
he walked so fast, indeed, that he was almost running
Und beim geringsten Geräusch drehte er sich um, um hinter sich zu sehen
And at the slightest noise he turned to look behind him
er fürchtete, er könnte den schrecklichen Hundsfisch sehen
he feared that he might see the terrible Dog-Fish
und er stellte sich einen Eisenbahnzug in seiner Mündung vor
and he imagined a railway train in its mouth
ein halbstündiger Spaziergang führte ihn in ein kleines Dorf
a half-hour walk took him to a little village
das Dorf war das Dorf der fleißigen Bienen
the village was The Village of the Industrious Bees
Die Straße war voller Menschen
The road was alive with people
und sie rannten hin und her
and they were running here and there
und sie alle mussten sich um ihre Geschäfte kümmern
and they all had to attend to their business
alle waren bei der Arbeit, alle hatten etwas zu tun
all were at work, all had something to do
Du hättest keinen Müßiggänger oder Vagabunden finden können
You could not have found an idler or a vagabond
selbst wenn Sie ihn mit einer brennenden Lampe gesucht haben
even if you searched for him with a lighted lamp
»Ah!« sagte der faule Pinocchio sogleich.
"Ah!" said that lazy Pinocchio at once
»Ich sehe, daß mir dieses Dorf nie passen wird!«
"I see that this village will never suit me!"
"Ich bin nicht geboren, um zu arbeiten!"
"I wasn't born to work!"
In der Zwischenzeit wurde er von Hunger gequält
In the meanwhile he was tormented by hunger

er hatte vierundzwanzig Stunden lang nichts gegessen
he had eaten nothing for twenty-four hours
er hatte nicht einmal Wicke gegessen
he had not even eaten vetch
Was sollte der arme Pinocchio tun?
What was poor Pinocchio to do?
Es gab nur zwei Möglichkeiten, an Nahrung zu kommen
There were only two ways to obtain food
Er konnte entweder Essen bekommen, indem er um ein wenig Arbeit bat
he could either get food by asking for a little work
oder er konnte sich durch Betteln Essen besorgen
or he could get food by way of begging
jemand könnte so freundlich sein, ihm einen Nickel zuzuwerfen
someone might be kind enough to throw him a nickel
oder sie könnten ihm einen Bissen Brot geben
or they might give him a mouthful of bread
im Allgemeinen schämte sich Pinocchio zu betteln
generally Pinocchio was ashamed to beg
sein Vater hatte ihm immer gepredigt, fleißig zu sein
his father had always preached him to be industrious
Er lehrte ihn, dass niemand das Recht hatte, zu betteln
he taught him no one had a right to beg
ausgenommen Alte und Gebrechliche
except the aged and the infirm
Die wirklich Armen auf dieser Welt verdienen Mitgefühl
The really poor in this world deserve compassion
Die wirklich Armen auf dieser Welt brauchen Hilfe
the really poor in this world require assistance
nur diejenigen, die alt oder krank sind
only those who are aged or sick
diejenigen, die nicht mehr in der Lage sind, ihr eigenes Brot zu verdienen
those who are no longer able to earn their own bread
Es ist die Pflicht aller anderen, zu arbeiten
It is the duty of everyone else to work

und wenn sie nicht arbeiten, um so schlimmer für sie
and if they don't labour, so much the worse for them
Lasst sie an ihrem Hunger leiden
let them suffer from their hunger
In diesem Moment kam ein Mann die Straße hinunter
At that moment a man came down the road
er war müde und schnappte nach Atem
he was tired and panting for breath
Er schleppte zwei Karren voller Holzkohle
He was dragging two carts full of charcoal
Pinocchio urteilte an seinem Gesicht, dass er ein gütiger Mann war
Pinocchio judged by his face that he was a kind man
also näherte sich Pinocchio dem Köhler
so Pinocchio approached the charcoal man
er schlug die Augen vor Scham nieder
he cast down his eyes with shame
und er sagte mit leiser Stimme zu ihm:
and he said to him in a low voice:
»Hätten Sie die Güte, mir einen Nickel zu geben?«
"Would you have the charity to give me a nickel?"
»denn wie Sie sehen, sterbe ich vor Hunger«
"because, as you can see, I am dying of hunger"
»Du sollst nicht nur einen Nickel haben«, sagte der Mann
"You shall have not only a nickel," said the man
"Ich gebe dir einen Cent"
"I will give you a dime"
"Aber für den Groschen musst du etwas arbeiten"
"but for the dime you must do some work"
"Hilf mir, diese beiden Karren mit Holzkohle nach Hause zu schleppen"
"help me to drag home these two carts of charcoal"
"Ich wundere mich über dich!" antwortete die Puppe
"I am surprised at you!" answered the puppet
und in seiner Stimme lag ein Ton der Beleidigung
and there was a tone of offense in his voice
"Lass mich dir etwas über mich erzählen"

"Let me tell you something about myself"
"Ich bin es nicht gewohnt, die Arbeit eines Esels zu verrichten"
"I am not accustomed to do the work of a donkey"
"Ich habe noch nie einen Karren gezogen!"
"I have never drawn a cart!"
»Um so besser für Sie,« antwortete der Mann
"So much the better for you," answered the man
"Mein Junge, ich sehe, wie du vor Hunger stirbst"
"my boy, I see how you are dying of hunger"
"Iss zwei feine Scheiben deines Stolzes"
"eat two fine slices of your pride"
"Und pass auf, dass du keine Verdauungsstörungen bekommst"
"and be careful not to get indigestion"
Einige Minuten später kam ein Maurer vorbei
A few minutes afterwards a mason passed by
er trug einen Korb mit Mörtel
he was carrying a basket of mortar
»Hätten Sie die Güte, mir einen Nickel zu geben?«
"Would you have the charity to give me a nickel?"
"Ich, ein armer Junge, der aus Mangel an Nahrung gähnt"
"me, a poor boy who is yawning for want of food"
»Gern«, antwortete der Mann
"Willingly," answered the man
"Komm mit mir und trage den Mörser"
"Come with me and carry the mortar"
»und statt eines Nickels gebe ich dir einen Groschen.«
"and instead of a nickel I will give you a dime"
»Aber der Mörser ist schwer«, wandte Pinocchio ein
"But the mortar is heavy," objected Pinocchio
"und ich will mich nicht ermüden"
"and I don't want to tire myself"
"Ich sehe, du willst dich nicht ermüden"
"I see you you don't want to tire yourself"
»dann, mein Junge, vergnüge dich mit Gähnen.«
"then, my boy, go amuse yourself with yawning"

In weniger als einer halben Stunde kamen zwanzig andere Leute vorbei
In less than half an hour twenty other people went by
und Pinocchio bat sie alle um Almosen
and Pinocchio asked charity of them all
aber sie gaben ihm alle die gleiche Antwort
but they all gave him the same answer
»Schämst du dich nicht zu betteln, kleiner Junge?«
"Are you not ashamed to beg, young boy?"
"Statt müßig herumzulungern, suche dir ein wenig Arbeit"
"Instead of idling about, look for a little work"
"Man muss lernen, sein Brot zu verdienen"
"you have to learn to earn your bread"
Schließlich kam eine nette kleine Frau vorbei
finally a nice little woman walked by
Sie trug zwei Kanister Wasser
she was carrying two cans of water
Pinocchio bat sie auch um Wohltätigkeit
Pinocchio asked her for charity too
»Wollen Sie mich ein wenig von Ihrem Wasser trinken lassen?«
"Will you let me drink a little of your water?"
"weil ich vor Durst brenne"
"because I am burning with thirst"
Die kleine Frau half gerne
the little woman was happy to help
»Trinke, mein Junge, wenn du willst!«
"Drink, my boy, if you wish it!"
und sie stellte die beiden Büchsen ab
and she set down the two cans
Pinocchio trank wie ein Fisch
Pinocchio drank like a fish
und während er seinen Mund trocknete, murmelte er:
and as he dried his mouth he mumbled:
"Ich habe meinen Durst gestillt"
"I have quenched my thirst"
»Wenn ich nur meinen Hunger stillen könnte!«

"If I could only appease my hunger!"
Die gute Frau hörte Pinocchios Bitten
The good woman heard Pinocchio's pleas
und sie war nur zu bereit, sich zu fügen.
and she was only too willing to oblige
"Hilf mir, diese Wasserkanister nach Hause zu tragen"
"help me to carry home these cans of water"
"und ich will dir ein schönes Stück Brot geben"
"and I will give you a fine piece of bread"
Pinocchio betrachtete die Wasserkanister
Pinocchio looked at the cans of water
und er antwortete weder ja noch nein
and he answered neither yes nor no
und die gute Frau fügte dem Angebot noch mehr hinzu
and the good woman added more to the offer
"Neben Brot sollst du Blumenkohl haben"
"As well as bread you shall have cauliflower"
Pinocchio warf noch einmal einen Blick auf die Dose
Pinocchio gave another look at the can
und er antwortete weder ja noch nein
and he answered neither yes nor no
"Und nach dem Blumenkohl wird es noch mehr geben"
"And after the cauliflower there will be more"
"Ich gebe dir ein schönes Sirupbonbon"
"I will give you a beautiful syrup bonbon"
Die Versuchung dieser letzten Köstlichkeit war groß
The temptation of this last dainty was great
schließlich konnte Pinocchio nicht länger widerstehen
finally Pinocchio could resist no longer
Mit einer Miene der Entschlossenheit sagte er:
with an air of decision he said:
"Ich muss Geduld haben!"
"I must have patience!"
"Ich werde das Wasser zu dir nach Hause tragen"
"I will carry the water to your house"
Das Wasser war zu schwer für Pinocchio
The water was too heavy for Pinocchio

er konnte es nicht mit den Händen tragen
he could not carry it with his hands
also musste er es auf dem Kopf tragen
so he had to carry it on his head
Pinocchio hatte keinen Spaß an der Arbeit
Pinocchio did not enjoy doing the work
aber bald erreichten sie das Haus
but soon they reached the house
und die gute kleine Frau bot Pinocchio einen Platz an
and the good little woman offered Pinocchio a seat
der Tisch war bereits gedeckt
the table had already been laid
und sie legte ihm das Brot vor
and she placed before him the bread
und dann bekam er den Blumenkohl und das Bonbon
and then he got the cauliflower and the bonbon
Pinocchio aß sein Essen nicht, er verschlang es
Pinocchio did not eat his food, he devoured it
Sein Magen war wie eine leere Wohnung
His stomach was like an empty apartment
eine Wohnung, die monatelang unbewohnt war
an apartment that had been left uninhabited for months
aber jetzt war sein Heißhunger einigermaßen gestillt
but now his ravenous hunger was somewhat appeased
er hob den Kopf, um seiner Wohltäterin zu danken
he raised his head to thank his benefactress
Dann sah er sie sich genauer an
then he took a better look at her
er stieß ein langes »Oh!« des Erstaunens aus
he gave a prolonged "Oh!" of astonishment
und er fuhr fort, sie mit weit aufgerissenen Augen anzustarren
and he continued staring at her with wide open eyes
seine Gabel war in der Luft
his fork was in the air
und sein Mund war voller Blumenkohl
and his mouth was full of cauliflower

es war, als wäre er verhext worden
it was as if he had been bewitched
Die gute Frau war ganz amüsiert
the good woman was quite amused
»**Was hat Sie so überrascht?**«
"What has surprised you so much?"
"**Es ist...**" **antwortete die Puppe**
"It is..." answered the puppet
"**Es ist nur so, dass du wie...**"
"it's just that you are like..."
"**Es ist nur so, dass du mich an jemanden erinnerst**"
"it's just that you remind me of someone"
"**Ja, ja, ja, die gleiche Stimme**"
"yes, yes, yes, the same voice"
"**Und du hast die gleichen Augen und Haare**"
"and you have the same eyes and hair"
"**Ja, ja, ja. du hast auch blaue Haare**"
"yes, yes, yes. you also have blue hair"
»**Ach, kleine Fee! sag mir, dass du es bist!**"
"Oh, little Fairy! tell me that it is you!"
"**Bring mich nicht mehr zum Weinen!**"
"Do not make me cry anymore!"
"**Wenn du nur wüsstest, wie viel ich geweint habe**"
"If only you knew how much I've cried"
"**und ich habe so viel gelitten**"
"and I have suffered so much"
Und Pinocchio warf sich ihr zu Füßen
And Pinocchio threw himself at her feet
und er umarmte die Knie der geheimnisvollen kleinen Frau
and he embraced the knees of the mysterious little woman
und er fing bitterlich an zu weinen
and he began to cry bitterly

Pinocchio verspricht der Fee, dass er wieder ein guter Junge sein wird
Pinocchio Promises the Fairy he'll be a Good Boy Again

Zuerst spielte die gute kleine Frau unschuldig
At first the good little woman played innocent
sie sagte, sie sei nicht die kleine Fee mit den blauen Haaren
she said she was not the little Fairy with blue hair
aber Pinocchio ließ sich nicht austricksen
but Pinocchio could not be tricked
sie hatte die Komödie lange genug fortgesetzt
she had continued the comedy long enough
und so machte sie sich schließlich zu erkennen
and so she ended by making herself known
"Du ungezogener kleiner Schurke, Pinocchio"
"You naughty little rogue, Pinocchio"
"Wie hast du herausgefunden, wer ich bin?"
"how did you discover who I was?"
"Es war meine große Zuneigung zu dir, die mir sagte"
"It was my great affection for you that told me"
»Weißt du noch, als du mich verlassen hast?«
"Do you remember when you left me?"
"Ich war damals noch ein Kind"

"I was still a child back then"
"und jetzt bin ich eine Frau geworden"
"and now I have become a woman"
"Eine Frau, die fast alt genug ist, um deine Mama zu sein"
"a woman almost old enough to be your mamma"
"Darüber freue ich mich"
"I am delighted at that"
"Ich werde dich nicht mehr kleine Schwester nennen"
"I will not call you little sister anymore"
"Von jetzt an werde ich dich Mama nennen"
"from now I will call you mamma"
"Alle anderen Jungs haben eine Mama"
"all the other boys have a mamma"
»und ich habe mir immer gewünscht, auch eine Mama zu haben.«
"and I have always wished to also have a mamma"
"Aber wie hast du es geschafft, so schnell zu wachsen?"
"But how did you manage to grow so fast?"
"Das ist ein Geheimnis", sagte die Fee
"That is a secret," said the fairy
Pinocchio wollte wissen: "Bring mir dein Geheimnis bei"
Pinocchio wanted to know, "teach me your secret"
"weil ich auch wachsen möchte"
"because I would also like to grow"
"Siehst du nicht, wie klein ich bin?"
"Don't you see how small I am?"
"Ich bleibe immer nicht größer als ein Kegel"
"I always remain no bigger than a ninepin"
"Aber du kannst nicht wachsen", antwortete die Fee
"But you cannot grow," replied the Fairy
"Warum kann ich nicht wachsen?", fragte Pinocchio
"Why can't I grow?" asked Pinocchio
"Weil Marionetten nie wachsen"
"Because puppets never grow"
"Wenn sie geboren werden, sind sie Marionetten"
"when they are born they are puppets"
"Und sie leben ihr Leben als Marionetten"

"and they live their lives as puppets"
"Und wenn sie sterben, sterben sie als Marionetten"
"and when they die they die as puppets"
Pinocchio Spiel sich eine Ohrfeige
Pinocchio game himself a slap
"Oh, ich habe es satt, eine Marionette zu sein!"
"Oh, I am sick of being a puppet!"
"Es ist an der Zeit, dass ich ein Mann werde"
"It is time that I became a man"
"Und du wirst ein Mann werden", versprach die Fee
"And you will become a man," promised the fairy
"Aber du musst wissen, wie du es verdienen kannst"
"but you must know how to deserve it"
»Ist das wahr?« fragte Pinocchio
"Is this true?" asked Pinocchio
"Und was kann ich tun, um es zu verdienen, ein Mann zu sein?"
"And what can I do to deserve to be a man?"
"Es ist eine sehr einfache Sache, es zu verdienen, ein Mann zu sein"
"it is a very easy thing to deserve to be a man"
"Alles, was du tun musst, ist zu lernen, ein guter Junge zu sein"
"all you have to do is learn to be a good boy"
»Und du glaubst, ich sei kein guter Junge?«
"And you think I am not a good boy?"
"Du bist das genaue Gegenteil eines guten Jungen"
"You are quite the opposite of a good boy"
"Gute Jungs sind gehorsam, und du..."
"Good boys are obedient, and you..."
»Und ich gehorche nie«, gestand Pinocchio
"And I never obey," confessed Pinocchio
"Gute Jungs lernen und arbeiten gerne, und du..."
"Good boys like to learn and to work, and you..."
"Und stattdessen führe ich ein müßiges, vagabundierendes Leben"
"And I instead lead an idle, vagabond life"

"Gute Jungs sprechen immer die Wahrheit"
"Good boys always speak the truth"
"Und ich lüge immer", gab Pinocchio zu
"And I always tell lies," admitted Pinocchio
"Gute Jungs gehen gerne zur Schule"
"Good boys go willingly to school"
"Und die Schule bereitet mir Schmerzen am ganzen Körper"
"And school gives me pain all over the body"
"Aber ab heute werde ich mein Leben ändern"
"But from today I will change my life"
"Versprichst du es mir?" fragte die Fee
"Do you promise me?" asked the Fairy
"Ich verspreche, dass ich ein guter kleiner Junge werde"
"I promise that I will become a good little boy"
»und ich verspreche es, mein Papa zu trösten.«
"and I promise be the consolation of my papa"
»Wo ist mein armer Papa in diesem Augenblick?«
"Where is my poor papa at this moment?"
aber die Fee wußte nicht, wo sein Papa war
but the fairy didn't know where his papa was
»Werde ich jemals das Glück haben, ihn wiederzusehen?«
"Shall I ever have the happiness of seeing him again?"
"Werde ich ihn jemals wieder küssen?"
"will I ever kiss him again?"
»Ich glaube schon; in der Tat, ich bin dessen sicher.«
"I think so; indeed, I am sure of it"
Über diese Antwort war Pinocchio entzückt
At this answer Pinocchio was delighted
er ergriff die Hände der Fee
he took the Fairy's hands
und er fing an, ihre Hände mit großer Inbrunst zu küssen
and he began to kiss her hands with great fervour
er schien außer sich vor Freude zu sein
he seemed beside himself with joy
Da hob Pinocchio sein Gesicht
Then Pinocchio raised his face
und er sah sie liebevoll an

and he looked at her lovingly
»Sag mir, kleine Mama.«
"Tell me, little mamma."
»Dann war es also nicht wahr, daß Sie tot waren?«
"then it was not true that you were dead?"
»Es scheint nicht«, sagte die Fee lächelnd
"It seems not," said the Fairy, smiling
"Wenn du nur wüsstest, welchen Kummer ich empfand"
"If you only knew the sorrow I felt"
"Du kannst dir nicht vorstellen, wie mir die Kehle zuschnürt"
"you can't imagined the tightening of my throat"
"Als ich las, was auf diesem Stein stand, brach es mir fast das Herz"
"reading what was on that stone almost broke my heart"
"Ich weiß, was es mit dir gemacht hat"
"I know what it did to you"
"Und deshalb habe ich dir vergeben"
"and that is why I have forgiven you"
"Ich habe es an der Aufrichtigkeit deiner Trauer gesehen"
"I saw it from the sincerity of your grief"
"Ich habe gesehen, dass du ein gutes Herz hast"
"I saw that you have a good heart"
"Jungs mit gutem Herzen sind nicht verloren"
"boys with good hearts are not lost"
"Es gibt immer etwas zu hoffen"
"there is always something to hope for"
"Auch wenn sie Schufte sind"
"even if they are scamps"
"Und selbst wenn sie schlechte Gewohnheiten haben"
"and even if they have got bad habits"
"Es gibt immer Hoffnung, dass sie ihr Verhalten ändern"
"there is always hope they change their ways"
"Deshalb bin ich hierhergekommen, um dich zu suchen"
"That is why I came to look for you here"
"Ich werde deine Mama sein"
"I will be your mamma"

»Oh, wie entzückend!« rief Pinocchio
"Oh, how delightful!" shouted Pinocchio
und die kleine Puppe hüpfte vor Freude
and the little puppet jumped for joy
"Du musst mir gehorchen, Pinocchio"
"You must obey me, Pinocchio"
»**und du mußt alles tun, was ich dir befehle.**«
"and you must do everything that I bid you"
"Ich werde dir gerne gehorchen"
"I will willingly obey you"
»**und ich werde tun, was man mir sagt!**«
"and I will do as I'm told!"
"Morgen wirst du anfangen, zur Schule zu gehen"
"Tomorrow you will begin to go to school"
Pinocchio wurde sofort etwas weniger fröhlich
Pinocchio became at once a little less joyful
"Dann müssen Sie sich für einen Beruf entscheiden, dem Sie folgen möchten"
"Then you must choose a trade to follow"
"Sie wählen einen Job nach Ihren Wünschen"
"you most choose a job according to your wishes"
Pinocchio wurde dabei sehr ernst
Pinocchio became very grave at this
die Fee fragte ihn mit zorniger Stimme:
the Fairy asked him in an angry voice:
"Was murmelst du zwischen den Zähnen?"
"What are you muttering between your teeth?"
"Ich sagte..." stöhnte die Puppe mit leiser Stimme
"I was saying..." moaned the puppet in a low voice
"Es scheint mir jetzt zu spät für mich zu sein, um zur Schule zu gehen"
"it seems to me too late for me to go to school now"
»**Nein, Sir, es ist noch nicht zu spät für Sie, in die Schule zu gehen.**«
"No, sir, it is not too late for you to go to school"
"Denken Sie daran, dass es nie zu spät ist"
"Keep it in mind that it is never too late"

"**Wir können immer lernen und uns selbst unterrichten**"
"we can always learn and instruct ourselves"
"**Aber ich möchte keinem Beruf nachgehen**"
"But I do not wish to follow a trade"
»**Warum wollen Sie nicht einem Beruf nachgehen?**«
"Why do you not wish to follow an trade?"
"**Weil es mich müde macht, zu arbeiten**"
"Because it tires me to work"
"**Mein Junge**", sagte die Fee liebevoll
"My boy," said the Fairy lovingly
"**Es gibt zwei Arten von Menschen, die so reden**"
"there are two kinds of people who talk like that"
"**Es gibt diejenigen, die im Gefängnis sind**"
"there are those that are in prison"
"**Und es gibt diejenigen, die im Krankenhaus sind**"
"and there are those that are in hospital"
»**Lassen Sie mich Ihnen eins sagen, Pinocchio.**«
"Let me tell you one thing, Pinocchio;"
"**Jeder Mensch, ob reich oder arm, ist zur Arbeit verpflichtet**"
"every man, rich or poor, is obliged work"
"**Er muss sich mit etwas beschäftigen**"
"he has to occupy himself with something"
"**Wehe denen, die ein träges Leben führen**"
"Woe to those who lead slothful lives"
"**Trägheit ist eine schreckliche Krankheit**"
"Sloth is a dreadful illness"
"**Es muss sofort geheilt werden, in der Kindheit**"
"it must be cured at once, in childhood"
"**Weil es nie geheilt werden kann, wenn man alt ist**"
"because it can never be cured once you are old"
Pinocchio war von diesen Worten gerührt
Pinocchio was touched by these words
Er hob schnell den Kopf und sagte zu der Fee:
lifting his head quickly, he said to the Fairy:

"Ich werde studieren und ich werde arbeiten"
"I will study and I will work"
"Ich werde alles tun, was du mir sagst"
"I will do all that you tell me"
»denn ich bin es in der Tat leid geworden, eine Marionette zu sein.«
"for indeed I have become weary of being a puppet"
»und ich wünsche um jeden Preis, ein Knabe zu werden.«
"and I wish at any price to become a boy"
"Du hast mir versprochen, dass ich ein Junge werden kann, nicht wahr?"
"You promised me that I can become a boy, did you not?"
"Ich habe dir versprochen, dass du ein Junge werden kannst"
"I did promise you that you can become a boy"
»und ob du jetzt ein Knabe wirst, hängt von dir selbst ab.«
"and whether you become a boy now depends upon yourself"

Der schreckliche Hundsfisch
The Terrible Dog-Fish

Am nächsten Tag ging Pinocchio zur Schule
The following day Pinocchio went to school
Sie können sich die Freude all der kleinen Schurken vorstellen
you can imagine the delight of all the little rogues
eine Puppe war in ihre Schule gekommen!
a puppet had walked into their school!
Sie stimmten ein schallendes Gelächter an, das nie endete
They set up a roar of laughter that never ended
Sie spielten ihm alle möglichen Streiche
They played all sorts of tricks on him
Ein Junge nahm seine Mütze ab
One boy carried off his cap
ein anderer Junge zog Pinocchios Jacke über ihn
another boy pulled Pinocchio's jacket over him
Einer versuchte, ihm ein Paar tintenfarbene Schnurrbärte zu geben
one tried to give him a pair of inky mustachios
ein anderer Junge versuchte, Schnüre an seine Füße und Hände zu binden
another boy attempted to tie strings to his feet and hands
und dann versuchte er, ihn zum Tanzen zu bringen
and then he tried to make him dance
Für kurze Zeit tat Pinocchio so, als ob es ihm egal sei
For a short time Pinocchio pretended not to care
und er kam mit der Schule so gut zurecht, wie er konnte
and he got on as well with school as he could
aber schließlich verlor er alle seine Geduld
but at last he lost all his patience
Er wandte sich an diejenigen, die ihn am meisten neckten
he turned to those who were teasing him most
"Hütet euch, Jungs!", warnte er sie
"Beware, boys!" he warned them
"Ich bin nicht hierhergekommen, um dein Possenreißer zu

sein"
"I have not come here to be your buffoon"
"Ich respektiere andere", sagte er
"I respect others," he said
und ich beabsichtige, respektiert zu werden"
"and I intend to be respected"
»Gut gesagt, Prahler!« heulten die jungen Spitzbuben
"Well said, boaster!" howled the young rascals
»Sie haben gesprochen wie ein Buch!«
"You have spoken like a book!"
und sie krampften sich vor wahnsinnigem Gelächter zusammen
and they convulsed with mad laughter
es gab einen Jungen, der unverschämter war als die andern
there was one boy more impertinent than the others
er versuchte, die Puppe an der Nasenspitze zu packen
he tried to seize the puppet by the end of his nose
Aber er konnte es nicht schnell genug tun
But he could not do so quickly enough
Pinocchio streckte sein Bein unter dem Tisch hervor
Pinocchio stuck his leg out from under the table
und er gab ihm einen kräftigen Tritt auf die Schienbeine
and he gave him a great kick on his shins
Der Junge brüllte vor Schmerz
the boy roared in pain
"Oh, was für harte Füße du hast!"
"Oh, what hard feet you have!"
und er rieb den blauen Fleck, den ihm die Puppe zugefügt hatte
and he rubbed the bruise the puppet had given him
»Und was für Ellbogen du hast!« sagte ein anderer
"And what elbows you have!" said another
"Sie sind noch härter als seine Füße!"
"they are even harder than his feet!"
dieser Junge hatte ihm auch grobe Streiche gespielt
this boy had also played rude tricks on him
und er hatte einen Schlag in den Magen erhalten

and he had received a blow in the stomach
Aber nichtsdestoweniger erwarben der Tritt und der Schlag Sympathie
But, nevertheless, the kick and the blow acquired sympathy
und Pinocchio verdiente sich die Achtung der Knaben
and Pinocchio earned the esteem of the boys
Bald freundeten sie sich alle mit ihm an
They soon all made friends with him
und bald gefiel er ihnen herzlich
and soon they liked him heartily
Und selbst der Meister lobte ihn
And even the master praised him
weil Pinocchio im Unterricht aufmerksam war
because Pinocchio was attentive in class
er war ein fleißiger und intelligenter Schüler
he was a studious and intelligent student
und er war immer der Erste, der in die Schule kam
and he was always the first to come to school
und er war immer der Letzte, der ging, wenn die Schule vorbei war
and he was always the last to leave when school was over
Aber er hatte einen Fehler; er hat zu viele Freunde gefunden
But he had one fault; he made too many friends
und unter seinen Freunden befanden sich mehrere Schurken
and amongst his friends were several rascals
Diese Jungen waren bekannt für ihre Abneigung gegen das Studium
these boys were well known for their dislike of study
und sie liebten es besonders, Unheil zu stiften
and they especially loved to cause mischief
Der Meister warnte ihn jeden Tag vor ihnen
The master warned him about them every day
selbst die gute Fee versäumte es nicht, ihm zu sagen:
even the good Fairy never failed to tell him:
"Pass auf dich auf, Pinocchio, mit deinen Freunden!"
"Take care, Pinocchio, with your friends!"
»Diese schlechten Schulkameraden von dir sind ein

Ärgernis.«
"Those bad school-fellows of yours are trouble"
"Sie werden dich deine Liebe zum Studium verlieren lassen"
"they will make you lose your love of study"
"Sie können sogar ein großes Unglück über dich bringen"
"they may even bring upon you some great misfortune"
"Davor ist nicht zu fürchten!" antwortete die Puppe
"There is no fear of that!" answered the puppet
und er zuckte die Achseln und berührte seine Stirn
and he shrugged his shoulders and touched his forehead
"Hier gibt es so viel Sinn!"
"There is so much sense here!"

eines schönen Tages war Pinocchio auf dem Weg zur Schule
one fine day Pinocchio was on his way to school
und er traf mehrere seiner gewöhnlichen Gefährten
and he met several of his usual companions
Als sie auf ihn zukamen, fragten sie:
coming up to him, they asked:
»Haben Sie die großen Neuigkeiten gehört?«
"Have you heard the great news?"
"Nein, ich habe die guten Neuigkeiten nicht gehört"
"No, I have not heard the great news"
"Im Meer in der Nähe von hier ist ein Hundsfisch aufgetaucht"

"In the sea near here a Dog-Fish has appeared"
"Er ist so groß wie ein Berg"
"he is as big as a mountain"
»Ist es wahr?« fragte Pinocchio
"Is it true?" asked Pinocchio
"Kann es derselbe Hundsfisch sein?"
"Can it be the same Dog-Fish?"
"Der Hundsfisch, der da war, als mein Papa ertrank"
"The Dog-Fish that was there when my papa drowned"
"Wir gehen ans Ufer, um ihn zu sehen"
"We are going to the shore to see him"
»Kommst du mit?«
"Will you come with us?"
»Nein; Ich gehe zur Schule."
"No; I am going to school"
»von welcher Bedeutung ist die Schule?«
"of what great importance is school?"
"Wir können morgen zur Schule gehen"
"We can go to school tomorrow"
"Eine Lektion mehr oder weniger ist egal"
"one lesson more or less doesn't matter"
"Wir werden immer die gleichen Esel bleiben"
"we shall always remain the same donkeys"
»Aber was wird der Meister sagen?«
"But what will the master say?"
"Der Meister mag sagen, was er will"
"The master may say what he likes"
"Er wird dafür bezahlt, den ganzen Tag zu murren"
"He is paid to grumble all day"
»Und was wird meine Mama sagen?«
"And what will my mamma say?"
»Mamas wissen nichts«, antworteten die bösen kleinen Knaben
"Mammas know nothing," answered the bad little boys
»Weißt du, was ich tun werde?« fragte Pinocchio
"Do you know what I will do?" said Pinocchio
»Ich habe Gründe, den Hundsfisch zu sehen.«

"I have reasons for wishing to see the Dog-Fish"
»aber ich werde ihn besuchen, wenn die Schule zu Ende ist.«
"but I will go and see him when school is over"
»Armer Esel!« rief einer der Knaben
"Poor donkey!" exclaimed one of the boys
»Glauben Sie, daß ein Fisch von dieser Größe auf Ihre Bequemlichkeit warten wird?«
"Do you suppose a fish of that size will wait your convenience?"
"Wenn er es satt hat, hier zu sein, wird er woanders hingehen"
"when he is tired of being here he will go another place"
"Und dann wird es zu spät sein"
"and then it will be too late"
die Puppe musste darüber nachdenken
the Puppet had to think about this
"Wie lange dauert es, bis man ans Ufer kommt?"
"How long does it take to get to the shore?"
"Wir können in einer Stunde hin und zurück sein"
"We can be there and back in an hour"
»Dann los geht's!« rief Pinocchio
"Then off we go!" shouted Pinocchio
»und wer am schnellsten läuft, ist der Beste!«
"and he who runs fastest is the best!"
und die Knaben eilten über die Felder fort
and the boys rushed off across the fields
und Pinocchio war immer der Erste
and Pinocchio was always the first
er schien Flügel an den Füßen zu haben
he seemed to have wings on his feet
Von Zeit zu Zeit wandte er sich um, um seine Gefährten zu verhöhnen
From time to time he turned to jeer at his companions
sie waren in einiger Entfernung hinter ihnen
they were some distance behind
er sah, wie sie nach Atem schnappten
he saw them panting for breath

und sie waren mit Staub bedeckt
and they were covered with dust
und ihre Zungen hingen aus dem Munde
and their tongues were hanging out of their mouths
und Pinocchio lachte herzlich bei diesem Anblick
and Pinocchio laughed heartily at the sight
Der unglückliche Junge wußte nicht, was kommen würde
The unfortunate boy did not know what was to come
die Schrecken und schrecklichen Katastrophen, die kommen würden!
the terrors and horrible disasters that were coming!

Pinocchio wird von den Gendarmen verhaftet
Pinocchio is Arrested by the Gendarmes

Pinocchio kam am Ufer an
Pinocchio arrived at the shore
und er blickte aufs Meer hinaus
and he looked out to sea
aber er sah keinen Hundsfisch
but he saw no Dog-Fish
Das Meer war so glatt wie ein großer Kristallspiegel
The sea was as smooth as a great crystal mirror
»Wo ist der Hundsfisch?« fragte er
"Where is the Dog-Fish?" he asked
und er wandte sich an seine Gefährten
and he turned to his companions
Alle Jungen lachten zusammen
all the boys laughed together
"Er muss zum Frühstück gegangen sein"
"He must have gone to have his breakfast"
"Oder er hat sich auf sein Bett geworfen"
"Or he has thrown himself on to his bed"
"Ja, er macht ein kleines Nickerchen"
"yes, he's having a little nap"

und sie lachten noch lauter
and they laughed even louder
ihre Antworten schienen besonders absurd
their answers seemed particularly absurd
und ihr Lachen war sehr albern
and their laughter was very silly
Pinocchio sah sich zu seinen Freunden um
Pinocchio looked around at his friends
seine Gefährten schienen ihn zum Narren zu halten
his companions seemed to be making a fool of him
sie hatten ihn veranlaßt, eine Geschichte zu glauben
they had induced him to believe a tale
aber an der Geschichte war nichts Wahres
but there was no truth to the tale
Pinocchio nahm den Witz nicht gut auf
Pinocchio did not take the joke well
und er sprach zornig mit den Knaben
and he spoke angrily with the boys
"Und jetzt??", rief er
"And now??" he shouted
"Du hast mir eine Geschichte vom Hundsfisch erzählt"
"you told me a story of the Dog-Fish"
»aber was hast du daran gefunden, mich zu betrügen?«
"but what fun did you find in deceiving me?"
"Oh, das war ein großer Spaß!" antworteten die kleinen Racker
"Oh, it was great fun!" answered the little rascals
»Und worin bestand dieser Spaß?«
"And in what did this fun consist of?"
"Wir haben dich dazu gebracht, einen Schultag zu verpassen"
"we made you miss a day of school"
"Und wir haben dich überredet, mit uns zu kommen"
"and we persuaded you to come with us"
»Schämst du dich nicht deines Benehmens?«
"Are you not ashamed of your conduct?"
"Du bist immer so pünktlich zur Schule"

"you are always so punctual to school"
"Und du bist immer so fleißig im Unterricht"
"and you are always so diligent in class"
"Schämst du dich nicht, so fleißig zu lernen?"
"Are you not ashamed of studying so hard?"
"Was ist, wenn ich fleißig lerne?"
"so what if I study hard?"
»Was geht Sie das an?«
"what concern is it of yours?"
"Es beunruhigt uns übermäßig"
"It concerns us excessively"
"Weil es uns in einem schlechten Licht erscheinen lässt"
"because it makes us appear in a bad light"
»Warum erscheinen Sie dadurch in einem schlechten Licht?«
"Why does it make you appear in a bad light?"
"Es gibt diejenigen von uns, die nicht studieren wollen"
"there are those of us who have no wish to study"
"Wir haben keine Lust, etwas zu lernen"
"we have no desire to learn anything"
"Gute Jungs lassen uns im Vergleich schlechter erscheinen"
"good boys make us seem worse by comparison"
"Und das ist schade für dich"
"And that is too bad for you"
"Auch wir haben unseren Stolz!"
"We, too, have our pride!"
»Was muß ich dann tun, um Ihnen zu gefallen?«
"Then what must I do to please you?"
"Ihr müsst unserem Beispiel folgen"
"You must follow our example"
"Du musst die Schule hassen wie wir"
"you must hate school like us"
"Du musst im Unterricht rebellieren"
"you must rebel in the lessons"
"Und du musst dem Meister ungehorsam sein"
"and you must disobey the master"
"Das sind unsere drei größten Feinde"
"those are our three greatest enemies"

»Und wenn ich mein Studium fortsetzen möchte?«
"And if I wish to continue my studies?"
"In diesem Fall werden wir nichts mehr mit dir zu tun haben"
"In that case we will have nothing more to do with you"
"Und bei der ersten Gelegenheit lassen wir Sie dafür bezahlen"
"and at the first opportunity we will make you pay for it"
"Wirklich", sagte die Puppe und schüttelte den Kopf
"Really," said the puppet, shaking his head
"Du bringst mich zum Lachen"
"you make me inclined to laugh"
»Eh, Pinocchio!« rief der größte der Knaben
"Eh, Pinocchio," shouted the biggest of the boys
und er konfrontierte Pinocchio direkt
and he confronted Pinocchio directly
"Nichts von deiner Überlegenheit funktioniert hier"
"None of your superiority works here"
"Komm nicht hierher, um über uns zu krähen"
"don't come here to crow over us"
"Wenn du keine Angst vor uns hast, haben wir keine Angst vor dir"
"if you are not afraid of us, we are not afraid of you"
"Denkt daran, dass ihr einer gegen sieben seid"
"Remember that you are one against seven"
"Sieben, wie die sieben Todsünden", sagte Pinocchio
"Seven, like the seven deadly sins," said Pinocchio
und er schrie vor Lachen
and he shouted with laughter
»Hören Sie ihn an! Er hat uns alle beleidigt!«
"Listen to him! He has insulted us all!"
"Er nannte uns die sieben Todsünden!"
"He called us the seven deadly sins!"
»Nehmen Sie das für den Anfang«, sagte einer der Jungen
"Take that to begin with," said one of the boys
"Und behalte es für dein Abendessen heute Abend"
"and keep it for your supper tonight"

Und mit diesen Worten schlug er ihm auf den Kopf
And, so saying, he punched him on the head
Aber es war ein Geben und Nehmen
But it was a give and take
weil die Puppe den Schlag sofort erwiderte
because the puppet immediately returned the blow
Das war keine große Überraschung
this was no big surprise
und der Kampf wurde schnell verzweifelt
and the fight quickly got desperate
es ist wahr, dass Pinocchio allein war
it is true that Pinocchio was alone
aber er verteidigte sich wie ein Held
but he defended himself like a hero
Er benutzte seine Füße, die aus dem härtesten Holz waren
He used his feet, which were of the hardest wood
und er hielt seine Feinde in respektvoller Entfernung
and he kept his enemies at a respectful distance
Wo immer sich seine Füße berührten, hinterließen sie einen blauen Fleck
Wherever his feet touched they left a bruise
Die Jungs wurden wütend auf ihn
The boys became furious with him
Hand in Hand konnten sie nicht mit der Puppe mithalten
hand to hand they couldn't match the puppet
also nahmen sie andere Waffen in die Hand
so they took other weapons into their hands
die Knaben lockerten ihre Schulranzen
the boys loosened their satchels
und sie warfen ihre Schulbücher nach ihm
and they threw their school-books at him
Grammatiken, Wörterbücher und Rechtschreibbücher
grammars, dictionaries, and spelling-books
Geographiebücher und andere scholastische Werke
geography books and other scholastic works
Aber Pinocchio reagierte schnell
But Pinocchio was quick to react

und er hatte scharfe Augen für diese Dinge
and he had sharp eyes for these things
er schaffte es immer, sich rechtzeitig zu ducken
he always managed to duck in time
so gingen die Bücher über seinen Kopf hinweg
so the books passed over his head

und stattdessen fielen die Bücher ins Meer
and instead the books fell into the sea
Stellen Sie sich das Erstaunen der Fische vor!
Imagine the astonishment of the fish!
sie dachten, die Bücher seien etwas zu essen
they thought the books were something to eat
und sie kamen alle in großen Fischschwärmen an
and they all arrived in large shoals of fish
aber sie kosteten ein paar der Seiten
but they tasted a couple of the pages
und sie spuckten das Papier schnell wieder aus
and they quickly spat the paper out again
und die Fische machten schiefe Gesichter
and the fish made wry faces
"Das ist überhaupt kein Essen für uns"
"this isn't food for us at all"
»wir sind an etwas viel Besseres gewöhnt!«
"we are accustomed to something much better!"
Die Schlacht war inzwischen heftiger geworden als je zuvor

The battle meantime had become fiercer than ever
eine große Krabbe war aus dem Wasser gekommen
a big crab had come out of the water
und er war langsam ans Ufer hinaufgeklettert
and he had climbed slowly up on the shore
rief er mit heiserer Stimme
he called out in a hoarse voice
es klang wie eine Trompete mit einer schlimmen Erkältung
it sounded like a trumpet with a bad cold
"Genug von euren Kämpfen, ihr jungen Raufbolde"
"enough of your fighting, you young ruffians"
»Weil ihr nichts anderes seid als Raufbolde!«
"because you are nothing other than ruffians!"
"Diese Kämpfe zwischen Jungs enden selten gut"
"These fights between boys seldom finish well"
"Irgendein Unglück wird sicher passieren!"
"Some disaster is sure to happen!"
aber die arme Krabbe hätte sich die Mühe sparen sollen
but the poor crab should have saved himself the trouble
Er hätte genauso gut in den Wind predigen können
He might as well have preached to the wind
Sogar der junge Schlingel, Pinocchio, drehte sich um
Even that young rascal, Pinocchio, turned around
Er sah ihn spöttisch an und sagte unhöflich:
he looked at him mockingly and said rudely:
»Schweige, du lästige Krabbe!«
"Hold your tongue, you tiresome crab!"
"Du solltest besser ein paar Lakritz-Lutschtabletten lutschen"
"You had better suck some liquorice lozenges"
"Heile die Erkältung in deinem Hals"
"cure that cold in your throat"
In diesem Moment hatten die Jungen keine Bücher mehr
Just then the boys had no more books
zumindest hatten sie keine eigenen Bücher
at least, they had no books of their own
sie erspähten in einiger Entfernung Pinocchios Tasche

they spied at a little distance Pinocchio's bag
und sie nahmen seine Sachen in Besitz
and they took possession of his things
Unter seinen Büchern befand sich auch eines, das in Karton gebunden war
Amongst his books there was one bound in card
Es war eine Abhandlung über Arithmetik
It was a Treatise on Arithmetic
Einer der Jungen ergriff diesen Band
One of the boys seized this volume
und er zielte mit dem Buch auf Pinocchios Kopf
and he aimed the book at Pinocchio's head
er warf es mit aller Kraft nach ihm
he threw it at him with all his strength
Aber das Buch traf nicht die Puppe
but the book did not hit the puppet
stattdessen traf das Buch einen Begleiter auf den Kopf
instead the book hit a companion on the head
Der Knabe wurde weiß wie ein Laken
the boy turned as white as a sheet
»Ach, Mutter! Hilfe, ich sterbe!«
"Oh, mother! help, I am dying!"
und er fiel der ganzen Länge nach auf den Sand
and he fell his whole length on the sand
die Jungs müssen gedacht haben, er sei tot
the boys must have thought he was dead
und sie rannten davon, so schnell ihre Beine laufen konnten
and they ran off as fast as their legs could run
in wenigen Minuten waren sie außer Sichtweite
in a few minutes they were out of sight
Aber Pinocchio blieb bei dem Knaben
But Pinocchio remained with the boy
obwohl er lieber auch weggelaufen wäre
although he would have rather ran off too
denn auch seine Furcht war groß
because his fear was also great
Trotzdem lief er zum Meer hinüber

nevertheless, he ran over to the sea
und er tränkte sein Taschentuch im Wasser
and he soaked his handkerchief in the water
er lief zu seinem armen Schulkameraden zurück
he ran back to his poor school-fellow
und er fing an, sich die Stirn zu baden
and he began to bathe his forehead
er weinte bitterlich vor Verzweiflung
he cried bitterly in despair
und er nannte ihn immer wieder beim Namen
and he kept calling him by name
und er sagte ihm vieles:
and he said many things to him:
»Eugen! mein armer Eugen!«
"Eugene! my poor Eugene!"
"Öffne deine Augen und sieh mich an!"
"Open your eyes and look at me!"
»Warum antwortest du nicht?«
"Why do you not answer?"
"Ich habe es dir nicht angetan"
"I did not do it to you"
»Ich war es nicht, der Sie so verletzt hat!«
"it was not I that hurt you so!"
"Glauben Sie mir, ich war es nicht!"
"believe me, it was not me!"
"Öffne deine Augen, Eugene"
"Open your eyes, Eugene"
"Wenn du deine Augen zuhältst, werde ich auch sterben"
"If you keep your eyes shut I shall die, too"
»Ach! was soll ich tun?«
"Oh! what shall I do?"
»wie soll ich jemals nach Hause zurückkehren?«
"how shall I ever return home?"
»Wie kann ich jemals den Mut haben, zu meiner guten Mama zurückzukehren?«
"How can I ever have the courage to go back to my good mamma?"

»Was wird aus mir?«
"What will become of me?"
"Wohin kann ich fliegen?"
"Where can I fly to?"
»wäre ich nur zur Schule gegangen!«
"had I only gone to school!"
"Warum habe ich auf meine Gefährten gehört?"
"Why did I listen to my companions?"
"Sie waren mein Verderben"
"they have been my ruin"
"Der Meister hat es mir gesagt"
"The master said it to me"
»und meine Mama wiederholte es oft.«
"and my mamma repeated it often"
»Hüte dich vor schlechten Gefährten!«
'Beware of bad companions!'
»O je! was wird aus mir?«
"Oh, dear! what will become of me?"
Und Pinocchio fing an zu weinen und zu schluchzen
And Pinocchio began to cry and sob
und er schlug sich mit den Fäusten auf den Kopf
and he struck his head with his fists
Plötzlich hörte er das Geräusch von Schritten
Suddenly he heard the sound of footsteps
Er drehte sich um und sah zwei Soldaten
He turned and saw two soldiers
"Was machst du da?"
"What are you doing there?"
"Warum liegst du auf dem Boden?"
"why are you lying on the ground?"
"Ich helfe meinem Schulkameraden"
"I am helping my school-fellow"
»Ist er verletzt worden?«
"Has he been hurt?"
"Es scheint, dass er verletzt wurde"
"It seems he has been hurt"
»Wirklich verletzt!« sagte einer von ihnen

"Hurt indeed!" said one of them
und er bückte sich, um Eugen eingehend zu untersuchen
and he stooped down to examine Eugene closely
"Dieser Junge wurde am Kopf verwundet"
"This boy has been wounded on the head"
"Wer hat ihn verwundet?", fragten sie Pinocchio
"Who wounded him?" they asked Pinocchio
»Ich nicht«, stammelte die Puppe atemlos
"Not I," stammered the puppet breathlessly
"Wenn du es nicht warst, wer hat es dann getan?"
"If it was not you, who then did it?"
»Ich nicht«, wiederholte Pinocchio
"Not I," repeated Pinocchio
»Und womit wurde er verwundet?«
"And with what was he wounded?"
"Er war verletzt mit diesem Buch"
"he was hurt with this book"
Und die Puppe hob sein Buch vom Boden auf
And the puppet picked up from the ground his book
die Abhandlung über die Arithmetik
the Treatise on Arithmetic
und er zeigte dem Soldaten das Buch
and he showed the book to the soldier
"Und wem gehört das?"
"And to whom does this belong?"
»Es gehört mir,« antwortete Pinocchio ehrlich
"It belongs to me," answered Pinocchio, honestly
"Das reicht, mehr wird nicht gewünscht"
"That is enough, nothing more is wanted"
"Steh auf und komm sofort mit"
"Get up and come with us at once"
"Aber ich..." Pinocchio versuchte zu widersprechen
"But I..." Pinocchio tried to object
"Kommen Sie mit!", beharrten sie
"Come along with us!" they insisted
"Aber ich bin unschuldig", flehte er
"But I am innocent" he pleaded

Aber sie hörten nicht zu. "Kommen Sie mit uns!"
but they didn't listen. "Come along with us!"
Bevor sie gingen, riefen die Soldaten einen vorbeifahrenden Fischer
Before they left, the soldiers called a passing fishermen
"Wir geben dir diesen verwundeten Jungen"
"We give you this wounded boy"
"Wir lassen ihn in deiner Obhut"
"we leave him in your care"
"Trage ihn zu dir nach Hause und pflege ihn"
"Carry him to your house and nurse him"
"Morgen kommen wir zu ihm"
"Tomorrow we will come and see him"
Dann wandten sie sich an Pinocchio
They then turned to Pinocchio
»Vorwärts! und schnell gehen"
"Forward! and walk quickly"
»oder es wird noch schlimmer für dich.«
"or it will be the worse for you"
Pinocchio ließ sich das nicht zweimal sagen
Pinocchio did not need to be told twice
Die Puppe machte sich auf den Weg, der zum Dorf führte
the puppet set out along the road leading to the village
Aber der arme kleine Teufel wußte kaum, wo er war
But the poor little Devil hardly knew where he was
Er dachte, er müsse träumen
He thought he must be dreaming
und was für ein schrecklicher Traum war das!
and what a dreadful dream it was!
Er sah doppelt und seine Beine zitterten
He saw double and his legs shook
seine Zunge klebte am Gaumen
his tongue clung to the roof of his mouth
und er konnte kein Wort hervorbringen
and he could not utter a word
Und doch, inmitten seiner Betäubung und Apathie
And yet, in the midst of his stupefaction and apathy

sein Herz war von einem grausamen Dorn durchbohrt
his heart was pierced by a cruel thorn
er wusste, wo er vorbeigehen musste
he knew where he had to walk past
unter den Fenstern des Hauses der guten Fee
under the windows of the good Fairy's house
und sie wollte ihn mit den Soldaten aufsuchen
and she was going see him with the soldiers
Er wäre lieber gestorben
He would rather have died
Bald erreichten sie das Dorf
soon they reached the village
ein Windstoß blies Pinocchio die Mütze vom Kopf
a gust of wind blew Pinocchio's cap off his head
»Erlaubt ihr mir?« fragte die Puppe die Soldaten
"Will you permit me?" said the puppet to the soldiers
»kann ich meine Mütze holen?«
"can I go and get my cap?"
»So geh; aber beeilen Sie sich"
"Go, then; but be quick about it"
Die Puppe ging und hob seine Mütze auf
The puppet went and picked up his cap
aber er setzte sich die Mütze nicht auf den Kopf
but he didn't put the cap on his head
er steckte die Mütze zwischen die Zähne
he put the cap between his teeth
und fing an, so schnell er konnte zu rennen
and began to run as fast as he could
Er rannte zurück in Richtung Küste!
he was running back towards the seashore!
Die Soldaten dachten, es würde schwierig sein, ihn einzuholen
The soldiers thought it would be difficult to overtake him
Da schickten sie ihm eine große Dogge nach
so they sent after him a large mastiff
er hatte bei allen Hunderennen die ersten Preise gewonnen
he had won the first prizes at all the dog races

Pinocchio rannte, aber der Hund rannte schneller
Pinocchio ran, but the dog ran faster
Die Leute kamen an ihre Fenster
The people came to their windows
und sie drängten sich auf die Straße
and they crowded into the street
sie wollten das Ende des verzweifelten Rennens sehen
they wanted to see the end of the desperate race

Pinocchio läuft Gefahr, wie ein Fisch in der Pfanne gebraten zu werden
Pinocchio Runs the Danger of being Fried in a Pan like a Fish

Das Rennen lief nicht gut für die Marionette
the race was not going well for the puppet
und Pinocchio glaubte, er hätte verloren
and Pinocchio thought he had lost
Alidoro, die Dogge, war schnell gelaufen
Alidoro, the mastiff, had run swiftly
und er hatte ihn fast eingeholt
and he had nearly caught up with him
das schreckliche Tier war ganz dicht hinter ihm
the dreadful beast was very close behind him
Er konnte das Hecheln des Hundes hören
he could hear the panting of the dog
es war keine Handbreit zwischen ihnen
there was not a hand's breadth between them
Er konnte sogar den heißen Atem des Hundes spüren
he could even feel the dog's hot breath
Glücklicherweise war das Ufer nah
Fortunately the shore was close
und das Meer war nur wenige Schritte entfernt
and the sea was but a few steps off
Bald erreichten sie den Sand des Strandes
soon they reached the sands of the beach

sie kamen fast zur gleichen Zeit dort an
they got there almost at the same time
aber die Puppe machte einen wunderbaren Sprung
but the puppet made a wonderful leap
ein Frosch hätte es nicht besser machen können
a frog could have done no better
und er stürzte sich ins Wasser
and he plunged into the water
Alidoro dagegen wollte sich zurückhalten
Alidoro, on the contrary, wished to stop himself
aber er wurde von dem Schwung des Rennens mitgerissen
but he was carried away by the impetus of the race
Er ging auch ins Meer
he also went into the sea
Der unglückliche Hund konnte nicht schwimmen
The unfortunate dog could not swim
aber er gab sich große Mühe, sich über Wasser zu halten
but he made great efforts to keep himself afloat
und er schwamm, so gut er konnte, mit den Pfoten
and he swam as well as he could with his paws
aber je mehr er sich abmühte, desto tiefer sank er
but the more he struggled the farther he sank
und bald war sein Kopf unter Wasser
and soon his head was under the water
sein Kopf hob sich für einen Moment über das Wasser
his head rose above the water for a moment
und seine Augen rollten vor Schrecken
and his eyes were rolling with terror
und der arme Hund bellte:
and the poor dog barked out:
"Ich ertrinke! Ich ertrinke!"
"I am drowning! I am drowning!"
»Ertrinken!« rief Pinocchio aus der Ferne
"Drown!" shouted Pinocchio from a distance
er wusste, dass er nicht mehr in Gefahr war
he knew that he was in no more danger
»Hilf mir, lieber Pinocchio!«

"Help me, dear Pinocchio!"
"Rette mich vor dem Tod!"
"Save me from death!"
in Wirklichkeit hatte Pinocchio ein ausgezeichnetes Herz
in reality Pinocchio had an excellent heart
Er hörte den qualvollen Schrei des Hundes
he heard the agonizing cry from the dog
und die Puppe war von Mitleid gerührt
and the puppet was moved with compassion
Er wandte sich an den Hund und sagte:
he turned to the dog, and said:
»Ich werde dich retten«, sagte Pinocchio
"I will save you," said Pinocchio
»aber versprichst du, mich nicht weiter zu belästigen?«
"but do you promise to give me no further annoyance?"
"Ich verspreche es! Ich verspreche es!", bellte der Hund
"I promise! I promise!" barked the dog
»Beeilen Sie sich, um Himmels willen.«
"Be quick, for pity's sake"
»wenn Sie noch eine halbe Minute zögern, bin ich tot.«
"if you delay another half-minute I shall be dead"
Pinocchio zögerte einen Moment
Pinocchio hesitated for a moment
aber dann erinnerte er sich an das, was sein Vater ihm oft gesagt hatte
but then he remembered what his father had often told him
"Eine gute Handlung geht nie verloren"
"a good action is never lost"
er schwamm schnell zu Alidoro hinüber
he quickly swam over to Alidoro
und faßte seinen Schwanz mit beiden Händen
and took hold of his tail with both hands
Bald waren sie wieder auf dem Trockenen
soon they were on dry land again
und Alidoro war gesund und munter
and Alidoro was safe and sound
Der arme Hund konnte nicht stehen

The poor dog could not stand
Er hatte viel Salzwasser getrunken
He had drunk a lot of salt water
und jetzt war er wie ein Ballon
and now he was like a balloon
Die Puppe vertraute ihm jedoch nicht ganz
The puppet, however, didn't entirely trust him
er hielt es für klüger, wieder ins Wasser zu springen
he thought it more prudent to jump again into the water
Er schwamm ein Stück ins Wasser
he swam a little distance into the water
und er rief nach seinem Freund, den er gerettet hatte
and he called out to his friend he had rescued
»Auf Wiedersehen, Alidoro; eine gute Reise zu Ihnen"
"Good-bye, Alidoro; a good journey to you"
"Und überbringe meine Komplimente an alle zu Hause"
"and take my compliments to all at home"
»Auf Wiedersehen, Pinocchio,« antwortete der Hund
"Good-bye, Pinocchio," answered the dog
"Tausend Dank, dass du mir das Leben gerettet hast"
"a thousand thanks for having saved my life"
"Sie haben mir einen großen Dienst erwiesen"
"You have done me a great service"
"Und in dieser Welt wird zurückgegeben, was gegeben wird"
"and in this world what is given is returned"
"Wenn sich eine Gelegenheit bietet, werde ich sie nicht vergessen"
"If an occasion offers I shall not forget it"
Pinocchio schwamm am Ufer entlang
Pinocchio swam along the shore
Endlich glaubte er, einen sicheren Ort erreicht zu haben
At last he thought he had reached a safe place
also warf er einen Blick entlang des Ufers
so he gave a look along the shore
er sah zwischen den Felsen eine Art Höhle
he saw amongst the rocks a kind of cave

Aus der Höhle stieg eine Rauchwolke auf
from the cave there was a cloud of smoke
"In dieser Höhle muss ein Feuer sein"
"In that cave there must be a fire"
»Um so besser,« dachte Pinocchio
"So much the better," thought Pinocchio
"Ich werde mich trocknen und wärmen"
"I will go and dry and warm myself"
»Und dann?« Pinocchio wunderte sich
"and then?" Pinocchio wondered
»Und dann werden wir sehen«, schloß er
"and then we shall see," he concluded
Nachdem er den Entschluß gefasst hatte, schwamm er landeinwärts
Having taken the resolution he swam landwards
er war im Begriff, die Felsen hinaufzuklettern
he was was about to climb up the rocks
aber er fühlte etwas unter Wasser
but he felt something under the water
was auch immer es war, stieg höher und höher
whatever it was rose higher and higher
und es trug ihn in die Luft
and it carried him into the air
Er versuchte, ihm zu entkommen
He tried to escape from it
aber es war zu spät, um zu entkommen
but it was too late to get away
Er war sehr überrascht, als er sah, was es war
he was extremely surprised when he saw what it was
er fand sich in einem großen Netz wieder,
he found himself enclosed in a great net
er war mit einem Schwarm Fische jeder Größe und Gestalt zusammen
he was with a swarm of fish of every size and shape
sie flatterten und kämpften herum
they were flapping and struggling around
wie ein Schwarm verzweifelter Seelen

like a swarm of despairing souls
Im selben Augenblick kam ein Fischer aus der Höhle
At the same moment a fisherman came out of the cave
Der Fischer war schrecklich hässlich
the fisherman was horribly ugly
und er sah aus wie ein Seeungeheuer
and he looked like a sea monster
sein Kopf war nicht mit Haaren bedeckt
his head was not covered in hair
stattdessen hatte er einen dichten Busch aus grünem Gras
instead he had a thick bush of green grass
seine Haut war grün und seine Augen waren grün
his skin was green and his eyes were green
und sein langer Bart fiel bis zur Erde herab
and his long beard came down to the ground
und natürlich war auch sein Bart grün
and of course his beard was also green
Er sah aus wie eine riesige Eidechse
He had the appearance of an immense lizard
eine Eidechse, die auf den Hinterpfoten steht
a lizard standing on its hind-paws

Der Fischer zog sein Netz aus dem Meer
the fisherman pulled his net out of the sea
»Dem Himmel sei Dank!« rief er höchst befriedigt aus
"Thank Heaven!" he exclaimed greatly satisfied
"Heute werde ich wieder ein prächtiges Fischmahl haben!"
"Again today I shall have a splendid feast of fish!"
Pinocchio dachte einen Moment bei sich
Pinocchio thought to himself for a moment
"Was für eine Gnade, dass ich kein Fisch bin!"
"What a mercy that I am not a fish!"
und er fasste ein wenig Mut
and he regained a little courage
Das Netz voll Fische wurde in die Höhle getragen
The netful of fish was carried into the cave
und die Höhle war dunkel und rauchig
and the cave was dark and smoky
In der Mitte der Höhle befand sich eine große Bratpfanne
In the middle of the cave was a large frying-pan
und die Bratpfanne war voll Öl
and the frying-pan was full of oil
es roch erstickend nach Pilzen
there was a suffocating smell of mushrooms
aber der Fischer war sehr aufgeregt
but the fisherman was very excited
"Jetzt wollen wir sehen, welche Fische wir gefangen haben!"
"Now we will see what fish we have taken!"
und er steckte eine gewaltige Hand in das Netz
and he put into the net an enormous hand
seine Hand hatte die Proportionen einer Bäckerschaufel
his hand had the proportions of a baker's shovel
und er zog eine Handvoll Fische heraus
and he pulled out a handful of fish
"Diese Fische sind gut!", sagte er
"These fish are good!" he said
und er roch selbstgefällig an dem Fisch
and he smelled the fish complacently
Und dann warf er den Fisch in eine Pfanne ohne Wasser

And then he threw the fish into a pan without water
Er wiederholte die gleiche Operation viele Male
He repeated the same operation many times
und als er den Fisch herauszog, lief ihm das Wasser im Mund zusammen
and as he drew out the fish his mouth watered
und der Fischer kicherte vor sich hin
and the Fisherman chuckled to himself
»Was für köstliche Sardinen ich gefangen habe!«
"What exquisite sardines I've caught!"
"Diese Makrelen werden köstlich!"
"These mackerel are going to be delicious!"
"Und diese Krabben werden ausgezeichnet sein!"
"And these crabs will be excellent!"
»Was sind das für liebe kleine Sardellen!«
"What dear little anchovies they are!"
Der letzte, der im Netz des Fischers blieb, war Pinocchio
The last to remain in the fisher's net was Pinocchio
seine großen grünen Augen öffneten sich vor Erstaunen
his big green eyes opened with astonishment
"Welche Fischart ist das??"
"What species of fish is this??"
"Fisch dieser Art kann ich mich nicht erinnern, ihn gegessen zu haben"
"Fish of this kind I don't remember to have eaten"
Und er sah ihn wieder aufmerksam an
And he looked at him again attentively
und er untersuchte ihn am ganzen Leibe
and he examined him well all over
"Ich weiß: er muss ein Krebs sein"
"I know: he must be a craw-fish"
Pinocchio schämte sich, dass er mit einer Languste verwechselt wurde
Pinocchio was mortified at being mistaken for a craw-fish
»Halten Sie mich für eine Languste?«
"Do you take me for a craw-fish?"
"So behandelt man seine Gäste nicht!"

"that's no way to treat your guests!"
"Lass mich dir sagen, dass ich eine Marionette bin"
"Let me tell you that I am a puppet"
»Eine Marionette?« antwortete der Fischer
"A puppet?" replied the fisherman
"Dann muss ich dir die Wahrheit sagen"
"then I must tell you the truth"
"Eine Puppe ist ein ziemlich neuer Fisch für mich"
"a puppet is quite a new fish to me"
"Aber das ist noch besser!"
"but that is even better!"
"Ich werde dich mit größerem Vergnügen fressen"
"I shall eat you with greater pleasure"
"Du kannst mich essen, so viel du willst"
"you can eat me all you want"
»aber wirst du verstehen, daß ich kein Fisch bin?«
"but will you understand that I am not a fish?"
»Hörst du nicht, daß ich rede?«
"Do you not hear that I talk?"
»siehst du nicht, daß ich so denke wie du?«
"can you not see that I reason as you do?"
»Das ist ganz richtig«, sagte der Fischer
"That is quite true," said the fisherman
"Du bist in der Tat ein Fisch mit dem Talent zu reden"
"you are indeed a fish with the talent of talking"
»und du bist ein Fisch, der so vernünftig denken kann wie ich.«
"and you are a fish that can reason as I do"
"Ich muss dich mit angemessener Aufmerksamkeit behandeln"
"I must treat you with appropriate attention"
"Und was wäre diese Aufmerksamkeit?"
"And what would this attention be?"
"Lass mich dir ein Zeichen meiner Freundschaft geben"
"let me give you a token of my friendship"
"Und lassen Sie mich meine besondere Hochachtung zeigen"
"and let me show my particular regard"

"Ich lasse dich wählen, wie du gekocht werden möchtest"
"I will let you choose how you would like to be cooked"
"Möchtest du in der Pfanne gebraten werden?
"Would you like to be fried in the frying-pan?
"Oder möchtest du lieber mit Tomatensoße geschmort werden?"
"or would you prefer to be stewed with tomato sauce?"
»Lassen Sie mich Ihnen die Wahrheit sagen«, antwortete Pinocchio
"let me tell you the truth," answered Pinocchio
"Wenn ich wählen müsste, würde ich gerne befreit werden"
"if I had to choose, I would like to be set free"
»Du machst Witze!« lachte der Fischer
"You are joking!" laughed the fisherman
"Warum sollte ich die Gelegenheit verpassen, einen so seltenen Fisch zu probieren?"
"why would I lose the opportunity to taste such a rare fish?"
"Ich kann Ihnen versichern, dass Marionettenfische hier selten sind"
"I can assure you puppet fish are rare here"
"Man fängt nicht jeden Tag einen Marionettenfisch"
"one does not catch a puppet fish every day"
"Lass mich die Wahl für dich treffen"
"Let me make the choice for you"
"Du wirst mit den anderen Fischen zusammen sein"
"you will be with the other fish"
"Ich werde dich in der Bratpfanne braten"
"I will fry you in the frying-pan"
"Und Sie werden ganz zufrieden sein"
"and you will be quite satisfied"
"Es ist immer ein Trost, in Gesellschaft gebraten zu werden"
"It is always consolation to be fried in company"
Bei dieser Rede fing der unglückliche Pinocchio an zu weinen
At this speech the unhappy Pinocchio began to cry
Er schrie und flehte um Gnade
he screamed and implored for mercy

"Wie viel besser wäre es gewesen, wenn ich zur Schule gegangen wäre!"
"How much better it would have been if I had gone to school!"
"Ich hätte nicht auf meine Gefährten hören sollen"
"I shouldn't have listened to my companions"
"und jetzt bezahle ich dafür"
"and now I am paying for it"
Und er zappelte wie ein Aal
And he wriggled like an eel
und er machte unbeschreibliche Anstrengungen, um herauszuschlüpfen
and he made indescribable efforts to slip out
aber er war fest in den Fängen des grünen Fischers
but he was tight in clutches of the green fisherman
und alle Bemühungen Pinocchios waren vergeblich
and all of Pinocchio's efforts were useless
Der Fischer nahm einen langen Streifen Binse
the fisherman took a long strip of rush
und er band die Puppen an Händen und Füßen
and he bound the puppets hands and feet
Der arme Pinocchio war gefesselt wie eine Wurst
Poor Pinocchio was tied up like a sausage
und er warf ihn mit den anderen Fischen in die Pfanne
and he threw him into the pan with the other fish
Dann holte er eine Holzschüssel voll Mehl
He then fetched a wooden bowl full of flour
und einen nach dem anderen begann er, jeden Fisch zu bemehlen
and one by one he began to flour each fish
Bald waren alle kleinen Fische fertig
soon all the little fish were ready
und er warf sie in die Bratpfanne
and he threw them into the frying-pan
Die ersten, die im kochenden Öl tanzten, waren die armen Wittlinge
The first to dance in the boiling oil were the poor whitings
Die Krabben folgten dem Tanz als nächstes

the crabs were next to follow the dance
und dann kamen auch die Sardinen
and then the sardines came too
und schließlich wurden die Sardellen hineingeworfen
and finally the anchovies were thrown in
endlich war Pinocchio an der Reihe
at last it had come to Pinocchio's turn
er sah den schrecklichen Tod, der auf ihn wartete
he saw the horrible death waiting for him
und Sie können sich vorstellen, wie verängstigt er war
and you can imagine how frightened he was
er zitterte heftig und mit großer Anstrengung
he trembled violently and with great effort
und er hatte weder Stimme noch Atem für weitere Bitten
and he had neither voice nor breath left for further entreaties
Aber der arme Junge flehte mit den Augen!
But the poor boy implored with his eyes!
Dem grünen Fischer war das jedoch egal
The green fisherman, however, didn't care the least
und er tauchte ihn fünf- oder sechsmal in das Mehl
and he plunged him five or six times in the flour
Schließlich war er von Kopf bis Fuß weiß
finally he was white from head to foot
und er sah aus wie eine Marionette aus Gips
and he looked like a puppet made of plaster

Pinocchio kehrt ins Haus der Fee zurück
Pinocchio Returns to the Fairy's House

Pinocchio baumelte über der Bratpfanne
Pinocchio was dangling over the frying pan
der Fischer wollte ihn gerade hineinwerfen
the fisherman was just about to throw him in
aber dann betrat ein großer Hund die Höhle
but then a large dog entered the cave

Der Hund hatte den würzigen Geruch von gebratenem Fisch gerochen
the dog had smelled the savoury odour of fried fish
und er war in die Höhle gelockt worden
and he had been enticed into the cave
»Raus!« schrie der Fischer
"Get out!" shouted the fisherman
er hielt die bemehlte Puppe in einer Hand
he was holding the floured puppet in one hand
und er drohte dem Hund mit der anderen Hand
and he threatened the dog with the other hand
Aber der arme Hund war hungrig wie ein Wolf
But the poor dog was as hungry as a wolf
und er jammerte und wedelte mit dem Schwanz
and he whined and wagged his tail
wenn er hätte sprechen können, hätte er gesagt:
if he could have talked he would have said:
"Gib mir ein paar Fische und ich werde dich in Ruhe lassen"
"Give me some fish and I will leave you in peace"
»Verschwinde, sage ich dir!« wiederholte der Fischer
"Get out, I tell you!" repeated the fisherman
und er streckte sein Bein aus, um ihm einen Tritt zu geben
and he stretched out his leg to give him a kick
Aber der Hund würde Kleinigkeiten nicht ertragen
But the dog would not stand trifling
er war zu hungrig, um sich das Essen verweigern zu lassen
he was too hungry to be denied the food
Er fing an, den Fischer anzuknurren
he started growling at the fisherman
und er zeigte seine schrecklichen Zähne
and he showed his terrible teeth
In diesem Moment rief eine kleine schwache Stimme
At that moment a little feeble voice called out
"Rette mich, Alidoro, bitte!"
"Save me, Alidoro, please!"
»Wenn du mich nicht rettest, werde ich gebraten!«
"If you do not save me I shall be fried!"

Der Hund erkannte Pinocchios Stimme
The dog recognized Pinocchio's voice
alles, was er sah, war das bemehlte Bündel in der Hand des Fischers
all he saw was the floured bundle in the fisherman's hand
Von dort musste die Stimme gekommen sein
that must be where the voice had come from
Was glaubst du, was er getan hat?
So what do you think he did?
Alidoro sprang auf den Fischer zu
Alidoro sprung up to the fisherman
und er nahm das Bündel in den Mund
and he seized the bundle in his mouth
er hielt das Bündel sanft zwischen den Zähnen
he held the bundle gently in his teeth
und er stürzte wieder aus der Höhle
and he rushed out of the cave again
und dann war er verschwunden wie ein Blitz
and then he was gone like a flash of lightning
Der Fischer war wütend
The fisherman was furious
der seltene Marionettenfisch war ihm entrissen worden
the rare puppet fish had been snatched from him
und er lief dem Hund nach
and he ran after the dog
er versuchte, seinen Fisch zurückzubekommen
he tried to get his fish back
aber der Fischer lief nicht weit
but the fisherman did not run far
weil er von einem Hustenanfall ergriffen worden war
because he had been taken by a fit of coughing

Alidoro rannte fast bis zum Dorf
Alidoro ran almost to the village
Als er den Weg erreichte, blieb er stehen
when he got to the path he stopped
er setzte seinen Freund Pinocchio sanft auf den Boden
he put his friend Pinocchio gently on the ground
"Wie viel ich dir zu verdanken habe!" sagte die Puppe
"How much I have to thank you for!" said the puppet
»Es ist nicht nötig,« antwortete der Hund
"There is no necessity," replied the dog
"Du hast mich gerettet und ich habe es jetzt zurückgegeben"
"You saved me and I have now returned it"
"Du weißt, dass wir uns alle in dieser Welt gegenseitig helfen müssen"
"You know that we must all help each other in this world"
Pinocchio war froh, Alidoro gerettet zu haben
Pinocchio was happy to have saved Alidoro
"Aber wie bist du in die Höhle gekommen?"
"But how did you get into the cave?"
"Ich lag mehr tot als lebendig am Ufer"
"I was lying on the shore more dead than alive"
"Dann brachte mir der Wind den Geruch von gebratenem Fisch"
"then the wind brought to me the smell of fried fish"
"Der Geruch hat meinen Appetit angeregt"

"The smell excited my appetite"
"und ich folgte meiner Nase"
"and I followed my nose"
"Wenn ich eine Sekunde später angekommen wäre..."
"If I had arrived a second later..."
»Erwähne es nicht!« seufzte Pinocchio
"Do not mention it!" sighed Pinocchio
er zitterte noch immer vor Schreck
he was still trembling with fright
"Ich wäre jetzt eine frittierte Marionette"
"I would be a fried puppet by now"
"Es lässt mich erschaudern, wenn ich nur daran denke!"
"It makes me shudder just to think of it!"
Alidoro lachte ein wenig über die Idee
Alidoro laughed a little at the idea
aber er streckte seine rechte Pfote nach der Puppe aus
but he extended his right paw to the puppet
Pinocchio schüttelte herzlich die Pfote
Pinocchio shook his paw heartily
und dann gingen sie getrennte Wege
and then they went their separate ways
Der Hund machte sich auf den Weg nach Hause
The dog took the road home
und Pinocchio ging in ein nicht weit entferntes Häuschen
and Pinocchio went to a cottage not far off
da war ein kleiner alter Mann, der sich in der Sonne wärmte
there was a little old man warming himself in the sun
Pinocchio sprach mit dem kleinen alten Mann
Pinocchio spoke to the little old man
»Sagen Sie mir, guter Mann«, begann er
"Tell me, good man," he started
»weißt du etwas von einem armen Knaben namens Eugen?«
"do you know anything of a poor boy called Eugene?"
"Er wurde am Kopf verwundet"
"he was wounded in the head"
"Der Junge wurde von einigen Fischern in diese Hütte gebracht"

"The boy was brought by some fishermen to this cottage"
"und jetzt weiß ich nicht, was mit ihm passiert ist"
"and now I do not know what happened to him"
»**Und jetzt ist er tot!**« **unterbrach ihn Pinocchio mit großem Schmerz**
"And now he is dead!" interrupted Pinocchio with great sorrow
»**Nein, er lebt**«, **unterbrach ihn der Fischer**
"No, he is alive," interrupted the fisherman
"Und er ist in seine Heimat zurückgekehrt"
"and he has been returned to his home"
»**Ist es wahr?**« **rief die Puppe**
"Is it true?" cried the puppet
und Pinocchio tanzte vor Entzücken
and Pinocchio danced with delight
»**Dann war die Wunde nicht ernst?**«
"Then the wound was not serious?"
antwortete der kleine alte Mann Pinocchio
the little old man answered Pinocchio
"Es könnte sehr ernst gewesen sein"
"It might have been very serious"
"Es hätte sogar tödlich enden können"
"it could even have been fatal"
"Sie warfen ihm ein dickes Buch an den Kopf"
"they threw a thick book at his head"
"Und wer hat es nach ihm geworfen?"
"And who threw it at him?"
»**Einer seiner Schulkameraden namens Pinocchio**«
"One of his school-fellows, by the name of Pinocchio"
"Und wer ist dieser Pinocchio?" fragte die Puppe
"And who is this Pinocchio?" asked the puppet
und er täuschte seine Unwissenheit vor, so gut er konnte
and he pretended his ignorance as best he could
"Sie sagen, dass er ein böser Junge ist"
"They say that he is a bad boy"
"Ein Vagabund, ein gewöhnlicher Taugenichts"
"a vagabond, a regular good-for-nothing"

»Verleumdungen! alles Verleumdungen!«
"Calumnies! all calumnies!"
"Kennst du diesen Pinocchio?"
"Do you know this Pinocchio?"
"Vom Sehen!" antwortete die Puppe
"By sight!" answered the puppet
»Und was halten Sie von ihm?« fragte der kleine Mann
"And what is your opinion of him?" asked the little man
"Er scheint mir ein sehr guter Junge zu sein"
"He seems to me to be a very good boy"
»er ist begierig zu lernen«, fügte Pinocchio hinzu
"he is anxious to learn," added Pinocchio
"Und er ist gehorsam und liebevoll zu seinem Vater und seiner Familie"
"and he is obedient and affectionate to his father and family"
Die Puppe feuerte einen Haufen Lügen ab
the puppet fired off a bunch of lies
aber dann erinnerte er sich, sich an die Nase zu fassen
but then he remembered to touch his nose
seine Nase schien um mehr als eine Hand gewachsen zu sein
his nose seemed to have grown by more than a hand
Sehr erschrocken fing er an zu weinen:
Very much alarmed he began to cry:
"Glaub mir nicht, guter Mann"
"Don't believe me, good man"
"Was ich gesagt habe, waren alles Lügen"
"what I said were all lies"
"Ich kenne Pinocchio sehr gut"
"I know Pinocchio very well"
»und ich kann Ihnen versichern, daß er ein sehr böser Junge ist.«
"and I can assure you that he is a very bad boy"
"Er ist ungehorsam und müßig"
"he is disobedient and idle"
"Anstatt zur Schule zu gehen, rennt er mit seinen Kameraden davon"
"instead of going to school, he runs off with his companions"

Kaum hatte er zu Ende gesprochen, wurde seine Nase kürzer
He had hardly finished speaking when his nose became shorter

und schließlich kehrte seine Nase zu der alten Größe zurück
and finally his nose returned to the old size

Der kleine alte Mann bemerkte die Farbe der Knaben
the little old man noticed the boys' colour

"Und warum seid ihr alle mit Weiß bedeckt?"
"And why are you all covered with white?"

»Ich will Ihnen sagen, warum«, sagte Pinocchio
"I will tell you why," said Pinocchio

"Ohne es zu beachten, habe ich mich an einer Wand gerieben"
"Without observing it I rubbed myself against a wall"

"Ich wusste nicht, dass die Mauer frisch getüncht worden war"
"little did I know that the wall had been freshly whitewashed"

er schämte sich, die Wahrheit zu gestehen
he was ashamed to confess the truth

tatsächlich war er wie ein Fisch bemehlt worden
in fact he had been floured like a fish

"Und was hast du mit deiner Jacke gemacht?"
"And what have you done with your jacket?"

»Wo sind deine Hosen und deine Mütze?«
"where are your trousers, and your cap?"

"Ich habe auf meiner Reise einige Räuber getroffen"
"I met some robbers on my journey"

"Und sie haben mir alle meine Sachen weggenommen"
"and they took all my things from me"

"Guter alter Mann, ich habe einen Gefallen zu erbitten"
"Good old man, I have a favour to ask"

"Könntest du mir vielleicht ein paar Kleider geben, damit ich nach Hause komme?"
"could you perhaps give me some clothes to return home in?"

"Mein Junge, ich würde dir gerne helfen"
"My boy, I would like to help you"

»aber ich habe nichts als ein Säckchen.«

"but I have nothing but a little sack"
"es ist nur ein Sack, in dem ich Bohnen aufbewahre"
"it is but a sack in which I keep beans"
"Aber wenn du es brauchst, nimm es"
"but if you have need of it, take it"
Pinocchio ließ sich nicht zweimal bitten
Pinocchio did not wait to be asked twice
Er nahm den Sack sofort an sich
He took the sack at once
und er borgte sich eine Schere
and he borrowed a pair of scissors
und er schnitt ein Loch in das Ende des Sackes
and he cut a hole at the end of the sack
an jeder Seite schnitt er kleine Löcher für seine Arme
at each side, he cut out small holes for his arms
und er zog den Sack an wie ein Hemd
and he put the sack on like a shirt
Und mit seinen neuen Kleidern machte er sich auf den Weg ins Dorf
And with his new clothing he set off for the village
Aber als er ging, fühlte er sich überhaupt nicht wohl
But as he went he did not feel at all comfortable
für jeden Schritt vorwärts machte er einen weiteren Schritt rückwärts
for each step forward he took another step backwards
»Wie soll ich mich jemals meiner guten kleinen Fee präsentieren?«
"How shall I ever present myself to my good little Fairy?"
»Was wird sie sagen, wenn sie mich sieht?«
"What will she say when she sees me?"
»Wird sie mir diese zweite Eskapade verzeihen?«
"Will she forgive me this second escapade?"
»Oh, ich bin sicher, daß sie mir nicht verzeihen wird!«
"Oh, I am sure that she will not forgive me!"
"Und es ist mir recht, denn ich bin ein Schlingel"
"And it serves me right, because I am a rascal"
"Ich verspreche immer, mich zu korrigieren"

"I am always promising to correct myself"
»aber ich halte nie mein Wort!«
"but I never keep my word!"
Als er das Dorf erreichte, war es Nacht
When he reached the village it was night
und es war sehr dunkel geworden
and it had gotten very dark
Ein Sturm war von der Küste heraufgezogen
A storm had come in from the shore
und der Regen fiel in Strömen herab
and the rain was coming down in torrents
er ging geradewegs zum Haus der Fee
he went straight to the Fairy's house
er war entschlossen, an die Tür zu klopfen
he was resolved to knock at the door
Aber als er dort war, verließ ihn der Mut
But when he was there his courage failed him
anstatt zu klopfen, lief er etwa zwanzig Schritte davon
instead of knocking he ran away some twenty paces
Er kehrte ein zweites Mal zur Tür zurück
He returned to the door a second time
und er hielt den Türklopfer in der Hand
and he held the door knocker in his hand
Zitternd klopfte er ein wenig an die Tür
trembling, he gave a little knock at the door
Er wartete und wartete, bis seine Mutter die Tür öffnete
He waited and waited for his mother to open the door
Pinocchio muss nicht weniger als eine halbe Stunde gewartet haben
Pinocchio must have waited no less than half an hour
Endlich wurde ein Fenster im obersten Stockwerk geöffnet
At last a window on the top floor was opened
Das Haus war vier Stockwerke hoch
the house was four stories high
und Pinocchio sah eine große Schnecke
and Pinocchio saw a big Snail
sie hatte eine brennende Kerze auf dem Kopf, um

herauszuschauen
it had a lighted candle on her head to look out
»Wer ist um diese Stunde da?«
"Who is there at this hour?"
"Ist die Fee zu Hause?" fragte die Puppe
"Is the Fairy at home?" asked the puppet
"Die Fee schläft," antwortete die Schnecke
"The Fairy is asleep," answered the snail
"Und sie darf nicht geweckt werden"
"and she must not be awakened"
"Aber wer bist du?" fragte die Schnecke
"but who are you?" asked the Snail
»Ich bin's«, antwortete Pinocchio
"It is I," answered Pinocchio
"Wer bin ich?" fragte die Schnecke
"Who is I?" asked the Snail
»Ich bin's, Pinocchio,« antwortete Pinocchio
"It is I, Pinocchio," answered Pinocchio
"Und wer ist Pinocchio?" fragte die Schnecke
"And who is Pinocchio?" asked the Snail
"Die Puppe, die im Haus der Fee wohnt"
"The puppet who lives in the Fairy's house"
"Ah, ich verstehe!" sagte die Schnecke
"Ah, I understand!" said the Snail
"Warte dort auf mich"
"Wait for me there"
"Ich werde herunterkommen und die Tür öffnen"
"I will come down and open the door"
»Beeilen Sie sich, um Himmels willen.«
"Be quick, for pity's sake"
"weil ich vor Kälte sterbe"
"because I am dying of cold"
"Mein Junge, ich bin eine Schnecke"
"My boy, I am a snail"
"Und Schnecken haben es nie eilig"
"and snails are never in a hurry"
Eine Stunde verging, und dann zwei

An hour passed, and then two
und die Tür war immer noch nicht geöffnet
and the door was still not opened
Pinocchio war durch und durch nass
Pinocchio was wet through and through
und er zitterte vor Kälte und Furcht
and he was trembling from cold and fear
endlich hatte er den Mut, wieder anzuklopfen
at last he had the courage to knock again
Diesmal klopfte er lauter als zuvor
this time he knocked louder than before
Bei diesem zweiten Klopfen öffnete sich ein Fenster im unteren Stockwerk
At this second knock a window on the lower story opened
und dieselbe Schnecke erschien am Fenster
and the same Snail appeared at the window
»Schöne kleine Schnecke!« rief Pinocchio
"Beautiful little Snail," cried Pinocchio
"Ich warte schon seit zwei Stunden!"
"I have been waiting for two hours!"
"Zwei Stunden in einer solchen Nacht scheinen länger als zwei Jahre zu sein"
"two hours on such a night seems longer than two years"
»Beeilen Sie sich, um Himmels willen.«
"Be quick, for pity's sake"
»Mein Junge,« antwortete das ruhige kleine Tier
"My boy," answered the calm little animal
"Du weißt, dass ich eine Schnecke bin"
"you know that I am a snail"
"Und Schnecken haben es nie eilig"
"and snails are never in a hurry"
Und das Fenster wurde wieder geschlossen
And the window was shut again
Kurz darauf schlug es Mitternacht
Shortly afterwards midnight struck
dann ein Uhr, dann zwei Uhr
then one o'clock, then two o'clock

und die Tür blieb immer noch ungeöffnet
and the door still remained unopened
Pinocchio verlor schließlich alle Geduld
Pinocchio finally lost all patience
er ergriff wütend den Türklopfer
he seized the door knocker in a rage
Er hatte vor, die Tür so fest wie möglich zu knallen
he intended bang the door as hard as he could
ein Schlag, der durch das Haus hallen würde
a blow that would resound through the house
Der Türklopfer war aus Eisen
the door knocker was made from iron
aber plötzlich verwandelte er sich in einen Aal
but suddenly it turned into an eel
und der Aal glitt Pinocchio aus der Hand
and the eel slipped out of Pinocchio's hand
Die Straße hinunter war ein Wasserstrom
down the street was a stream of water
und der Aal verschwand den Bach hinunter
and the eel disappeared down the stream
Pinocchio war blind vor Wut
Pinocchio was blinded with rage
»Ah! So ist es also?"
"Ah! so that's the way it is?"
"dann werde ich mit aller Kraft treten"
"then I will kick with all my might"
Pinocchio nahm einen kleinen Anlauf zur Tür
Pinocchio took a little run up to the door
und er trat mit aller Kraft gegen die Tür
and he kicked the door with all his might
es war in der Tat ein mächtig starker Tritt
it was indeed a mighty strong kick
und sein Fuß ging durch die Tür
and his foot went through the door
Pinocchio versuchte, seinen Fuß herauszuziehen
Pinocchio tried to pull his foot out
Aber dann erkannte er seine missliche Lage

but then he realized his predicament
es war, als wäre sein Fuß festgenagelt worden
it was as if his foot had been nailed down
Denken Sie an die Situation des armen Pinocchio!
Think of poor Pinocchio's situation!
Er musste den Rest der Nacht auf einem Bein verbringen
He had to spend the rest of the night on one foot
und der andere Fuß war in der Luft
and the other foot was in the air
Nach vielen Stunden brach endlich der Tag an
after many hours daybreak finally came
und endlich wurde die Tür geöffnet
and at last the door was opened
die Schnecke hatte nur neun Stunden gebraucht
it had only taken the Snail nine hours
er war den ganzen Weg aus dem vierten Stock gekommen
he had come all the way from the fourth story
Es ist offensichtlich, dass ihre Anstrengungen groß gewesen sein müssen
It is evident that her exertions must have been great
aber sie war ebenso verwirrt von Pinocchio
but she was equally confused by Pinocchio
"Was machst du mit dem Fuß in der Tür?"
"What are you doing with your foot in the door?"
"Es war ein Unfall", antwortete die Puppe
"It was an accident," answered the puppet
"Oh schöne Schnecke, bitte hilf mir"
"oh beautiful snail, please help me"
"Versuchen Sie, meinen Fuß aus der Tür zu bekommen"
"try and get my foot out the door"
"Mein Junge, das ist die Arbeit eines Tischlers""
"My boy, that is the work of a carpenter""
»und ich bin nie Schreiner gewesen«
"and I have never been a carpenter"
"In diesem Fall hol bitte die Fee für mich!"
"in that case please get the Fairy for me!"
"Die Fee schläft noch"

"The Fairy is still asleep"
"Und sie darf nicht geweckt werden"
"and she must not be awakened"
"Aber was kann ich tun, wenn mein Fuß in der Tür steckt?"
"But what can I do with me foot stuck in the door?"
"Es gibt viele Ameisen in dieser Gegend"
"there are many ants in this area"
"Amüsiere dich, indem du all die kleinen Ameisen zählst"
"Amuse yourself by counting all the little ants"
"Bring mir wenigstens etwas zu essen"
"Bring me at least something to eat"
"weil ich ziemlich erschöpft und hungrig bin"
"because I am quite exhausted and hungry"
»Sofort«, sagte die Schnecke
"At once," said the Snail
es war in der Tat fast so schnell, wie sie gesagt hatte
it was in fact almost as fast as she had said
nach drei Stunden kehrte sie nach Pinocchio zurück
after three hours she returned to Pinocchio
und auf ihrem Kopf war ein silbernes Tablett
and on her head was a silver tray
Das Tablett enthielt einen Laib Brot
The tray contained a loaf of bread
und es gab ein gebratenes Huhn
and there was a roast chicken
und es waren vier reife Aprikosen
and there were four ripe apricots
"Hier ist das Frühstück, das dir die Fee geschickt hat"
"Here is the breakfast that the Fairy has sent you"
das waren alles Dinge, die Pinocchio gerne aß
these were all things Pinocchio liked to eat
Die Puppe fühlte sich bei diesem Anblick sehr getröstet
The puppet felt very much comforted at the sight
Aber dann begann er, das Essen zu essen
But then he began to eat the food
und er war von dem Geschmack am meisten angewidert
and he was most disgusted by the taste

Er entdeckte, dass das Brot aus Gips bestand
he discovered that the bread was plaster
das Huhn war aus Pappe
the chicken was made of cardboard
und die vier Aprikosen waren aus Alabaster
and the four apricots were alabaster
Der arme Pinocchio wollte weinen
Poor Pinocchio wanted to cry
In seiner Verzweiflung versuchte er, das Tablett wegzuwerfen
In his desperation he tried to throw away the tray
vielleicht lag es an seiner Trauer
perhaps it was because of his grief
oder es könnte sein, dass er erschöpft war
or it could have been that he was exhausted
und die kleine Puppe fiel vor Anstrengung in Ohnmacht
and the little puppet fainted from the effort
schließlich kam er wieder zu Bewusstsein
eventually he regained consciousness
und er fand, daß er auf einem Sofa lag
and he found that he was lying on a sofa
und die gute Fee war neben ihm
and the good Fairy was beside him
"Ich will dir noch einmal verzeihen", sagte die Fee
"I will pardon you once more," the Fairy said
»aber wehe dir, wenn du dich ein drittes Mal schlecht benimmst!«
"but woe to you if you behave badly a third time!"
Pinocchio versprach und schwor, dass er studieren würde
Pinocchio promised and swore that he would study
und er schwor, sich immer gut zu benehmen
and he swore he would always conduct himself well
Und er hielt sein Wort für den Rest des Jahres
And he kept his word for the remainder of the year
Pinocchio hatte sehr gute Noten in der Schule
Pinocchio got very good grades at school
und er hatte die Ehre, der beste Schüler zu sein

and he had the honour of being the best student
Sein Verhalten im Allgemeinen war sehr lobenswert
his behaviour in general was very praiseworthy
und die Fee war sehr zufrieden mit ihm
and the Fairy was very much pleased with him
"Morgen soll dein Wunsch erfüllt werden"
"Tomorrow your wish shall be gratified"
»Was war das für ein Wunsch?« fragte Pinocchio
"what wish was that?" asked Pinocchio
"Morgen sollst du aufhören, eine Holzpuppe zu sein"
"Tomorrow you shall cease to be a wooden puppet"
"Und du sollst endlich ein Junge werden"
"and you shall finally become a boy"
man hätte sich Pinocchios Freude nicht vorstellen können
you could not have imagined Pinocchio's joy
und Pinocchio durfte eine Party feiern
and Pinocchio was allowed to have a party
Alle seine Schulkameraden sollten eingeladen werden
All his school-fellows were to be invited
es würde ein großes Frühstück im Hause der Fee geben
there would be a grand breakfast at the Fairy's house
Gemeinsam würden sie das große Ereignis feiern
together they would celebrate the great event
Die Fee hatte zweihundert Tassen Kaffee und Milch zubereitet
The Fairy had prepared two hundred cups of coffee and milk
und vierhundert Brötchen Brot wurden geschnitten
and four hundred rolls of bread were cut
und das ganze Brot wurde auf jeder Seite mit Butter bestreut
and all the bread was buttered on each side
Der Tag versprach sehr glücklich und entzückend zu werden
The day promised to be most happy and delightful
aber...
but...
Leider gibt es im Leben von Marionetten immer ein "Aber", das alles verdirbt

Unfortunately in the lives of puppets there is always a "but" that spoils everything

Das Land der Tölpelvögel
The Land of the Boobie Birds

Natürlich bat Pinocchio die Fee um Erlaubnis
Of course Pinocchio asked the Fairy's permission
»darf ich durch die Stadt gehen, um die Einladungen zu verteilen?«
"may I go round the town to give out the invitations?"
Da sprach die Fee zu ihm:
and the Fairy said to him:
"Geh, wenn du willst, du hast meine Erlaubnis."
"Go, if you like, you have my permission"
"Laden Sie Ihre Begleiter morgen zum Frühstück ein"
"invite your companions for the breakfast tomorrow"
"Aber denken Sie daran, vor Einbruch der Dunkelheit nach Hause zu kommen"
"but remember to return home before dark"
»Haben Sie verstanden?« fragte sie
"Have you understood?" she checked
"Ich verspreche, in einer Stunde zurück zu sein"
"I promise to be back in an hour"
"Pass auf dich auf, Pinocchio!", warnte sie ihn
"Take care, Pinocchio!" she cautioned him
"Jungs sind immer sehr bereit zu versprechen"
"Boys are always very ready to promise"
"Aber im Allgemeinen haben Jungen Schwierigkeiten, ihr Wort zu halten"
"but generally boys struggle to keep their word"
"Aber ich bin nicht wie andere Jungs"
"But I am not like other boys"
"Wenn ich etwas sage, tue ich es"
"When I say a thing, I do it"

"Wir werden sehen, ob du dein Versprechen hältst"
"We shall see if you will keep your promise"
"Wenn du ungehorsam bist, umso schlimmer für dich"
"If you are disobedient, so much the worse for you"
»Warum sollte es für mich so schlimmer sein?«
"Why would it be so much the worse for me?"
"Es gibt Jungs, die nicht auf den Rat hören"
"there are boys who do not listen to the advice"
"Ratschläge von Menschen, die mehr wissen als sie"
"advice from people who know more than them"
"und sie treffen immer das eine oder andere Unglück"
"and they always meet with some misfortune or other"
"Das habe ich erlebt", sagte Pinocchio
"I have experienced that," said Pinocchio
»aber diesen Fehler werde ich nie wieder machen.«
"but I shall never make that mistake again"
"Wir werden sehen, ob das stimmt."
"We shall see if that is true"
und die Puppe nahm Abschied von seiner guten Fee
and the puppet took leave of his good Fairy
die gute Fee war jetzt wie eine Mama für ihn
the good Fairy was now like a mamma to him
und er ging singend und tanzend aus dem Haus
and he went out of the house singing and dancing
In weniger als einer Stunde waren alle seine Freunde eingeladen
In less than an hour all his friends were invited
Einige nahmen sofort herzlich an
Some accepted at once heartily
andere erforderten zunächst einige Überzeugungsarbeit
others at first required some convincing
aber dann hörten sie, dass es Kaffee geben würde
but then they heard that there would be coffee
und das Brot sollte von beiden Seiten mit Butter bestrichen werden
and the bread was going to be buttered on both sides
"Wir werden auch kommen, um Ihnen eine Freude zu

machen"
"We will come also, to do you a pleasure"

Nun muss ich Ihnen sagen, dass Pinocchio viele Freunde hatte
Now I must tell you that Pinocchio had many friends
und es gab viele Jungen, mit denen er zur Schule ging
and there were many boys he went to school with
aber es gab einen Jungen, den er besonders mochte
but there was one boy he especially liked
Der Name dieses Jungen war Romeo

This boy's name was Romeo
aber er trug immer seinen Spitznamen
but he always went by his nickname
alle Knaben nannten ihn Kerzendocht
all the boys called him Candle-wick
weil er so dünn, gerade und hell war
because he was so thin, straight and bright
wie der neue Docht eines kleinen Nachtlichts
like the new wick of a little nightlight
Kerzendocht war der faulste von den Knaben
Candle-wick was the laziest of the boys
und er war auch ungezogener als die anderen Jungen
and he was naughtier than the other boys too
aber Pinocchio war ihm ergeben
but Pinocchio was devoted to him
er war vor den andern zu Kerzendochts Haus gegangen
he had gone to Candle-wick's house before the others
aber er hatte ihn nicht gefunden
but he had not found him
Er kehrte ein zweites Mal zurück, aber Kerzendocht war nicht da
He returned a second time, but Candle-wick was not there
Er ging ein drittes Mal, aber es war vergeblich
He went a third time, but it was in vain
Wo konnte er ihn suchen?
Where could he search for him?
Er schaute hierhin, dort und überall hin
He looked here, there, and everywhere
und endlich fand er seinen Freund Kerzendocht
and at last he found his friend Candle-wick
Er versteckte sich auf der Veranda eines Bauernhauses
he was hiding on the porch of a peasant's cottage
»Was machst du da?« fragte Pinocchio
"What are you doing there?" asked Pinocchio
"Ich warte auf Mitternacht"
"I am waiting for midnight"
"Ich werde weglaufen"

"I am going to run away"
"Und wohin gehst du?"
"And where are you going?"
"Ich werde in einem anderen Land leben"
"I am going to live in another country"
"Das schönste Land der Welt"
"the most delightful country in the world"
"Ein wahres Land der Süßigkeiten!"
"a real land of sweetmeats!"
»Und wie heißt es?«
"And what is it called?"
"Es wird das Land der Tölpel genannt"
"It is called the Land of Boobies"
»Warum kommst du nicht auch?«
"Why do you not come, too?"
"Ich? Nein, selbst wenn ich wollte!"
"I? No, even if I wanted to!"
"Du liegst falsch, Pinocchio"
"You are wrong, Pinocchio"
"Wenn du nicht kommst, wirst du es bereuen"
"If you do not come you will repent it"
"Wo könntest du ein besseres Land für Jungen finden?"
"Where could you find a better country for boys?"
"Dort gibt es keine Schulen"
"There are no schools there"
"Es gibt dort keine Meister"
"there are no masters there"
"Und es gibt dort keine Bücher"
"and there are no books there"
"In diesem entzückenden Land studiert niemand jemals"
"In that delightful land nobody ever studies"
"Am Samstag ist nie Schule"
"On Saturday there is never school"
"Jede Woche besteht aus sechs Samstagen"
"every week consists of six Saturdays"
"und der Rest der Woche sind Sonntage"
"and the remainder of the week are Sundays"

"Denken Sie an all die Zeit, die es zu spielen gibt"
"think of all the time there is to play"
"Die Herbstferien beginnen am ersten Januar"
"the autumn holidays begin on the first of January"
"und sie enden am letzten Tag des Dezembers"
"and they finish on the last day of December"
"Das ist das Land für mich!"
"That is the country for me!"
"So sollten alle zivilisierten Länder sein!"
"That is what all civilized countries should be like!"
"Aber wie sind die Tage im Land der Tölpel?"
"But how are the days spent in the Land of Boobies?"
"Die Tage werden mit Spiel und Unterhaltung verbracht"
"The days are spent in play and amusement"
"Man amüsiert sich von morgens bis abends"
"you enjoy yourself from morning till night"
"Und wenn die Nacht kommt, gehst du zu Bett"
"and when night comes you go to bed"
"Und dann fangen Sie am nächsten Tag wieder mit dem Spaß an"
"and then you recommence the fun the next day"
"Was hältst du davon?"
"What do you think of it?"
»Hm!« sagte Pinocchio nachdenklich
"Hum!" said Pinocchio thoughtfully
und er schüttelte leicht den Kopf
and he shook his head slightly
Die Geste schien etwas zu sagen
the gesture did seem to say something
"Das ist ein Leben, das ich auch gerne führen würde"
"That is a life that I also would willingly lead"
aber er hatte die Einladung noch nicht angenommen
but he had not accepted the invitation yet
»Nun, wollen Sie mit mir gehen?«
"Well, will you go with me?"
"Ja oder nein? Schnelle Lösung"
"Yes or no? Resolve quickly"

"Nein, nein, nein und nochmals nein"
"No, no, no, and no again"
"Ich habe meiner guten Fee versprochen, ein guter Junge zu sein"
"I promised my good Fairy to be good boy"
"und ich werde mein Wort halten"
"and I will keep my word"
"Die Sonne geht bald unter"
"the sun will soon be setting"
"also muss ich dich verlassen und weglaufen"
"so I must leave you and run away"
"Auf Wiedersehen und eine angenehme Reise für Sie"
"Good-bye, and a pleasant journey to you"
"Wohin eilst du so eilig?"
"Where are you rushing off to in such a hurry?"
»Ich gehe nach Hause«, sagte Pinocchio
"I am going home," said Pinocchio
"Meine gute Fee wünscht, dass ich vor Einbruch der Dunkelheit zurück bin"
"My good Fairy wishes me to be back before dark"
"Warte noch zwei Minuten"
"Wait another two minutes"
"Es wird mich zu spät bringen"
"It will make me too late"
»Nur zwei Minuten«, flehte Kerzendocht
"Only two minutes," Candle-wick pleaded
»Und wenn die Fee mich scheltet?«
"And if the Fairy scolds me?"
"Lass sie dich ausschimpfen", schlug er vor
"Let her scold you," he suggested
Kerzendocht war ein ziemlich überzeugender Schlingel
Candle-wick was quite a persuasive rascal
"Wenn sie gut geschimpft hat, wird sie den Mund halten"
"When she has scolded well she will hold her tongue"
"Und was wirst du tun?"
"And what are you going to do?"
"Gehst du allein oder mit Gefährten?"

"Are you going alone or with companions?"
"Oh, mach dir keine Sorgen um diesen Pinocchio"
"oh don't worry about that Pinocchio"
"Ich werde nicht allein im Land der Tölpel sein"
"I will not be alone in the Land of Boobies"
"Es werden mehr als hundert Jungs sein"
"there will be more than a hundred boys"
»Und machen Sie den Weg zu Fuß?«
"And do you make the journey on foot?"
"Gleich kommt eine Kutsche vorbei"
"A coach will pass by shortly"
"Die Kutsche wird mich in dieses glückliche Land bringen"
"the carriage will take me to that happy country"
»Was gäbe ich nicht dafür, daß die Kutsche jetzt vorbeikommt!«
"What would I not give for the coach to pass by now!"
"Warum willst du so sehr, dass die Kutsche vorbeikommt?"
"Why do you want the coach to come by so badly?"
"damit ich sehe, wie ihr alle zusammen geht"
"so that I can see you all go together"
"Bleib noch ein bisschen hier, Pinocchio"
"Stay here a little longer, Pinocchio"
"Bleib noch ein bisschen und du wirst uns sehen"
"stay a little longer and you will see us"
"Nein, nein, ich muss nach Hause"
"No, no, I must go home"
"Warte einfach noch zwei Minuten"
"just wait another two minutes"
"Ich habe schon zu lange gezögert"
"I have already delayed too long"
"Die Fee wird sich Sorgen um mich machen"
"The Fairy will be anxious about me"
"Hat sie Angst, dass die Fledermäuse dich fressen?"
"Is she afraid that the bats will eat you?"
Pinocchio war ein wenig neugierig geworden
Pinocchio had grown a little curious
"Bist du sicher, dass es keine Schulen gibt?"

"are you certain that there are no schools?"
"Es gibt nicht einmal den Schatten einer Schule"
"there is not even the shadow of a school"
"Und gibt es auch keine Meister?"
"And are there no masters either?"
"Das Land der Tölpel ist frei von Herren"
"the Land of the Boobies is free of masters"
"Und niemand wird jemals zum Lernen gezwungen?"
"And no one is ever made to study?"
"Niemals, nie und nie wieder!"
"Never, never, and never again!"
Pinocchio lief bei der Idee das Wasser im Mund zusammen
Pinocchio's mouth watered at the idea
»Was für ein entzückendes Land!« sagte Pinocchio
"What a delightful country!" said Pinocchio
»Ich bin noch nie dort gewesen«, sagte Kerzendocht
"I have never been there," said Candle-wick
»aber ich kann es mir ganz gut vorstellen«
"but I can imagine it perfectly well"
»Warum willst du nicht auch kommen?«
"Why will you not come also?"
"Es ist sinnlos, mich in Versuchung zu führen"
"It is useless to tempt me"
"Ich habe meiner guten Fee ein Versprechen gegeben"
"I made a promise to my good Fairy"
"Ich werde ein vernünftiger Junge werden"
"I will become a sensible boy"
"und ich werde mein Wort nicht brechen"
"and I will not break my word"
»Auf Wiedersehen«, sagte Kerzendocht
"Good-bye, then," said Candle-wick
"Mache allen Jungs in der Schule mein Kompliment"
"give my compliments to all the boys at school"
»Auf Wiedersehen, Kerzendocht; eine angenehme Reise zu Ihnen"
"Good-bye, Candle-wick; a pleasant journey to you"
"amüsieren Sie sich in diesem angenehmen Land"

"amuse yourself in this pleasant land"
"Und denke manchmal an deine Freunde"
"and think sometimes of your friends"
Mit diesen Worten machte die Puppe zwei Schritte, um zu gehen
Thus saying, the puppet made two steps to go
aber dann blieb er auf halbem Wege stehen
but then he stopped halfway in his track
und indem er sich an seinen Freund wandte, fragte er:
and, turning to his friend, he inquired:
»Aber sind Sie sich dessen ganz sicher?«
"But are you quite certain about all this?"
»in diesem Lande bestehen alle Wochen aus sechs Samstagen?«
"in that country all the weeks consist of six Saturdays?"
»und der Rest der Woche besteht aus Sonntagen?«
"and the rest of the week consists of Sundays?"
"alle Wochentage bestehen mit Sicherheit aus sechs Samstagen"
"all the weekdays most certainly consist of six Saturdays"
"und der Rest der Tage sind in der Tat Sonntage"
"and the rest of the days are indeed Sundays"
»Und sind Sie sich der Feiertage ganz sicher?«
"and are you quite sure about the holidays?"
»die Ferien beginnen definitiv am ersten Januar?«
"the holidays definitely begin on the first of January?"
»und Sie sind sicher, daß die Ferien am letzten Dezembertag enden?«
"and you're sure the holidays finish on the last day of December?"
"Ich bin mir sicher, dass es so ist"
"I am assuredly certain that this is how it is"
»Was für ein entzückendes Land!« wiederholte Pinocchio
"What a delightful country!" repeated Pinocchio
und er war entzückt von allem, was er gehört hatte
and he was enchanted by all that he had heard
diesmal sprach Pinocchio entschlossener

this time Pinocchio spoke more resolute
"Diesmal wirklich auf Wiedersehen"
"This time really good-bye"
"Ich wünsche Ihnen eine angenehme Reise und ein angenehmes Leben"
"I wish you pleasant journey and life"
»Auf Wiedersehen, mein Freund«, verbeugte sich Kerzendocht
"Good-bye, my friend," bowed Candle-wick
»Wann fangen Sie an?« fragte Pinocchio
"When do you start?" inquired Pinocchio
"Ich werde sehr bald gehen"
"I will be leaving very soon"
»Wie schade, daß Sie so bald fort müssen!«
"What a pity that you must leave so soon!"
"Ich wäre fast versucht zu warten"
"I would almost be tempted to wait"
»Und die Fee?« fragte Kerzendocht
"And the Fairy?" asked Candle-wick
"Es ist schon spät", bestätigte Pinocchio
"It is already late," confirmed Pinocchio
"Ich kann eine Stunde früher nach Hause kommen"
"I can return home an hour sooner"
"oder ich kann eine Stunde später nach Hause kommen"
"or I can return home an hour later"
"Es wird wirklich alles gleich sein"
"really it will be all the same"
»aber was ist, wenn die Fee dich ausschimpft?«
"but what if the Fairy scolds you?"
"Ich muss Geduld haben!"
"I must have patience!"
"Ich werde mich von ihr ausschimpfen lassen"
"I will let her scold me"
"Wenn sie gut geschimpft hat, wird sie den Mund halten"
"When she has scolded well she will hold her tongue"
Inzwischen war die Nacht hereingebrochen
In the meantime night had come on

und inzwischen war es ziemlich dunkel geworden
and by now it had gotten quite dark
Plötzlich sahen sie in der Ferne ein kleines Licht, das sich bewegte
Suddenly they saw in the distance a small light moving

sie hörten ein Geräusch von Gesprächen
they heard a noise of talking
und da ertönte der Klang einer Trompete
and there was the sound of a trumpet
aber das Geräusch war immer noch leise und schwach
but the sound was still small and feeble
So ähnelte das Geräusch immer noch dem Summen einer Mücke
so the sound still resembled the hum of a mosquito
»Hier ist es!« rief Kerzendocht und sprang auf die Füße
"Here it is!" shouted Candle-wick, jumping to his feet
»Was ist das?« fragte Pinocchio flüsternd
"What is it?" asked Pinocchio in a whisper
"Es ist die Kutsche, die kommt, um mich abzuholen"
"It is the carriage coming to take me"
»Kommen Sie also, ja oder nein?«
"so will you come, yes or no?"
"Aber ist es wirklich wahr?" fragte die Puppe

"But is it really true?" asked the puppet
»in diesem Lande sind Knaben nie zum Lernen verpflichtet?«
"in that country boys are never obliged to study?"
"Niemals, nie und nie wieder!"
"Never, never, and never again!"
"Was für ein entzückendes Land!"
"What a delightful country!"

Pinocchio genießt sechs Monate Glück
Pinocchio Enjoys Six Months of Happiness

Endlich kam der Wagen an
At last the wagon finally arrived
und es kam an, ohne das geringste Geräusch zu machen
and it arrived without making the slightest noise
denn seine Räder waren mit Flachs und Lumpen gebunden
because its wheels were bound with flax and rags
Er wurde von zwölf Eselpaaren gezogen
It was drawn by twelve pairs of donkeys
alle Esel waren gleich groß
all the donkeys were the same size
aber jeder Esel hatte eine andere Farbe
but each donkey was a different colour
Einige der Esel waren grau
Some of the donkeys were gray
und einige der Esel waren weiß
and some of the donkeys were white
und einige Esel wurden gestromt wie Pfeffer und Salz
and some donkeys were brindled like pepper and salt
und andere Esel hatten große gelbe und blaue Streifen
and other donkeys had large stripes of yellow and blue
Aber sie hatten etwas ganz Außergewöhnliches an sich
But there was something most extraordinary about them
sie waren nicht beschlagen wie andere Lasttiere

they were not shod like other beasts of burden
an den Füßen hatten die Esel Männerstiefel
on their feet the donkeys had men's boots
"Und der Kutscher?", fragen Sie sich vielleicht.
"And the coachman?" you may ask
Stellen Sie sich einen kleinen Mann vor, der breiter als lang ist
Picture to yourself a little man broader than long
schlaff und fettig wie ein Klumpen Butter
flabby and greasy like a lump of butter
mit einem kleinen runden Gesicht wie eine Orange
with a small round face like an orange
ein kleiner Mund, der immer lachte
a little mouth that was always laughing
und eine sanfte, streichelnde Stimme einer Katze
and a soft, caressing voice of a cat
Alle Jungs kämpften um ihren Platz in der Kutsche
All the boys fought for their place in the coach
sie alle wollten ins Land der Tölpel geführt werden
they all wanted to be conducted to the Land of Boobies
Der Wagen war in der Tat ziemlich voll mit Knaben
The carriage was, in fact, quite full of boys
und alle Jungen waren zwischen acht und vierzehn Jahre alt
and all the boys were between eight and fourteen years
die Knaben wurden übereinander gehäuft
the boys were heaped one upon another
so wie Heringe in ein Fass gequetscht werden
just like herrings are squeezed into a barrel
Sie fühlten sich unwohl und drängten sich dicht an dicht
They were uncomfortable and packed closely together
und sie konnten kaum atmen
and they could hardly breathe
aber keiner der Knaben dachte daran, zu murren
but not one of the boys thought of grumbling
sie wurden durch die Verheißungen ihres Ziels getröstet
they were consoled by the promises of their destination
ein Ort ohne Bücher, ohne Schulen und ohne Lehrer

a place with no books, no schools, and no masters
es machte sie so glücklich und resigniert
it made them so happy and resigned
und sie fühlten weder Müdigkeit noch Unannehmlichkeiten
and they felt neither fatigue nor inconvenience
weder Hunger, noch Durst, noch Mangel an Schlaf
neither hunger, nor thirst, nor want of sleep
bald hatte der Wagen sie erreicht
soon the wagon had reached them
wandte sich das Männchen geradewegs an Kerzendocht
the little man turned straight to Candle-wick
Er hatte tausend Grinsen und Grimassen
he had a thousand smirks and grimaces
»Sag es mir, mein schöner Junge.«
"Tell me, my fine boy;"
"Möchtest du auch in das glückliche Land gehen?"
"would you also like to go to the fortunate country?"
"Ich möchte auf jeden Fall gehen"
"I certainly wish to go"
»Aber ich muß dich warnen, mein liebes Kind.«
"But I must warn you, my dear child"
"Es ist kein Platz mehr im Wagen"
"there is not a place left in the wagon"
"Sie können selbst sehen, dass es ziemlich voll ist"
"You can see for yourself that it is quite full"
»Einerlei«, antwortete Kerzendocht
"No matter," replied Candle-wick
"Ich muss nicht im Wagen sitzen"
"I do not need to sit in the wagon"
"Ich werde mich auf den Bogen des Rades setzen"
"I will sit on the arch of the wheel"
Und mit einem Sprung saß er über dem Steuer
And with a leap he sat above the wheel
»Und du, meine Liebe!« sagte der kleine Mann
"And you, my love!" said the little man
und er wandte sich schmeichelhaft an Pinocchio
and he turned in a flattering manner to Pinocchio

»Was gedenken Sie zu tun?«
"what do you intend to do?"
"Kommst du mit?
"Are you coming with us?
"Oder bleibst du zurück?"
"or are you going to remain behind?"
»Ich werde zurückbleiben,« antwortete Pinocchio
"I will remain behind," answered Pinocchio
»Ich gehe nach Hause«, antwortete er stolz
"I am going home," he answered proudly
"Ich habe vor, zu studieren, wie es alle braven Jungen tun."
"I intend to study, as all well conducted boys do"
»Möge es Ihnen viel Gutes tun!«
"Much good may it do you!"
»Pinocchio!« rief Kerzendocht
"Pinocchio!" called out Candle-wick
"Komm mit uns und wir werden so viel Spaß haben"
"come with us and we shall have such fun"
»Nein, nein, und wieder nein!« antwortete Pinocchio
"No, no, and no again!" answered Pinocchio
ein Chor von hundert Stimmen rief aus dem Wagen
a chorus of hundred voices shouted from the the coach
"Komm mit uns und wir werden so viel Spaß haben"
"Come with us and we shall have so much fun"
aber die Puppe war sich gar nicht sicher
but the puppet was not at all sure
»wenn ich mit dir komme, was wird meine gute Fee sagen?«
"if I come with you, what will my good Fairy say?"
und er fing an, nachzugeben
and he was beginning to yield
"Beunruhige deinen Kopf nicht mit melancholischen Gedanken"
"Do not trouble your head with melancholy thoughts"
"Bedenke nur, wie entzückend es sein wird"
"consider only how delightful it will be"
"Wir gehen ins Land der Tölpel"
"we are going to the Land of the Boobies"

"Den ganzen Tag werden wir die Freiheit haben, uns auszutoben"
"all day we shall be at liberty to run riot"
Pinocchio antwortete nicht, aber er seufzte
Pinocchio did not answer, but he sighed
Er seufzte wieder und seufzte dann zum dritten Mal
he sighed again, and then sighed for the third time
schließlich entschied sich Pinocchio
finally Pinocchio made up his mind
"Mach mir ein bisschen Platz"
"Make a little room for me"
"weil ich auch gerne kommen würde"
"because I would like to come, too"
»Die Plätze sind alle voll«, antwortete der kleine Mann
"The places are all full," replied the little man
"Aber lass mich dir zeigen, wie willkommen du bist"
"but, let me show you how welcome you are"
"Ich werde dir meinen Platz auf der Loge geben"
"I will let you have my seat on the box"
»Und wo werden Sie sitzen?«
"And where will you sit?"
"Oh, ich werde zu Fuß gehen"
"Oh, I will go on foot"
"Nein, das konnte ich nicht zulassen."
"No, indeed, I could not allow that"
"Ich würde lieber einen dieser Esel besteigen"
"I would rather mount one of these donkeys"
also ging Pinocchio den ersten Esel hinauf
so Pinocchio went up the the first donkey
und er versuchte, das Tier zu besteigen
and he attempted to mount the animal
aber der kleine Esel wandte sich gegen ihn
but the little donkey turned on him
und der Esel gab ihm einen heftigen Schlag in den Magen
and the donkey gave him a great blow in the stomach
und es wälzte ihn mit den Beinen in der Luft
and it rolled him over with his legs in the air

Alle Jungs hatten das beobachtet
all the boys had been watching this
Sie können sich also das Lachen aus dem Wagen vorstellen
so you can imagine the laughter from the wagon
Aber der kleine Mann lachte nicht
But the little man did not laugh
Er näherte sich dem rebellischen Esel
He approached the rebellious donkey
und zuerst tat er, als wollte er ihn küssen
and at first he pretended to kiss him
aber dann biss er sich das halbe Ohr ab
but then he bit off half of his ear
Pinocchio war inzwischen vom Boden aufgestanden
Pinocchio in the meantime had gotten up from the ground
er war immer noch sehr sauer auf das Tier
he was still very cross with the animal
aber mit einem Sprung sprang er auf ihn
but with a spring he jumped onto him
und er setzte sich auf den Rücken des armen Tieres
and he seated himself on the poor animal's back
Und er sprang so gut, daß die Knaben aufhörten zu lachen
And he sprang so well that the boys stopped laughing
und sie fingen an zu schreien: »Hurra, Pinocchio!«
and they began to shout: "Hurrah, Pinocchio!"
und sie klatschten in die Hände und applaudierten ihm
and they clapped their hands and applauded him
Bald galoppierten die Esel die Strecke hinunter
soon the donkeys were galloping down the track
und der Wagen klapperte über die Steine
and the wagon was rattling over the stones
aber die Puppe glaubte, eine leise Stimme zu hören
but the puppet thought that he heard a low voice
»Armer Narr! du hättest deinen eigenen Weg gehen sollen"
"Poor fool! you should have followed your own way"
»aber du wirst es bereuen, gekommen zu sein!«
"but but you will repent having come!"
Pinocchio war ein wenig erschrocken über das, was er gehört

hatte
Pinocchio was a little frightened by what he had heard
Er schaute von einer Seite zur anderen, um zu sehen, was es war
he looked from side to side to see what it was
Er versuchte zu sehen, woher diese Worte stammen könnten
he tried to see where these words could have come from
aber egal, wohin er blickte, er sah niemanden
but regardless of of where he looked he saw nobody
Die Esel galoppierten und der Wagen klapperte
The donkeys galloped and the wagon rattled
und die ganze Zeit über schliefen die Knaben drinnen
and all the while the boys inside slept
Kerzendocht schnarchte wie ein Siebenschläfer
Candle-wick snored like a dormouse
und das Männlein setzte sich auf die Kiste
and the little man seated himself on the box
und er sang Lieder zwischen den Zähnen
and he sang songs between his teeth
"In der Nacht schlafen alle"
"During the night all sleep"
"Aber ich schlafe nie"
"But I sleep never"
bald waren sie eine weitere Meile gegangen
soon they had gone another mile
Pinocchio hörte wieder dieselbe kleine leise Stimme
Pinocchio heard the same little low voice again
"Behalte es im Hinterkopf, Einfaltspinsel!"
"Bear it in mind, simpleton!"
"Es gibt Jungs, die sich weigern zu lernen"
"there are boys who refuse to study"
"Sie kehren den Büchern den Rücken"
"they turn their backs upon books"
"Sie denken, sie seien zu gut, um zur Schule zu gehen
"they think they're too good to go to school
"Und sie gehorchen ihren Herren nicht"
"and they don't obey their masters"

"Sie verbringen ihre Zeit mit Spiel und Vergnügen"
"they pass their time in play and amusement"
"Aber früher oder später nehmen sie ein böses Ende"
"but sooner or later they come to a bad end"
"Ich weiß es aus eigener Erfahrung"
"I know it from my experience"
"und ich kann dir sagen, wie es immer endet"
"and I can tell you how it always ends"
"Es wird ein Tag kommen, an dem du weinen wirst"
"A day will come when you will weep"
"Du wirst weinen, so wie ich jetzt weine"
"you will weep just as I am weeping now"
»aber dann ist es zu spät!«
"but then it will be too late!"
die Worte waren sehr leise geflüstert worden
the words had been whispered very softly
aber Pinocchio konnte sich dessen sicher sein, was er gehört hatte
but Pinocchio could be sure of what he had heard
Die Puppe war erschrockener als je zuvor
the puppet was more frightened than ever
er sprang vom Rücken seines Esels herunter
he sprang down from the back of his donkey
und er ging hin und ergriff das Maul des Esels
and he went and took hold of the donkey's mouth
Sie können sich Pinocchios Überraschung über das, was er sah, vorstellen
you can imagine Pinocchio's surprise at what he saw
Der Esel weinte wie ein Junge!
the donkey was crying just like a boy!
»Eh! Sir Kutscher!« rief Pinocchio
"Eh! Sir Coachman," cried Pinocchio
»Hier ist etwas Außerordentliches!«
"here is an extraordinary thing!"
"Dieser Esel weint"
"This donkey is crying"
»Laß ihn weinen,« sagte der Kutscher

"Let him cry," said the coachman
"Er wird lachen, wenn er Bräutigam ist"
"he will laugh when he is a bridegroom"
»**Aber haben Sie ihm zufällig das Reden beigebracht?**«
"But have you by chance taught him to talk?"
»**Nein; aber er verbrachte drei Jahre mit gelehrten Hunden."**
"No; but he spent three years with learned dogs"
"Und er lernte, ein paar Worte zu murmeln"
"and he learned to mutter a few words"
»**Armes Tier!**« **fügte der Kutscher hinzu**
"Poor beast!" added the coachman
"Aber mach dir keine Sorgen", sagte der kleine Mann
"but don't you worry," said the little man
"Lasst uns keine Zeit damit verschwenden, einen Esel weinen zu sehen"
"don't let us waste time in seeing a donkey cry"
"Steig auf ihn und lass uns weitergehen"
"Mount him and let us go on"
"Die Nacht ist kalt und der Weg ist lang"
"the night is cold and the road is long"
Pinocchio gehorchte ohne ein weiteres Wort
Pinocchio obeyed without another word

Am Morgen bei Tagesanbruch kamen sie an
In the morning about daybreak they arrived

sie waren jetzt sicher im Land der Tölpelvögel
they were now safely in the Land of Boobie Birds
Es war ein Land wie kein anderes Land auf der Welt
It was a country unlike any other country in the world
Die Bevölkerung bestand ausschließlich aus Jungen
The population was composed entirely of boys
Der älteste der Jungen war vierzehn Jahre alt
The oldest of the boys were fourteen
und die jüngsten waren kaum acht Jahre alt
and the youngest were scarcely eight years old
Auf den Straßen herrschte große Heiterkeit
In the streets there was great merriment
der Anblick reichte aus, um jedem den Kopf zu verdrehen
the sight of it was enough to turn anybody's head
Überall waren Scharen von Knaben
There were troops of boys everywhere
Einige spielten mit Nüssen, die sie gefunden hatten
Some were playing with nuts they had found
einige spielten Spiele mit Kampfdoren
some were playing games with battledores
viele Jungs spielten Fußball
lots of boys were playing football
Einige ritten Velozipede, andere Holzpferde
Some rode velocipedes, others wooden horses
Eine Gruppe von Jungen spielte Verstecken
A party of boys were playing hide and seek
ein paar Jungs jagten sich gegenseitig
a few boys were chasing each other
Einige rezitierten und sangen Lieder
Some were reciting and singing songs
andere sprangen einfach in die Luft
others were just leaping into the air
Einige amüsierten sich damit, auf ihren Händen zu gehen
Some amused themselves with walking on their hands
andere rollten Reifen entlang der Straße
others were trundling hoops along the road
und einige stolzierten als Generäle verkleidet umher

and some were strutting about dressed as generals
sie trugen Helme aus Blättern
they were wearing helmets made from leaves
und sie befehligten eine Schwadron von Pappsoldaten
and they were commanding a squadron of cardboard soldiers
Einige lachten und andere schrien
Some were laughing and some shouting
und einige riefen dumme Dinge
and some were calling out silly things
andere klatschten in die Hände oder pfiffen
others clapped their hands, or whistled
einige gackerten wie eine Henne, die gerade ein Ei gelegt hat
some clucked like a hen who has just laid an egg
Auf jedem Platz waren Leinwandtheater errichtet worden
In every square, canvas theatres had been erected
und sie waren den ganzen Tag mit Knaben überfüllt
and they were crowded with boys all day long
An den Wänden der Häuser befanden sich Inschriften
On the walls of the houses there were inscriptions
"Es lebe das Spielzeug"
"Long live the playthings"
"Wir werden keine Schulen mehr haben"
"we will have no more schools"
"Mit Arithmetik die Toilette runter"
"down the toilet with arithmetic"
und ähnliche schöne Gefühle wurden geschrieben
and similar other fine sentiments were written
Natürlich waren alle Slogans in schlechter Rechtschreibung
of course all the slogans were in bad spelling
Pinocchio, Kerzendocht und die andern Knaben gingen in die Stadt
Pinocchio, Candle-wick and the other boys went to the town
sie waren mitten im Tumult
they were in the thick of the tumult
und ich brauche Ihnen nicht zu sagen, wie viel Spaß es gemacht hat

and I need not tell you how fun it was
Innerhalb weniger Minuten machten sie sich mit allen bekannt
within minutes they acquainted themselves with everybody
Wo könnte man glücklichere oder zufriedenere Jungen finden?
Where could happier or more contented boys be found?
Die Stunden, Tage und Wochen vergingen wie ein Blitz
the hours, days and weeks passed like lightning
Die Zeit vergeht wie im Flug, wenn man Spaß hat
time flies when you're having fun
»Oh, was für ein herrliches Leben!« sagte Pinocchio
"Oh, what a delightful life!" said Pinocchio
»Siehst du, hatte ich nicht recht?« erwiderte Kerzendocht
"See, then, was I not right?" replied Candle-wick
»Und zu denken, daß du nicht kommen wolltest!«
"And to think that you did not want to come!"
"Stell dir vor, du wärst nach Hause zu deiner Fee zurückgekehrt"
"imagine you had returned home to your Fairy"
"Du wolltest deine Zeit mit dem Lernen verlieren!"
"you wanted to lose your time in studying!"
"Jetzt bist du frei von der Mühe der Bücher"
"now you are free from the bother of books"
"Du musst anerkennen, dass du es mir schuldig bist"
"you must acknowledge that you owe it to me"
"Nur Freunde wissen, wie man so große Dienste leistet"
"only friends know how to render such great services"
»Es ist wahr, Kerzendocht!« bestätigte Pinocchio
"It is true, Candle-wick!" confirmed Pinocchio
"Wenn ich jetzt ein glücklicher Junge bin, ist das alles dein Werk"
"If I am now a happy boy, it is all your doing"
»Aber weißt du, was der Meister zu sagen pflegte?«
"But do you know what the master used to say?"
"Verbinde dich nicht mit diesem Schurken Kerzendocht"
"Do not associate with that rascal Candle-wick"

"Weil er ein schlechter Gefährte für dich ist"
"because he is a bad companion for you"
»und er wird dich nur ins Unheil führen!«
"and he will only lead you into mischief!"
»Armer Herr!« erwiderte der andere kopfschüttelnd
"Poor master!" replied the other, shaking his head
"Ich weiß nur zu gut, dass er mich nicht mochte"
"I know only too well that he disliked me"
"Und er amüsierte sich, indem er mir das Leben schwer machte"
"and he amused himself by making my life hard"
»aber ich bin großmütig und vergebe ihm!«
"but I am generous, and I forgive him!"
»Sie sind eine edle Seele!« sagte Pinocchio
"you are a noble soul!" said Pinocchio
und er umarmte seinen Freund zärtlich
and he embraced his friend affectionately
und er küßte ihn zwischen die Augen
and he kissed him between the eyes
Dieses herrliche Leben hatte fünf Monate gedauert
This delightful life had gone on for five months
Die Tage waren ausschließlich mit Spiel und Unterhaltung verbracht worden
The days had been entirely spent in play and amusement
kein Gedanke wurde auf Bücher oder Schule verwendet
not a thought was spent on books or school
aber eines Morgens erwachte Pinocchio mit einer höchst unangenehmen Überraschung
but one morning Pinocchio awoke to a most disagreeable surprise
was er sah, versetzte ihn in eine sehr schlechte Laune
what he saw put him into a very bad humour

Pinocchio verwandelt sich in einen Esel
Pinocchio Turns into a Donkey

als er erwachte, kratzte er sich am Kopf
when he Pinocchio awoke he scratched his head
Als er sich am Kopf kratzte, entdeckte er etwas...
when scratching his head he discovered something...
seine Ohren waren mehr als eine Hand gewachsen!
his ears had grown more than a hand!
Sie können sich seine Überraschung vorstellen
You can imagine his surprise
weil er schon immer sehr kleine Ohren gehabt hatte
because he had always had very small ears
Er machte sich sofort auf die Suche nach einem Spiegel
He went at once in search of a mirror
er musste sich selbst besser betrachten
he had to have a better look at himself
aber er war nicht in der Lage, irgendeinen Spiegel zu finden
but he was not able to find any kind of mirror
also füllte er das Becken mit Wasser
so he filled the basin with water
und er sah ein Spiegelbild, das er nie zu sehen wünschte
and he saw a reflection he never wished to see
ein prächtiges Paar Eselsohren schmückte seinen Kopf!
a magnificent pair of donkey's ears embellished his head!
denken Sie an den Kummer, die Scham und die Verzweiflung des armen Pinocchio!
think of poor Pinocchio's sorrow, shame and despair!
Er begann zu weinen und zu brüllen
He began to cry and roar
und er schlug seinen Kopf gegen die Wand
and he beat his head against the wall
aber je mehr er weinte, desto länger wurden seine Ohren
but the more he cried the longer his ears grew
und seine Ohren wuchsen und wuchsen und wuchsen
and his ears grew, and grew, and grew
und seine Ohren wurden zu den Spitzen hin behaart

and his ears became hairy towards the points
ein kleines Murmeltier hörte Pinocchios laute Schreie
a little Marmot heard Pinocchio's loud cries
Als sie die Puppe in solcher Trauer sah, fragte sie ernst:
Seeing the puppet in such grief she asked earnestly:
»Was ist mit Ihnen geschehen, mein lieber Mitmieter?«
"What has happened to you, my dear fellow-lodger?"
"Ich bin krank, mein liebes kleines Murmeltier"
"I am ill, my dear little Marmot"
"Sehr krank, und meine Krankheit macht mir Angst"
"very ill, and my illness frightens me"
"Verstehst du, wie man einen Puls zählt?"
"Do you understand counting a pulse?"
»Ein bisschen«, schluchzte Pinocchio
"A little," sobbed Pinocchio
"Dann fühle und schau, ob ich zufällig Fieber bekommen habe"
"Then feel and see if by chance I have got fever"
Das kleine Murmeltier hob die rechte Vorderpfote
The little Marmot raised her right fore-paw
und das kleine Murmeltier fühlte Pinocchios Puls
and the little Marmot felt Pinocchio's pulse
und sie sagte seufzend zu ihm:
and she said to him, sighing:
"Mein Freund, es betrübt mich sehr"
"My friend, it grieves me very much"
»aber ich bin verpflichtet, Ihnen schlechte Nachrichten zu überbringen!«
"but I am obliged to give you bad news!"
»Was ist das?« fragte Pinocchio
"What is it?" asked Pinocchio
»Sie haben sehr schlimmes Fieber!«
"You have got a very bad fever!"
»Was ist das für ein Fieber?«
"What fever is it?"
"Sie haben einen Fall von Eselfieber"
"you have a case of donkey fever"

"Das ist ein Fieber, das ich nicht verstehe"
"That is a fever that I do not understand"
aber er verstand es nur zu gut
but he understood it only too well
"Dann will ich es dir erklären", sagte das Murmeltier
"Then I will explain it to you," said the Marmot
"Bald wirst du keine Marionette mehr sein"
"soon you will no longer be a puppet"
"Es wird nicht länger als zwei oder drei Stunden dauern"
"it won't take longer than two or three hours"
"Du wirst auch kein Junge sein"
"nor will you be a boy either"
»Was soll ich dann sein?«
"Then what shall I be?"
"Du wirst wirklich ein kleiner Esel sein"
"you will well and truly be a little donkey"
"Ein Esel wie die, die die Karren ziehen"
"a donkey like those that draw the carts"
"Ein Esel, der Kohlköpfe auf den Markt bringt"
"a donkey that carries cabbages to market"
»Ach, wie unglücklich ich bin!« rief Pinocchio
"Oh, how unfortunate I am!" cried Pinocchio
und er faßte seine beiden Ohren mit den Händen
and he seized his two ears with his hands
und er zerrte und zerrte wütend an seinen Ohren
and he pulled and tore at his ears furiously
Er zog daran, als wären es die Ohren eines anderen gewesen
he pulled as if they had been someone else's ears
»Mein lieber Junge«, sagte das Murmeltier
"My dear boy," said the Marmot
und sie tat ihr Bestes, um ihn zu trösten
and she did her best to console him
"Man kann nichts dagegen tun"
"you can do nothing about it"
"Es ist dein Schicksal, ein Esel zu werden"
"It is your destiny to become a donkey"
"Es steht in den Dekreten der Weisheit geschrieben"

"It is written in the decrees of wisdom"
"Das passiert allen Jungs, die faul sind"
"it happens to all boys who are lazy"
"Das passiert den Jungs, die Bücher nicht mögen"
"it happens to the boys that dislike books"
"Das passiert den Jungs, die nicht zur Schule gehen"
"it happens to the boys that don't go to schools"
"Und es passiert Jungen, die ihren Meistern nicht gehorchen"
"and it happens to boys who disobey their masters"
"Alles Jungs, die sich ihre Zeit mit Vergnügungen vertreiben"
"all boys who pass their time in amusement"
"All die Jungs, die den ganzen Tag spielen"
"all the boys who play games all day"
"Jungs, die sich mit Ablenkungen ablenken"
"boys who distract themselves with diversions"
"Das gleiche Schicksal erwartet all diese Jungs"
"the same fate awaits all those boys"
"Früher oder später werden sie zu kleinen Eseln"
"sooner or later they become little donkeys"
"Aber ist es wirklich so?" fragte die Puppe schluchzend
"But is it really so?" asked the puppet, sobbing
»Es ist in der Tat nur zu wahr!«
"It is indeed only too true!"
"Und Tränen sind jetzt nutzlos"
"And tears are now useless"
"Du hättest früher daran denken sollen!"
"You should have thought of it sooner!"
»Aber es war nicht meine Schuld; glaub mir, kleines Murmeltier«
"But it was not my fault; believe me, little Marmot"
»die Schuld lag ganz bei Kerzendocht!«
"the fault was all Candle-wick's!"
»Und wer ist dieser Kerzendocht?«
"And who is this Candle-wick?"
"Kerzendocht ist einer meiner Schulkameraden"

"Candle-wick is one of my school-fellows"
"Ich wollte nach Hause zurückkehren und gehorsam sein"
"I wanted to return home and be obedient"
"Ich wollte studieren und ein guter Junge sein"
"I wished to study and be a good boy"
"aber Kerzendocht hat mich vom Gegenteil überzeugt"
"but Candle-wick convinced me otherwise"
»Warum sollten Sie sich mit dem Lernen abmühen?«
'Why should you bother yourself by studying?'
"Warum solltest du zur Schule gehen?"
'Why should you go to school?'
"Kommen Sie stattdessen mit uns ins Land der Tölpelvögel"
'Come with us instead to the Land of Boobies Birds'
"Da werden wir keiner von uns lernen müssen"
'there we shall none of us have to learn'
"Wir werden uns von morgens bis abends amüsieren"
'we will amuse ourselves from morning to night'
»und wir werden immer fröhlich sein«
'and we shall always be merry'
"Dieser Freund von dir war falsch"
"that friend of yours was false"
"Warum hast du seinen Rat befolgt?"
"why did you follow his advice?"
"Weil ich, mein liebes Murmeltier, eine Marionette bin"
"Because, my dear little Marmot, I am a puppet"
"Ich habe keinen Verstand und kein Herz"
"I have no sense and no heart"
"Wenn ich ein Herz gehabt hätte, wäre ich nie gegangen"
"if I had had a heart I would never have left"
"Ich habe meine gute Fee verlassen, die mich wie eine Mama liebte"
"I left my good Fairy who loved me like a mamma"
»die gute Fee, die so viel für mich getan hat!«
"the good Fairy who had done so much for me!"
"Und ich wollte keine Marionette mehr sein"
"And I was going to be a puppet no longer"
"Zu diesem Zeitpunkt wäre ich ein kleiner Junge geworden"

"I would by this time have become a little boy"
"Und ich wäre wie die anderen Jungs"
"and I would be like the other boys"
»Aber wenn ich Kerzendocht treffe, wehe ihm!«
"But if I meet Candle-wick, woe to him!"
»Er soll hören, was ich von ihm denke!«
"He shall hear what I think of him!"
Und er wandte sich um, um hinauszugehen
And he turned to go out
Aber dann erinnerte er sich, dass er Eselsohren hatte
But then he remembered he had donkey's ears
Natürlich schämte er sich, in der Öffentlichkeit seine Ohren zu zeigen
of course he was ashamed to show his ears in public
Was glauben Sie, was er getan hat?
so what do you think he did?
Er nahm einen großen Baumwollhut mit
He took a big cotton hat
und er setzte sich den Baumwollhut auf den Kopf
and he put the cotton hat on his head
und er zog den Hut weit über die Nase
and he pulled the hat well down over his nose
Dann machte er sich auf die Suche nach Kerzendocht
He then set out in search of Candle-wick
Er suchte ihn auf der Straße
He looked for him in the streets
und er suchte ihn in den kleinen Theatern
and he looked for him in the little theatres
er suchte an allen möglichen Orten
he looked in every possible place
aber er konnte ihn nicht finden, wohin er auch blickte
but he could not find him wherever he looked
Er erkundigte sich bei jedem, den er traf, nach ihm
He inquired for him of everybody he met
aber niemand schien ihn gesehen zu haben
but no one seemed to have seen him
Dann suchte er ihn in seinem Haus auf

He then went to seek him at his house
und als er die Tür erreicht hatte, klopfte er an
and, having reached the door, he knocked
»Wer ist da?« fragte Kerzendocht von innen
"Who is there?" asked Candle-wick from within
"Ich bin's!" antwortete die Puppe
"It is I!" answered the puppet
"Warte einen Moment und ich werde dich hereinlassen"
"Wait a moment and I will let you in"
Nach einer halben Stunde wurde die Tür geöffnet
After half an hour the door was opened
jetzt können Sie sich vorstellen, wie Pinocchio sich bei dem, was er sah, fühlte
now you can imagine Pinocchio's feeling at what he saw
sein Freund hatte auch einen großen Baumwollhut auf dem Kopf
his friend also had a big cotton hat on his head
Beim Anblick der Mütze fühlte sich Pinocchio fast getröstet
At the sight of the cap Pinocchio felt almost consoled
und Pinocchio dachte bei sich:
and Pinocchio thought to himself:
"Hat mein Freund die gleiche Krankheit wie ich?"
"Has my friend got the same illness that I have?"
"Leidet er auch an Eselfieber?"
"Is he also suffering from donkey fever?"
aber zuerst tat Pinocchio, als hätte er es nicht bemerkt
but at first Pinocchio pretended not to have noticed
Er stellte ihm nur beiläufig eine Frage und lächelte:
he just casually asked him a question, smiling:
»Wie geht es dir, mein lieber Kerzendocht?«
"How are you, my dear Candle-wick?"
"sowie eine Maus in einem Parmesankäse"
"as well as a mouse in a Parmesan cheese"
"Sagst du das ernsthaft?"
"Are you saying that seriously?"
"Warum sollte ich dir eine Lüge erzählen?"
"Why should I tell you a lie?"

»aber warum trägst du dann einen Baumwollhut?«
"but why, then, do you wear a cotton hat?"
"Es bedeckt alle Ohren"
"is covers up all of your ears"
"Der Arzt hat mir befohlen, es zu tragen"
"The doctor ordered me to wear it"
"weil ich dieses Knie verletzt habe"
"because I have hurt this knee"
»Und du, liebe Marionette!« fragte Kerzendocht
"And you, dear puppet," asked Candle-wick
"Warum hast du dir den Baumwollhut über die Nase gezogen?"
"why have you pulled that cotton hat passed your nose?"
"Der Arzt hat es mir verschrieben, weil ich mir den Fuß aufgeschürft habe"
"The doctor prescribed it because I have grazed my foot"
»Ach, armer Pinocchio!« – »Ach, armer Kerzendocht!«
"Oh, poor Pinocchio!" - "Oh, poor Candle-wick!"
Nach diesen Worten folgte ein langes Schweigen
After these words a long silence followed
Die beiden Freunde taten nichts anderes, als sich spöttisch anzusehen
the two friends did nothing but look mockingly at each other
Endlich sagte die Puppe mit sanfter Stimme zu ihrem Gefährten:
At last the puppet said in a soft voice to his companion:
"Befriedige meine Neugierde, mein lieber Kerzendocht"
"Satisfy my curiosity, my dear Candle-wick"
»Haben Sie jemals an einer Ohrenkrankheit gelitten?«
"have you ever suffered from disease of the ears?"
"Ich habe noch nie an einer Ohrenkrankheit gelitten!"
"I have never suffered from disease of the ears!"
»Und du, Pinocchio?« fragte Kerzendocht
"And you, Pinocchio?" asked Candle-wick
»Haben Sie jemals an einer Ohrenkrankheit gelitten?«
"have you ever suffered from disease of the ears?"
"Ich habe auch nie an dieser Krankheit gelitten"

"I have never suffered from that disease either"
"Erst seit heute Morgen schmerzt eines meiner Ohren"
"Only since this morning one of my ears aches"
"Mein Ohr schmerzt mich auch"
"my ear is also paining me"
"Und welches deiner Ohren tut dir weh?"
"And which of your ears hurts you?"
"Meine beiden Ohren tun weh"
"Both of my ears happen to hurt"
"Und was ist mit dir?"
"And what about you?"
"Meine beiden Ohren tun zufällig auch weh"
"Both of my ears happen to hurt too"
Können wir die gleiche Krankheit haben?"
"Can we have got the same illness?"
"Ich fürchte, wir könnten uns Fieber eingefangen haben"
"I fear we might have caught a fever"
»Willst du mir etwas Gutes tun, Kerzendocht?«
"Will you do me a kindness, Candle-wick?"
»Gern! Von ganzem Herzen"
"Willingly! With all my heart"
"Willst du mir erlauben, deine Ohren zu sehen?"
"Will you let me see your ears?"
"Warum sollte ich Ihre Bitte ablehnen?"
"Why would I deny your request?"
»Aber zuerst, mein lieber Pinocchio, möchte ich den Ihren sehen.«
"But first, my dear Pinocchio, I should like to see yours"
"Nein, das müssen Sie zuerst tun"
"No: you must do so first"
»Nein, mein Lieber. Zuerst du und dann ich!"
"No, dear. First you and then I!"
"Nun", sagte die Puppe
"Well," said the puppet
"Lasst uns wie gute Freunde zu einer Einigung kommen"
"let us come to an agreement like good friends"
"Lassen Sie mich hören, was diese Vereinbarung ist"

"Let me hear what this agreement is"
"Wir werden beide im selben Moment unseren Hut abnehmen"
"We will both take off our hats at the same moment"
"Bist du damit einverstanden?"
"Do you agree to do it?"
"Ich stimme zu, und Sie haben mein Wort"
"I agree, and you have my word"
Und Pinocchio begann mit lauter Stimme zu zählen:
And Pinocchio began to count in a loud voice:
»Eins, zwei, drei!« zählte er
"One, two, three!" he counted
Bei »Drei!« nahmen die beiden Knaben ihre Hüte ab
At "Three!" the two boys took off their hats
und sie warfen ihre Hüte in die Luft
and they threw their hats into the air
und Sie hätten die folgende Szene sehen sollen
and you should have seen the scene that followed
es wäre unglaublich, wenn es nicht wahr wäre
it would seem incredible if it were not true
sie sahen, daß sie beide von demselben Unglück getroffen wurden
they saw they were both struck by the same misfortune
aber sie fühlten weder Demütigung noch Trauer
but they felt neither mortification nor grief
stattdessen begannen sie, ihre plumpen Ohren zu spitzen
instead they began to prick their ungainly ears
und sie fingen an, tausend Possen zu machen
and they began to make a thousand antics
sie endeten mit Lachanfällen
they ended by going into bursts of laughter
Und sie lachten und lachten und lachten
And they laughed, and laughed, and laughed
bis sie sich zusammenhalten mussten
until they had to hold themselves together

Aber mitten in ihrer Heiterkeit geschah etwas
But in the midst of their merriment something happened
Kerzendocht hörte plötzlich auf zu lachen und zu scherzen
Candle-wick suddenly stopped laughing and joking
er taumelte herum und wechselte die Farbe
he staggered around and changed colour
»Hilfe, Hilfe, Pinocchio!« rief er
"Help, help, Pinocchio!" he cried
»Was ist mit Ihnen los?«
"What is the matter with you?"
"Ach, ich kann nicht mehr aufrecht stehen"
"Alas, I cannot any longer stand upright"
»Ich auch nicht!« rief Pinocchio
"Neither can I," exclaimed Pinocchio
und er fing an zu wanken und zu weinen
and he began to totter and cry
Und während sie sich unterhielten, verdoppelten sie sich beide
And whilst they were talking, they both doubled up
und sie fingen an, auf Händen und Füßen im Zimmer herumzulaufen
and they began to run round the room on their hands and feet
Und während sie rannten, wurden ihre Hände zu Hufen
And as they ran, their hands became hoofs
ihre Gesichter verlängerten sich zu Schnauzen

their faces lengthened into muzzles
und ihr Rücken wurde mit hellgrauen Haaren bedeckt
and their backs became covered with a light gray hairs
und ihr Haar war schwarz bestreut
and their hair was sprinkled with black
Aber wissen Sie, was der schlimmste Moment war?
But do you know what was the worst moment?
ein Moment war schlimmer als alle anderen
one moment was worse than all the others
Beiden Jungen ließen sich Eselsschwänze wachsen
both of the boys grew donkey tails
die Knaben wurden von Scham und Kummer besiegt
the boys were vanquished by shame and sorrow
und sie weinten und klagten über ihr Schicksal
and they wept and lamented their fate
Oh, wenn sie nur klüger gewesen wären!
Oh, if they had but been wiser!
aber sie konnten ihr Schicksal nicht beklagen
but they couldn't lament their fate
denn sie konnten nur brüllen wie Esel
because they could only bray like asses
und sie schrien laut im Chor: »Hee-haw!«
and they brayed loudly in chorus: "Hee-haw!"
Währenddessen klopfte jemand an die Tür
Whilst this was going on someone knocked at the door
Und draußen war eine Stimme, die sagte:
and there was a voice on the outside that said:
"Mach die Tür auf! Ich bin der kleine Mann"
"Open the door! I am the little man"
"Ich bin der Kutscher, der dich in dieses Land gebracht hat"
"I am the coachman who brought you to this country"
»Öffnen Sie sofort, sonst wird es Ihnen noch schlimmer!«
"Open at once, or it will be the worse for you!"

Pinocchio wird für den Zirkus trainiert
Pinocchio gets Trained for the Circus

die Tür wollte sich nicht auf seinen Befehl hin öffnen
the door wouldn't open at his command
Da gab der kleine Mann der Tür einen heftigen Tritt
so the little man gave the door a violent kick
und der Kutscher stürmte in das Zimmer
and the coachman burst into the room
Er sprach mit seinem üblichen kleinen Lachen:
he spoke with his usual little laugh:
"Gut gemacht, Jungs! Du hast gut gebrüllt."
"Well done, boys! You brayed well"
"und ich erkannte dich an deinen Stimmen"
"and I recognized you by your voices"
"Deshalb bin ich hier"
"That is why I am here"
Die beiden kleinen Esel waren ganz verblüfft
the two little donkeys were quite stupefied
sie standen mit gesenkten Köpfen da
they stood with their heads down
sie hatten ihre Ohren gesenkt
they had their ears lowered
und sie hatten ihre Schwänze zwischen den Beinen
and they had their tails between their legs
Zuerst streichelte und streichelte das Männchen sie
At first the little man stroked and caressed them
Dann holte er einen Striegel heraus
then he took out a currycomb
und er kämmte die Esel gut
and he currycombed the donkeys well
auf diese Weise hatte er sie poliert
by this process he had polished them
und die beiden Esel glänzten wie zwei Spiegel
and the two donkeys shone like two mirrors
er legte ihnen ein Halfter um den Hals
he put a halter around their necks

und er führte sie auf den Marktplatz
and he led them to the market-place

er hoffte, sie verkaufen zu können
he was in hopes of selling them
er dachte, er könnte einen guten Gewinn erzielen
he thought he could get a good profit
Und tatsächlich gab es Käufer für die Esel
And indeed there were buyers for the donkeys
Kerzendocht wurde von einem Bauern gekauft
Candle-wick was bought by a peasant
sein Esel war am Vortag gestorben
his donkey had died the previous day
Pinocchio wurde an den Direktor eines Unternehmens verkauft
Pinocchio was sold to the director of a company
sie waren eine Kompanie von Possenreißern und Seiltänzern
they were a company of buffoons and tight-rope dancers
er kaufte ihn, damit er ihm das Tanzen beibringen konnte
he bought him so that he might teach him to dance
er konnte mit den anderen Zirkustieren tanzen
he could dance with the other circus animals
Und nun, meine kleinen Leser, verstehst du
And now, my little readers, you understand
Der kleine Mann war nur ein Geschäftsmann

the little man was just a businessman
und es war ein einträgliches Geschäft, das er führte
and it was a profitable business that he led
Das böse kleine Monster mit einem Gesicht aus Milch und Honig
The wicked little monster with a face of milk and honey
er unternahm häufige Reisen um die Welt
he made frequent journeys round the world
er versprach und schmeichelte, wohin er auch ging
he promised and flattered wherever he went
und er sammelte alle müßigen Knaben
and he collected all the idle boys
und es gab viele müßige Knaben zu sammeln
and there were many idle boys to collect
all die Jungen, die eine Abneigung gegen Bücher entwickelt hatten
all the boys who had taken a dislike to books
und all die Jungen, die die Schule nicht mochten
and all the boys who weren't fond of school
jedes Mal, wenn sich sein Wagen mit diesen Jungs füllte
each time his wagon filled up with these boys
und er nahm sie alle mit in das Land der Tölpelvögel
and he took them all to the Land of Boobie Birds
Hier verbrachten sie ihre Zeit mit Spielen
here they passed their time playing games
und es gab Aufruhr und viel Heiterkeit
and there was uproar and much amusement
aber das gleiche Schicksal erwartete alle verblendeten Knaben
but the same fate awaited all the deluded boys
zu viel Spiel und kein Studium machten sie zu Eseln
too much play and no study turned them into donkeys
dann nahm er sie mit großer Freude in Besitz
then he took possession of them with great delight
und er entführte sie zu den Jahrmärkten und Märkten
and he carried them off to the fairs and markets
Und auf diese Weise verdiente er einen Haufen Geld

And in this way he made heaps of money
Was aus dem Kerzendocht geworden ist, weiß ich nicht
What became of Candle-wick I do not know
aber ich weiß, was mit dem armen Pinocchio passiert ist
but I do know what happened to poor Pinocchio
Vom ersten Tag an hat er ein sehr hartes Leben durchgemacht
from the very first day he endured a very hard life
Pinocchio wurde in seinen Stall gesetzt
Pinocchio was put into his stall
und sein Herr füllte die Krippe mit Stroh
and his master filled the manger with straw
aber Pinocchio mochte es überhaupt nicht, Stroh zu essen
but Pinocchio didn't like eating straw at all
und der kleine Esel spuckte das Stroh wieder aus
and the little donkey spat the straw out again
Dann füllte sein Herr murrend die Krippe mit Heu
Then his master, grumbling, filled the manger with hay
aber auch Pinocchio gefiel das Heu nicht
but hay did not please Pinocchio either
»Ah!« rief sein Herr leidenschaftlich
"Ah!" exclaimed his master in a passion
»Gefällt Ihnen Heu auch nicht?«
"Does not hay please you either?"
"Überlass es mir, mein schöner Esel"
"Leave it to me, my fine donkey"
"Ich sehe, du bist voller Launen"
"I see you are full of caprices"
»aber keine Sorge, ich werde einen Weg finden, dich zu heilen!«
"but worry not, I will find a way to cure you!"
Und er schlug mit der Peitsche auf die Beine des Esels
And he struck the donkey's legs with his whip
Pinocchio fing an zu weinen und vor Schmerz zu schreien
Pinocchio began to cry and bray with pain
»Hee-haw! Ich kann Stroh nicht verdauen!«
"Hee-haw! I cannot digest straw!"

"Dann iss Heu!" sagte sein Herr
"Then eat hay!" said his master
er verstand den albernen Dialekt vollkommen
he understood perfectly the asinine dialect
»Hee-haw! Heu macht mir Magenschmerzen"
"Hee-haw! hay gives me a pain in my stomach"
"Ich sehe, wie es ist, kleiner Esel"
"I see how it is little donkey"
"Du möchtest mit Kapaunen in Gelee gefüttert werden"
"you would like to be fed with capons in jelly"
und er wurde immer wütender
and he got more and more angry
und er peitschte den armen Pinocchio wieder
and he whipped poor Pinocchio again
das zweite Mal hielt Pinocchio den Mund
the second time Pinocchio held his tongue
und er lernte, nichts mehr zu sagen
and he learned to say nothing more
Der Stall wurde dann geschlossen
The stable was then shut
und Pinocchio blieb allein zurück
and Pinocchio was left alone
Er hatte seit vielen Stunden nichts gegessen
He had not eaten for many hours
und er fing an, vor Hunger zu gähnen
and he began to yawn from hunger
Sein Gähnen schien so breit wie ein Ofen
his yawns seemed as wide as an oven
aber er fand nichts anderes zu essen
but he found nothing else to eat
so ergab er sich in sein Schicksal
so he resigned himself to his fate
und gab nach und kaute ein wenig Heu
and gave in and chewed a little hay
Er kaute das Heu gut, weil es trocken war
he chewed the hay well, because it was dry
und er schloß die Augen und schluckte es hinunter

and he shut his eyes and swallowed it
»Dieses Heu ist nicht schlecht«, sagte er zu sich selbst
"This hay is not bad," he said to himself
»aber besser wäre es gewesen, wenn ich studiert hätte!«
"but better would have been if I had studied!"
"Statt Heu könnte ich jetzt Brot essen"
"Instead of hay I could now be eating bread"
"und vielleicht hätte ich feine Würste gegessen"
"and perhaps I would have been eating fine sausages"
"Aber ich muss Geduld haben!"
"But I must have patience!"
Am nächsten Morgen wachte er wieder auf
The next morning he woke up again
Er suchte in der Krippe nach etwas mehr Heu
he looked in the manger for a little more hay
aber es war kein Heu mehr zu finden
but there was no more hay to be found
denn er hatte während der Nacht das ganze Heu gefressen
for he had eaten all the hay during the night
Dann nahm er einen Schluck gehacktes Stroh
Then he took a mouthful of chopped straw
aber er musste den schrecklichen Geschmack zugeben
but he had to acknowledge the horrible taste
es schmeckte nicht im Geringsten nach Makkaroni oder Kuchen
it tasted not in the least like macaroni or pie
"Ich hoffe, dass andere ungezogene Jungs aus meiner Lektion lernen"
"I hope other naughty boys learn from my lesson"
"Aber ich muss Geduld haben!"
"But I must have patience!"
und der kleine Esel kaute weiter auf dem Stroh
and the little donkey kept chewing the straw
»Geduld!« rief sein Herr
"Patience indeed!" shouted his master
er war in diesem Augenblick in den Stall gekommen
he had come at that moment into the stable

"Aber mach es dir nicht zu bequem, mein kleiner Esel"
"but don't get too comfortable, my little donkey"
"Ich habe dich nicht gekauft, um dir Essen und Trinken zu geben"
"I didn't buy you to give you food and drink"
"Ich habe dich gekauft, damit du arbeitest"
"I bought you to make you work"
"Ich habe dich gekauft, damit du mir Geld verdienst"
"I bought you so that you earn me money"
»Dann stehst du sofort auf!«
"Up you get, then, at once!"
"Du musst mit mir in den Zirkus kommen"
"you must come with me into the circus"
"dort werde ich dir beibringen, durch Reifen zu springen"
"there I will teach you to jump through hoops"
"Du wirst lernen, aufrecht auf den Hinterbeinen zu stehen"
"you will learn to stand upright on your hind legs"
"Und du wirst Walzer und Polkas tanzen lernen"
"and you will learn to dance waltzes and polkas"
Der arme Pinocchio musste all diese schönen Dinge lernen
Poor Pinocchio had to learn all these fine things
und ich kann nicht sagen, dass es leicht zu erlernen war
and I can't say it was easy to learn
er brauchte drei Monate, um die Tricks zu lernen
it took him three months to learn the tricks
Er bekam viele Peitschenhiebe, die ihm fast die Haut abrissen
he got many a whipping that nearly took off his skin
Endlich machte sein Herr die Ankündigung
At last his master made the announcement
viele bunte Plakate an den Straßenecken
many coloured placards stuck on the street corners
"Tolle vollständige Kleiderdarstellung"
"Great Full Dress Representation"
"HEUTE ABEND FINDEN DIE ÜBLICHEN KUNSTSTÜCKE UND ÜBERRASCHUNGEN STATT"
"TONIGHT will Take Place the Usual Feats and Surprises"

"Aufführungen aller Künstler und Pferde"
"Performances Executed by All the Artists and horses"
»und außerdem; Der berühmte KLEINE ESEL PINOCCHIO"
"and moreover; The Famous LITTLE DONKEY PINOCCHIO"
"DER STAR DES TANZES"
"THE STAR OF THE DANCE"
"Das Theater wird brillant beleuchtet sein"
"the theatre will be brilliantly illuminated"
Sie können sich vorstellen, wie überfüllt das Theater war
you can imagine how crammed the theatre was
Der Zirkus war voll von Kindern jeden Alters
The circus was full of children of all ages
alle kamen, um den berühmten kleinen Esel Pinocchio tanzen zu sehen
all came to see the famous little donkey Pinocchio dance
Der erste Teil der Aufführung war vorbei
the first part of the performance was over
Der Direktor des Unternehmens stellte sich der Öffentlichkeit vor
the director of the company presented himself to the public
er trug einen schwarzen Mantel und weiße Hosen
he was dressed in a black coat and white breeches
und große Lederstiefel, die ihm bis über die Knie reichten
and big leather boots that came above his knees
Er machte eine tiefe Verbeugung vor der Menge
he made a profound bow to the crowd
Er begann mit großer Feierlichkeit eine lächerliche Rede:
he began with much solemnity a ridiculous speech:
»Ehrbares Publikum, meine Damen und Herren!«
"Respectable public, ladies and gentlemen!"
"Es ist mit großer Ehre und Freude"
"it is with great honour and pleasure"
"Ich stehe hier vor diesem erlesenen Publikum"
"I stand here before this distinguished audience"
»und ich präsentiere Ihnen den berühmten kleinen Esel.«
"and I present to you the celebrated little donkey"
"Der kleine Esel, dem die Ehre schon zuteil wurde"

"the little donkey who has already had the honour"
"die Ehre, in Gegenwart Seiner Majestät zu tanzen"
"the honour of dancing in the presence of His Majesty"
»Und ich danke Ihnen und bitte Sie, uns zu helfen.«
"And, thanking you, I beg of you to help us"
"Helfen Sie uns mit Ihrer inspirierenden Präsenz"
"help us with your inspiring presence"
"Und bitte, geschätztes Publikum, seien Sie nachsichtig mit uns"
"and please, esteemed audience, be indulgent to us"
Diese Rede wurde mit viel Gelächter und Applaus aufgenommen
This speech was received with much laughter and applause
aber der Applaus war bald noch lauter als zuvor
but the applause soon was even louder than before
der kleine Esel Pinocchio erschien
the little donkey Pinocchio made his appearance
und er stand mitten im Zirkus
and he stood in the middle of the circus
Er war für diesen Anlass herausgeputzt
He was decked out for the occasion
Er hatte ein neues Zaumzeug aus poliertem Leder
He had a new bridle of polished leather
und er trug Messingschnallen und -nieten
and he was wearing brass buckles and studs
und er hatte zwei weiße Kamelien in den Ohren
and he had two white camellias in his ears
Seine Mähne war geteilt und gekräuselt
His mane was divided and curled
und jede Locke war mit Schleifen von farbigem Band gebunden
and each curl was tied with bows of coloured ribbon
Er hatte einen Gürtel aus Gold und Silber um seinen Körper
He had a girth of gold and silver round his body
sein Schwanz war mit Amaranth und blauen Samtbändern geflochten
his tail was plaited with amaranth and blue velvet ribbons

Er war in der Tat ein kleiner Esel, in den man sich verlieben konnte!
He was, in fact, a little donkey to fall in love with!
Der Direktor fügte diese wenigen Worte hinzu:
The director added these few words:
»Meine ehrbaren Zuhörer!«
"My respectable auditors!"
"Ich bin nicht hier, um Ihnen Unwahrheiten zu erzählen"
"I am not here to tell you falsehoods"
"Es gab große Schwierigkeiten, die ich überwinden musste"
"there were great difficulties I had to overcome"
"Ich habe dieses Säugetier verstanden und unterworfen"
"I understood and subjugated this mammifer"
"Er graste frei in den Bergen"
"he was grazing at liberty amongst the mountains"
"Er lebte in den Ebenen der heißen Zone"
"he lived in the plains of the torrid zone"
"Ich bitte Sie, das wilde Rollen seiner Augen zu beobachten"
"I beg you will observe the wild rolling of his eyes"
"Alle Mittel waren vergeblich versucht worden, ihn zu zähmen"
"Every means had been tried in vain to tame him"
"Ich habe ihn an das Leben der Hausvierfüßler gewöhnt"
"I have accustomed him to the life of domestic quadrupeds"
»und ich habe ihm das überzeugende Argument der Peitsche erspart.«
"and I spared him the convincing argument of the whip"
"Aber all meine Güte hat seine Boshaftigkeit nur noch verstärkt"
"But all my goodness only increased his viciousness"
"Allerdings entdeckte ich in seinem Schädel einen knöchernen Knorpel"
"However, I discovered in his cranium a bony cartilage"
"Ich habe ihn von der Medizinischen Fakultät von Paris untersuchen lassen"
"I had him inspected by the Faculty of Medicine of Paris"
"Ich habe keine Kosten für die Behandlung meines kleinen

Esels gescheut"
"I spared no cost for my little donkey's treatment"
"In ihm fanden die Ärzte den regenerierenden Kortex des Tanzes"
"in him the doctors found the regenerating cortex of dance"
"Aus diesem Grund habe ich ihm nicht nur das Tanzen beigebracht"
"For this reason I have not only taught him to dance"
"aber ich habe ihm auch beigebracht, durch Reifen zu springen"
"but I also taught him to jump through hoops"
»Bewundern Sie ihn und geben Sie dann Ihre Meinung über ihn ab!«
"Admire him, and then pass your opinion on him!"
»Aber bevor ich mich von Ihnen verabschiede, gestatten Sie mir dies.«
"But before taking my leave of you, permit me this;"
"Meine Damen und Herren, verehrte Mitglieder des Publikums"
"ladies and gentlemen, esteemed members of the crowd"
"Ich lade Sie zur morgigen täglichen Aufführung ein"
"I invite you to tomorrow's daily performance"
Hier machte der Regisseur eine weitere tiefe Verbeugung
Here the director made another profound bow
dann wandte er sich an Pinocchio und sagte:
and, then turning to Pinocchio, he said:
»Mut, Pinocchio! Aber bevor du anfängst:"
"Courage, Pinocchio! But before you begin:"
"Verbeugen Sie sich vor diesem erlesenen Publikum"
"bow to this distinguished audience"
Pinocchio gehorchte den Befehlen seines Herrn
Pinocchio obeyed his master's commands
und er beugte beide Knie, bis sie den Boden berührten
and he bent both his knees till they touched the ground
Der Direktor knallte mit der Peitsche und rief:
the director cracked his whip and shouted:
»Im Schritttempo, Pinocchio!«

"At a foot's pace, Pinocchio!"
Dann richtete sich der kleine Esel auf seinen vier Beinen auf
Then the little donkey raised himself on his four legs
und begann, um das Theater herumzugehen
and began to walk round the theatre
und die ganze Zeit über hielt er sich im Schritttempo
and the whole time he kept at a foot's pace
Nach kurzer Zeit rief der Direktor wieder:
After a little time the director shouted again:
»Trab!« und Pinocchio gehorchte dem Befehl
"Trot!" and Pinocchio, obeyed the order
und er änderte seinen Schritt in einen Trab
and he changed his pace to a trot
»Galopp!« und Pinocchio brach in einen Galopp aus
"Gallop!" and Pinocchio broke into a gallop
»Voller Galopp!« und Pinocchio galoppierte in vollem Galopp
"Full gallop!" and Pinocchio went full gallop
er rannte im Zirkus herum wie ein Rennpferd
he was running round the circus like a racehorse
Aber dann feuerte der Direktor eine Pistole ab
but then the director fired off a pistol
Mit voller Geschwindigkeit fiel er zu Boden
at full speed he fell to the floor
und der kleine Esel tat, als sei er verwundet
and the little donkey pretended to be wounded
Er erhob sich unter einem Ausbruch von Applaus vom Boden
he got up from the ground amidst an outburst of applause
es gab Rufe und Händeklatschen
there were shouts and clapping of hands
und er hob natürlich den Kopf und blickte auf
and he naturally raised his head and looked up
und er sah in einer der Logen eine schöne Dame
and he saw in one of the boxes a beautiful lady
sie trug um den Hals eine dicke Goldkette
she wore round her neck a thick gold chain

und an der Kette hing ein Medaillon
and from the chain hung a medallion
Auf dem Medaillon war das Porträt einer Marionette gemalt
On the medallion was painted the portrait of a puppet
»Das ist mein Porträt!« erkannte Pinocchio
"That is my portrait!" realized Pinocchio
»Diese Dame ist die Fee!« sagte Pinocchio zu sich selbst
"That lady is the Fairy!" said Pinocchio to himself
Pinocchio hatte sie sofort erkannt
Pinocchio had recognized her immediately
und überwältigt von Entzücken versuchte er, sie zu rufen
and, overcome with delight, he tried to call her
»Ach, meine kleine Fee! Ach, meine kleine Fee!«
"Oh, my little Fairy! Oh, my little Fairy!"
Aber statt dieser Worte kam ein Geschrei aus seiner Kehle
But instead of these words a bray came from his throat
ein Geschrei, das so lang dauerte, dass alle Zuschauer lachten
a bray so prolonged that all the spectators laughed
und alle Kinder im Theater lachten besonders
and all the children in the theatre especially laughed
Dann erteilte ihm der Direktor eine Lektion
Then the director gave him a lesson
es gehört nicht zum guten Ton, vor der Öffentlichkeit zu brüllen
it is not good manners to bray before the public
Mit dem Griff seiner Peitsche schlug er dem Esel auf die Nase
with the handle of his whip he smacked the donkey's nose
Der arme kleine Esel streckte seine Zunge einen Zoll heraus
The poor little donkey put his tongue out an inch
und er leckte sich mindestens fünf Minuten lang die Nase
and he licked his nose for at least five minutes
er dachte vielleicht, dass es den Schmerz lindern würde
he thought perhaps that it would ease the pain
Aber wie verzweifelte er, als er ein zweites Mal aufblickte
But how he despaired when looking up a second time

Er sah, dass der Sitz leer war
he saw that the seat was empty
seine gute Fee war verschwunden!
the good Fairy of his had disappeared!
Er dachte, er würde sterben
He thought he was going to die
seine Augen füllten sich mit Tränen und er begann zu weinen
his eyes filled with tears and he began to weep
Niemand bemerkte jedoch seine Tränen
Nobody, however, noticed his tears
"Mut, Pinocchio!", rief der Direktor
"Courage, Pinocchio!" shouted the director
"Zeigen Sie dem Publikum, wie anmutig Sie durch die Reifen springen können"
"show the audience how gracefully you can jump through the hoops"
Pinocchio hat es zwei- oder dreimal versucht
Pinocchio tried two or three times
Aber durch den Reifen zu gehen, ist für einen Esel nicht einfach
but going through the hoop is not easy for a donkey
und es fiel ihm leichter, unter den Reifen zu gehen
and he found it easier to go under the hoop
Endlich machte er einen Sprung und ging durch den Reifen
At last he made a leap and went through the hoop
aber sein rechtes Bein verfing sich leider im Reifen
but his right leg unfortunately caught in the hoop
und das ließ ihn zu Boden fallen
and that caused him to fall to the ground
er war auf der anderen Seite zu einem Haufen zusammengeballt
he was doubled up in a heap on the other side
Als er aufstand, war er lahm
When he got up he was lame
nur mit großer Mühe kehrte er in den Stall zurück
only with great difficulty did he return to the stable

»Holt Pinocchio heraus!« riefen alle Knaben
"Bring out Pinocchio!" shouted all the boys
»Wir wollen den kleinen Esel!« brüllte das Theater
"We want the little donkey!" roared the theatre
sie waren gerührt und bedauerten den traurigen Unfall
they were touched and sorry for the sad accident
Aber der kleine Esel wurde an diesem Abend nicht mehr gesehen
But the little donkey was seen no more that evening
Am nächsten Morgen besuchte ihn der Tierarzt
The following morning the veterinary paid him a visit
Die Tierärzte sind Ärzte für die Tiere
the vets are doctors to the animals
und er erklärte, daß er sein Leben lang lahm bleiben werde
and he declared that he would remain lame for life
Der Direktor sagte dann zu dem Stallburschen:
The director then said to the stable-boy:
»Was glauben Sie, was ich mit einem lahmen Esel anfangen kann?«
"What do you suppose I can do with a lame donkey?"
"Er wird Essen essen, ohne es zu verdienen"
"He will eat food without earning it"
"Bring ihn auf den Markt und verkaufe ihn"
"Take him to the market and sell him"
Als sie den Markt erreichten, fand sich sofort ein Käufer
When they reached the market a purchaser was found at once
Er fragte den Stallburschen:
He asked the stable-boy:
"Wie viel willst du für diesen lahmen Esel?"
"How much do you want for that lame donkey?"
"Zwanzig Dollar und ich verkaufe ihn dir."
"Twenty dollars and I'll sell him to you"
"Ich gebe dir zwei Dollar"
"I will give you two dollars"
»aber glauben Sie nicht, daß ich ihn gebrauchen werde.«
"but don't suppose that I will make use of him"
"Ich kaufe ihn nur wegen seiner Haut"

"I am buying him solely for his skin"
"Ich sehe, dass seine Haut sehr hart ist"
"I see that his skin is very hard"
"Ich habe vor, mit ihm eine Trommel zu bauen"
"I intend to make a drum with him"
Er hörte, dass er dazu bestimmt war, Trommel zu werden!
he heard that he was destined to become a drum!
Sie können sich die Gefühle des armen Pinocchio vorstellen
you can imagine poor Pinocchio's feelings
die zwei Dollar wurden übergeben
the two dollars were handed over
und der Mann bekam seinen Esel
and the man was given his donkey
er führte den kleinen Esel an die Küste
he led the little donkey to the seashore
Dann legte er sich einen Stein um den Hals
he then put a stone round his neck
und er gab ihm einen plötzlichen Stoß ins Wasser
and he gave him a sudden push into the water
Pinocchio wurde von dem Stein beschwert
Pinocchio was weighted down by the stone
und er ging geradewegs auf den Grund des Meeres
and he went straight to the bottom of the sea
sein Besitzer hielt die Schnur fest
his owner kept tight hold of the cord
Er setzte sich ruhig auf einen Felsen
he sat down quietly on a piece of rock
und er wartete, bis der kleine Esel ertrunken war
and he waited until the little donkey was drowned
und dann wollte er ihn häuten
and then he intended to skin him

Pinocchio wird vom Hundsfisch verschluckt
Pinocchio gets Swallowed by the Dog-Fish

Pinocchio war fünfzig Minuten unter Wasser gewesen
Pinocchio had been fifty minutes under the water
sein Käufer sagte laut zu sich selbst:
his purchaser said aloud to himself:
"Mein kleiner lahmer Esel muss inzwischen ganz ertrunken sein"
"My little lame donkey must by now be quite drowned"
"Deshalb werde ich ihn aus dem Wasser ziehen"
"I will therefore pull him out of the water"
"und ich will eine schöne Trommel aus seiner Haut machen"
"and I will make a fine drum of his skin"
Und er fing an, das Seil einzuholen
And he began to haul in the rope
das Seil, das er an das Bein des Esels gebunden hatte
the rope he had tied to the donkey's leg
und er schleppte und schleppte und schleppte
and he hauled, and hauled, and hauled
er schleppte, bis schließlich...
he hauled until at last...
Was glaubst du, was über dem Wasser auftauchte?
what do you think appeared above the water?
er zog keinen toten Esel an Land
he did not pull a dead donkey to land
stattdessen sah er eine lebende kleine Puppe
instead he saw a living little puppet

und diese kleine Puppe zappelte wie ein Aal!
and this little puppet was wriggling like an eel!
Der arme Mann glaubte, er träume
the poor man thought he was dreaming
und er war stumm vor Erstaunen
and he was struck dumb with astonishment
Er erholte sich schließlich von seiner Betäubung
he eventually recovered from his stupefaction
und er fragte die Puppe mit zitternder Stimme:
and he asked the puppet in a quavering voice:
»wo ist der kleine Esel, den ich ins Meer geworfen habe?«
"where is the little donkey I threw into the sea?"
»Ich bin der kleine Esel!« sagte Pinocchio
"I am the little donkey!" said Pinocchio
und Pinocchio lachte darüber, wieder eine Marionette zu sein
and Pinocchio laughed at being a puppet again
"Wie kannst du der kleine Esel sein??"
"How can you be the little donkey??"
»Ich war der kleine Esel«, antwortete Pinocchio
"I was the little donkey," answered Pinocchio
"und jetzt bin ich wieder eine kleine Marionette"
"and now I'm a little puppet again"
"Ah, ein junger Schuft bist du!!"
"Ah, a young scamp is what you are!!"

"Wagst du es, dich über mich lustig zu machen?"
"Do you dare to make fun of me?"
»Um sich über Sie lustig zu machen?« fragte Pinocchio
"To make fun of you?" asked Pinocchio
»Ganz im Gegenteil, mein lieber Herr?«
"Quite the contrary, my dear master?"
"Ich spreche ernsthaft mit dir"
"I am speaking seriously with you"
"Vor kurzem warst du noch ein kleiner Esel"
"a short time ago you were a little donkey"
"Wie kannst du eine Holzpuppe geworden sein?"
"how can you have become a wooden puppet?"
"Im Wasser gelassen zu werden, macht das nicht mit einem Esel!"
"being left in the water does not do that to a donkey!"
"Es muss die Wirkung des Meerwassers gewesen sein"
"It must have been the effect of sea water"
"Das Meer verursacht außergewöhnliche Veränderungen"
"The sea causes extraordinary changes"
"Hüte dich, Marionette, ich bin nicht in der Stimmung!"
"Beware, puppet, I am not in the mood!"
"Glaub nicht, dass du dich auf meine Kosten amüsieren kannst"
"Don't imagine that you can amuse yourself at my expense"
»Wehe dir, wenn ich die Geduld verliere!«
"Woe to you if I lose patience!"
»Nun, Meister, wollt Ihr die wahre Geschichte erfahren?«
"Well, master, do you wish to know the true story?"
"Wenn du mein Bein frei machst, werde ich es dir sagen"
"If you set my leg free I will tell it you"
Der gute Mann war neugierig, die wahre Geschichte zu hören
The good man was curious to hear the true story
und er löste sogleich den Knoten
and he immediately untied the knot
Pinocchio war wieder so frei wie ein Vogel in der Luft
Pinocchio was again as free as a bird in the air

und er begann seine Geschichte zu erzählen
and he commenced to tell his story
"**Du musst wissen, dass ich einmal eine Marionette war**"
"You must know that I was once a puppet"
»das heißt, ich war nicht immer ein Esel.«
"that is to say, I wasn't always a donkey"
"**Ich war kurz davor, ein Junge zu werden**"
"I was on the point of becoming a boy"
"**Ich wäre so gewesen wie die anderen Jungs auf der Welt**"
"I would have been like the other boys in the world"
"**aber wie andere Jungen mochte ich das Lernen nicht.**"
"but like other boys, I wasn't fond of study"
"**und ich folgte dem Rat schlechter Kameraden**"
"and I followed the advice of bad companions"
"**und schließlich bin ich von zu Hause weggelaufen**"
"and finally I ran away from home"
"Eines schönen Tages, als ich aufwachte, fand ich mich verändert"
"One fine day when I awoke I found myself changed"
"**Ich war ein Esel mit langen Ohren geworden**"
"I had become a donkey with long ears"
"**Und mir war auch ein langer Schwanz gewachsen**"
"and I had grown a long tail too"
»Was für eine Schande war das für mich!«
"What a disgrace it was to me!"
»selbst dein ärgster Feind würde es dir nicht antun!«
"even your worst enemy would not inflict it upon you!"
"**Ich wurde auf den Markt gebracht, um verkauft zu werden**"
"I was taken to the market to be sold"
"**und ich wurde von einer Reitsportfirma gekauft**"
"and I was bought by an equestrian company"
"**Sie wollten eine berühmte Tänzerin aus mir machen**"
"they wanted to make a famous dancer of me"
"**Aber eines Abends während eines Auftritts hatte ich einen schweren Sturz**"
"But one night during a performance I had a bad fall"
"**und ich blieb mit zwei lahmen Beinen zurück**"

"and I was left with two lame legs"
"Ich war für den Zirkus nicht mehr von Nutzen"
"I was of no use to the circus no more"
»und wieder wurde ich auf den Markt gebracht
"and again I was taken to the market
»**und auf dem Markt waren Sie mein Käufer!**«
"and at the market you were my purchaser!"
»**Nur zu wahr**«, erinnerte sich der Mann
"Only too true," remembered the man
"Und ich habe zwei Dollar für dich bezahlt"
"And I paid two dollars for you"
»**Und nun, wer gibt mir mein gutes Geld zurück?**«
"And now, who will give me back my good money?"
"Und warum hast du mich gekauft?"
"And why did you buy me?"
"Du hast mich gekauft, um eine Trommel aus meiner Haut zu machen!"
"You bought me to make a drum of my skin!"
»**Nur zu wahr!**« sagte der Mann
"Only too true!" said the man
»**Und nun, wo soll ich noch eine Haut finden?**«
"And now, where shall I find another skin?"
"Verzweifle nicht, Meister"
"Don't despair, master"
"Es gibt viele kleine Esel auf der Welt!"
"There are many little donkeys in the world!"
»**Sag mir, du unverschämter Schlingel!**«
"Tell me, you impertinent rascal;"
"Endet deine Geschichte hier?"
"does your story end here?"
"Nein", antwortete die Puppe
"No," answered the puppet
"Ich habe noch zwei Worte zu sagen"
"I have another two words to say"
"Und dann wird meine Geschichte zu Ende sein"
"and then my story shall have finished"
"Du hast mich an diesen Ort gebracht, um mich zu töten"

"you brought me to this place to kill me"
"Aber dann hast du einem Gefühl des Mitleids nachgegeben"
"but then you yielded to a feeling of compassion"
»**und du hast es vorgezogen, mir einen Stein um den Hals zu binden**
"and you preferred to tie a stone round my neck
"Und du warfst mich ins Meer"
"and you threw me into the sea"
"Dieses menschliche Gefühl macht Ihnen große Ehre"
"This humane feeling does you great honour"
»**und ich werde Ihnen immer dankbar sein.**«
"and I shall always be grateful to you"
»**Aber trotzdem, lieber Meister, haben Sie eines vergessen.**«
"But, nevertheless, dear master, you forgot one thing"
»**Sie haben Ihre Berechnungen angestellt, ohne die Fee zu berücksichtigen!**«
"you made your calculations without considering the Fairy!"
»**Und wer ist die Fee?**«
"And who is the Fairy?"
»**Sie ist meine Mama**«, erwiderte Pinocchio
"She is my mamma," replied Pinocchio
"Und sie ähnelt allen anderen guten Müttern"
"and she resembles all other good mammas"
"Und alle guten Mütter kümmern sich um ihre Kinder"
"and all good mammas care for their children"
"Mamas, die ihre Kinder nie aus den Augen verlieren""
"mammas who never lose sight of their children""
"Mütter, die ihren Kindern liebevoll helfen"
"mammas who help their children lovingly"
"Und sie lieben sie, auch wenn sie es verdienen, verlassen zu werden"
"and they love them even when they deserve to be abandoned"
"Meine gute Mama hat mich im Auge behalten"
"my good mamma kept me in her sight"
»**und sie sah, daß ich zu ertrinken drohte.**«

"and she saw that I was in danger of drowning"
"Also schickte sie sofort einen riesigen Fischschwarm"
"so she immediately sent an immense shoal of fish"
"Zuerst dachten sie wirklich, ich sei ein kleiner toter Esel"
"first they really thought I was a little dead donkey"
"Und so fingen sie an, mich in großen Bissen zu fressen"
"and so they began to eat me in big mouthfuls"
"Ich wusste nicht, dass Fische gieriger sind als Jungen!"
"I never knew fish were greedier than boys!"
"Einige haben meine Ohren und meine Schnauze gefressen"
"Some ate my ears and my muzzle"
"und andere Fische meinen Hals und meine Mähne"
"and other fish my neck and mane"
"Einige von ihnen haben die Haut meiner Beine gefressen"
"some of them ate the skin of my legs"
"Und andere fingen an, meinen Pelz zu essen"
"and others took to eating my fur"
"Unter ihnen war ein besonders höflicher kleiner Fisch"
"Amongst them there was an especially polite little fish"
"Und er ließ sich herab, meinen Schwanz zu essen"
"and he condescended to eat my tail"
Der Käufer war entsetzt über das, was er hörte
the purchaser was horrified by what he heard
"Ich schwöre, dass ich nie wieder Fische anrühren werde!"
"I swear that I will never touch fish again!"
"Stellen Sie sich vor, Sie öffnen eine Meeräsche und finden den Schwanz eines Esels!"
"imagine opening a mullet and finding a donkey's tail!"
"Ich stimme dir zu", sagte die Puppe lachend
"I agree with you," said the puppet, laughing
"Aber ich muss Ihnen sagen, was als nächstes geschah."
"However, I must tell you what happened next"
"Der Fisch hatte das Fell des Esels gefressen"
"the fish had finished eating the donkey's hide"
"Das Fell des Esels, das mich bedeckt hatte"
"the donkey's hide that had covered me"
"Dann erreichten sie natürlich den Knochen"

"then they naturally reached the bone"
"Aber es war kein Knochen, sondern Holz"
"but it was not bone, but rather wood"
"denn wie du siehst, bin ich aus dem härtesten Holz gemacht"
"for, as you see, I am made of the hardest wood"
"Sie haben versucht, noch ein paar Bissen zu nehmen"
"they tried to take a few more bites"
"Aber sie fanden bald heraus, dass ich nicht zum Essen war"
"But they soon discovered I was not for eating"
"angewidert von solch unverdaulichem Essen schwammen sie davon"
"disgusted with such indigestible food, they swam off"
"Und sie gingen, ohne sich zu bedanken"
"and they left without even saying thank you"
»Und jetzt hast du endlich meine Geschichte gehört.«
"And now, at last, you have heard my story"
"Und deshalb hast du keinen toten Esel gefunden"
"and that is why you didn't find a dead donkey"
"Und stattdessen hast du eine lebende Marionette gefunden"
"and instead you found a living puppet"
»Ich lache über Ihre Geschichte«, rief der Mann wütend
"I laugh at your story," cried the man in a rage
"Ich weiß nur, dass ich zwei Dollar ausgegeben habe, um dich zu kaufen"
"I only know that I spent two dollars to buy you"
"und ich werde mein Geld zurückhaben"
"and I will have my money back"
»Soll ich Ihnen sagen, was ich tun werde?«
"Shall I tell you what I will do?"
"Ich bringe dich zurück zum Markt"
"I will take you back to the market"
"und ich werde dich nach Gewicht als abgelagertes Holz verkaufen"
"and I will sell you by weight as seasoned wood"
und der Käufer kann mit Ihnen Feuer anzünden"
and the purchaser can light fires with you"

Pinocchio machte sich darüber keine allzu großen Sorgen
Pinocchio was not too worried about this
»Verkaufen Sie mich, wenn Sie wollen; Ich bin zufrieden"
"Sell me if you like; I am content"
und er stürzte sich wieder ins Wasser
and he plunged back into the water
er schwamm fröhlich vom Ufer fort
he swam gaily away from the shore
und er rief nach seinem armen Besitzer
and he called to his poor owner
"Auf Wiedersehen, Meister, vergiss mich nicht."
"Good-bye, master, don't forget me"
"Die Holzpuppe, die du für ihre Haut wolltest"
"the wooden puppet you wanted for its skin"
"und ich hoffe, du bekommst eines Tages deine Trommel"
"and I hope you get your drum one day"
Und er lachte und ging weiter schwimmen
And he laughed and went on swimming
und nach einer Weile drehte er sich wieder um
and after a while he turned around again
»Auf Wiedersehen, Meister«, rief er lauter
"Good-bye, master," he shouted louder
"Und erinnere dich an mich, wenn du gut abgelagertes Holz brauchst"
"and remember me when you need well seasoned wood"
"Und denk an mich, wenn du ein Feuer anzündest"
"and think of me when you're lighting a fire"
bald war Pinocchio dem Horizont entgegengeschwommen
soon Pinocchio had swam towards the horizon
und jetzt war er vom Ufer aus kaum noch zu sehen
and now he was scarcely visible from the shore
er war ein kleiner schwarzer Fleck auf der Oberfläche des Meeres
he was a little black speck on the surface of the sea
von Zeit zu Zeit hob er sich aus dem Wasser
from time to time he lifted out of the water
und er sprang und sprang wie ein glücklicher Delphin

and he leaped and capered like a happy dolphin
Pinocchio schwamm und wußte nicht, wohin
Pinocchio was swimming and he knew not whither
Er sah mitten im Meer einen Felsen
he saw in the midst of the sea a rock
der Fels schien aus weißem Marmor zu bestehen
the rock seemed to be made of white marble
und auf dem Gipfel stand eine schöne kleine Ziege
and on the summit there stood a beautiful little goat
die Ziege blökte liebevoll zu Pinocchio
the goat bleated lovingly to Pinocchio
und die Ziege gab ihm Zeichen, sich zu nähern
and the goat made signs to him to approach
Aber das Merkwürdigste war dies:
But the most singular thing was this:
Das Haar der kleinen Ziege war weder weiß noch schwarz
The little goat's hair was not white nor black
es war auch keine Mischung aus zwei Farben
nor was it a mixture of two colours
Dies ist bei anderen Ziegen üblich
this is usual with other goats
aber das Haar der Ziege war sehr lebhaft blau
but the goat's hair was a very vivid blue
ein leuchtendes Blau wie das Haar des schönen Kindes
a vivid blue like the hair of the beautiful Child
Stellen Sie sich vor, wie schnell Pinocchios Herz zu schlagen begann
imagine how rapidly Pinocchio's heart began to beat
Er schwamm mit verdoppelter Kraft und Energie
He swam with redoubled strength and energy
und in kürzester Zeit war er auf halbem Weg
and in no time at all he was halfway there
aber dann sah er, dass etwas aus dem Wasser kam
but then he saw something came out the water
der schreckliche Kopf eines Seeungeheuers!
the horrible head of a sea-monster!
Sein Mund war weit geöffnet und höhlenartig

His mouth was wide open and cavernous
es gab drei Reihen riesiger Zähne
there were three rows of enormous teeth
Selbst ein Bild davon würde Sie erschrecken
even a picture of if would terrify you
Und weißt du, was dieses Seeungeheuer war?
And do you know what this sea-monster was?
es war kein anderer als dieser gigantische Hundsfisch
it was none other than that gigantic Dog-Fish
der Hundsfisch, der in dieser Geschichte oft erwähnt wird
the Dog-Fish mentioned many times in this story
Ich sollte Ihnen den Namen dieses schrecklichen Fisches nennen
I should tell you the name of this terrible fish
Attila der Fische und Fischer
Attila of Fish and Fishermen
wegen seines Gemetzels und seiner unersättlichen Gefräßigkeit
on account of his slaughter and insatiable voracity
denken Sie an den Schrecken des armen Pinocchio bei diesem Anblick
think of poor Pinocchio's terror at the sight
ein wahres Seeungeheuer schwamm auf ihn zu
a true sea monster was swimming at him
Er versuchte, dem Hundsfisch auszuweichen
He tried to avoid the Dog-Fish
er versuchte, in andere Richtungen zu schwimmen
he tried to swim in other directions
er tat alles, was er konnte, um zu entkommen
he did everything he could to escape
aber das ungeheure weit geöffnete Maul war zu groß
but that immense wide-open mouth was too big
und es kam mit der Geschwindigkeit eines Pfeils
and it was coming with the velocity of an arrow
versuchte die schöne kleine Ziege zu blöken
the beautiful little goat tried to bleat
»Beeilen Sie sich, Pinocchio, um des Mitleids willen!«

"Be quick, Pinocchio, for pity's sake!"
Und Pinocchio schwamm verzweifelt mit allem, was er konnte
And Pinocchio swam desperately with all he could
seine Arme, seine Brust, seine Beine und seine Füße
his arms, his chest, his legs, and his feet
»Schnell, Pinocchio, das Ungeheuer ist dicht bei dir!«
"Quick, Pinocchio, the monster is close upon you!"
Und Pinocchio schwamm schneller als je zuvor
And Pinocchio swam quicker than ever
er flog mit der Schnelligkeit einer Kugel aus einer Büchse weiter
he flew on with the rapidity of a ball from a gun
Er hatte fast den Felsen erreicht
He had nearly reached the rock
und er hatte die kleine Ziege fast erreicht
and he had almost reached the little goat
und die kleine Ziege beugte sich zum Meer hinüber
and the little goat leaned over towards the sea
sie streckte ihre Vorderbeine aus, um ihm zu helfen
she stretched out her fore-legs to help him
vielleicht konnte sie ihn aus dem Wasser holen
perhaps she could get him out of the water
Aber all ihre Bemühungen kamen zu spät!
But all their efforts were too late!
Das Monster hatte Pinocchio eingeholt
The monster had overtaken Pinocchio
er atmete tief Luft und Wasser ein
he drew in a big breath of air and water
und er saugte die arme Marionette ein
and he sucked in the poor puppet
als hätte er ein Hühnerei gelutscht
like he would have sucked a hen's egg
und der Hundsfisch verschlang ihn ganz
and the Dog-Fish swallowed him whole

Pinocchio purzelte durch die Zähne
Pinocchio tumbled through his teeth
und er fiel dem Hundsfisch in die Kehle
and he tumbled down the Dog-Fish's throat
und schließlich landete er schwer in seinem Magen
and finally he landed heavily in his stomach
er blieb eine Viertelstunde lang bewusstlos
he remained unconscious for a quarter of an hour
aber schließlich kam er wieder zu sich selbst
but eventually he came to himself again
er konnte sich nicht im geringsten vorstellen, in welcher Welt er sich befand
he could not in the least imagine in what world he was
Um ihn herum war nichts als Dunkelheit
All around him there was nothing but darkness
es war, als wäre er in einen Topf mit Tinte gefallen
it was as if he had fallen into a pot of ink
Er horchte, aber er konnte kein Geräusch hören
He listened, but he could hear no noise
gelegentlich bliesen ihm große Windböen ins Gesicht
occasionally great gusts of wind blew in his face
Zuerst konnte er nicht verstehen, woher es kam
first he could not understand from where it came from
aber endlich entdeckte er die Quelle

but at last he discovered the source
es kam aus den Lungen des Monsters
it came out of the monster's lungs
es gibt eine Sache, die Sie über den Hundsfisch wissen müssen
there is one thing you must know about the Dog-Fish
der Hundsfisch litt sehr an Asthma
the Dog-Fish suffered very much from asthma
Wenn er atmete, war es genau wie der Nordwind
when he breathed it was exactly like the north wind
Pinocchio versuchte zunächst, seinen Mut zu bewahren
Pinocchio at first tried to keep up his courage
aber die Realität der Situation dämmerte ihm langsam
but the reality of the situation slowly dawned on him
er war wirklich in dem Körper dieses Seeungeheuers eingeschlossen
he was really shut up in the body of this sea-monster
und er fing an zu weinen und zu schreien und zu schluchzen
and he began to cry and scream and sob
"Hilfe! Hilfe! Oh, wie unglücklich ich bin!«
"Help! help! Oh, how unfortunate I am!"
"Wird niemand kommen, um mich zu retten?"
"Will nobody come to save me?"
Aus der Dunkelheit kam eine Stimme
from the dark there came a voice
Die Stimme klang wie eine verstimmte Gitarre
the voice sounded like a guitar out of tune
»Was glaubst du, wer könnte dich retten, du unglücklicher Elender?«
"Who do you think could save you, unhappy wretch?"
Pinocchio erstarrte vor Schrecken bei der Stimme
Pinocchio froze with terror at the voice
»Wer spricht?« fragte Pinocchio schließlich
"Who is speaking?" asked Pinocchio, finally
»Ich bin's! Ich bin ein armer Thunfisch"
"It is I! I am a poor Tunny Fish"

"Ich wurde mit dir vom Hundsfisch verschluckt"
"I was swallowed by the Dog-Fish along with you"
"Und was für ein Fisch bist du?"
"And what fish are you?"
"Mit Fisch habe ich nichts gemeinsam"
"I have nothing in common with fish"
"Ich bin eine Marionette", fügte Pinocchio hinzu
"I am a puppet," added Pinocchio
"Warum hast du dich dann verschlucken lassen?"
"Then why did you let yourself be swallowed?"
"Ich habe mich nicht schlucken lassen"
"I didn't let myself be swallowed"
"Es war das Monster, das mich verschluckt hat!"
"it was the monster that swallowed me!"
»Und nun, was sollen wir hier im Dunkeln tun?«
"And now, what are we to do here in the dark?"
"Es gibt nicht viel, was wir tun können, außer uns zu resignieren"
"there's not much we can do but to resign ourselves"
"und jetzt warten wir, bis der Hundsfisch uns verdaut hat"
"and now we wait until the Dog-Fish has digested us"
»Aber ich will nicht verdaut werden!« heulte Pinocchio
"But I do not want to be digested!" howled Pinocchio
und er fing wieder an zu weinen
and he began to cry again
"Ich will auch nicht verdaut werden", fügte der Thunfisch hinzu
"Neither do I want to be digested," added the Tunny Fish
»aber ich bin Philosoph genug, um mich zu trösten.«
"but I am enough of a philosopher to console myself"
"Wenn man als Thunfisch geboren wird, kann man dem Leben einen Sinn geben"
"when one is born a Tunny Fish life can be made sense of"
"Es ist würdiger, im Wasser zu sterben als im Öl"
"it is more dignified to die in the water than in oil"
»Das ist alles Unsinn!« rief Pinocchio
"That is all nonsense!" cried Pinocchio

»Das ist meine Meinung,« antwortete der Thunfisch
"It is my opinion," replied the Tunny Fish
"und Meinungen sollten respektiert werden"
"and opinions ought to be respected"
"Das ist es, was der politische Thunfisch sagt"
"that is what the political Tunny Fish say"
"Zusammenfassend möchte ich von hier wegkommen"
"To sum it all up, I want to get away from here"
"Ich will fliehen."
"I do want to escape."
"Flieht, wenn ihr könnt!"
"Escape, if you are able!"
»Ist dieser Hundsfisch, der uns verschlungen hat, sehr groß?«
"Is this Dog-Fish who has swallowed us very big?"
"Groß? Mein Junge, du kannst es dir nur vorstellen"
"Big? My boy, you can only imagine"
"Sein Körper ist zwei Meilen lang, ohne seinen Schwanz zu zählen"
"his body is two miles long without counting his tail"
Sie führten dieses Gespräch einige Zeit im Dunkeln
they held this conversation in the dark for some time
schließlich gewöhnten sich Pinocchios Augen an die Dunkelheit
eventually Pinocchio's eyes adjusted to the darkness
Pinocchio glaubte, in der Ferne ein Licht zu sehen
Pinocchio thought that he saw a light a long way off
"Was ist das für ein kleines Licht, das ich in der Ferne sehe?"
"What is that little light I see in the distance?"
"Es ist höchstwahrscheinlich ein Begleiter im Unglück"
"It is most likely some companion in misfortune"
"Er wartet wie wir darauf, verdaut zu werden"
"he, like us, is waiting to be digested"
"Ich werde ihn suchen"
"I will go and find him"
"Vielleicht ist es ein alter Fisch, der sich auskennt"
"perhaps it is an old fish that knows his way around"

»Ich hoffe es von ganzem Herzen, liebe Marionette.«
"I hope it may be so, with all my heart, dear puppet"
"Good-bye, Tunny Fish" - "Auf Wiedersehen, Puppe"
"Good-bye, Tunny Fish" - "Good-bye, puppet"
»und ich wünsche Ihnen viel Glück«
"and I wish a good fortune to you"
»Wo werden wir uns wiedersehen?«
"Where shall we meet again?"
"Wer kann solche Dinge in Zukunft sehen?"
"Who can see such things in the future?"
»Es ist besser, nicht einmal daran zu denken!«
"It is better not even to think of it!"

Eine freudige Überraschung für Pinocchio
A Happy Surprise for Pinocchio

Pinocchio verabschiedete sich von seinem Freund, dem Thunfisch
Pinocchio said farewell to his friend the Tunny Fish
und er fing an, sich durch den Hundsfisch zu tasten
and he began to grope his way through the Dog-Fish
Er machte kleine Schritte in Richtung des Lichts
he took small steps in the direction of the light
das kleine Licht, das in großer Entfernung schwach schien
the small light shining dimly at a great distance
je weiter er vorrückte, desto heller wurde das Licht
the farther he advanced the brighter became the light
und er ging und ging, bis er ihn endlich erreichte
and he walked and walked until at last he reached it
und als er das Licht erreichte, was fand er?
and when he reached the light, what did he find?
Ich lasse Sie tausend und eine Vermutung anstellen
I will let you have a thousand and one guesses
Was er fand, war ein kleiner Tisch, der fertig vorbereitet war
what he found was a little table all prepared

Auf dem Tisch stand eine brennende Kerze in einer grünen Flasche
on the table was a lighted candle in a green bottle
und am Tisch saß ein kleiner alter Mann
and seated at the table was a little old man
Der kleine alte Mann aß einige lebende Fische
the little old man was eating some live fish
und die kleinen lebenden Fische waren sehr lebendig
and the little live fish were very much alive
einige der kleinen Fische sprangen sogar aus seinem Maul
some of the little fish even jumped out of his mouth
bei diesem Anblick war Pinocchio von Glück erfüllt
at this sight Pinocchio was filled with happiness
er wurde fast wahnsinnig vor unerwarteter Freude
he became almost delirious with unexpected joy
Er wollte lachen und gleichzeitig weinen
He wanted to laugh and cry at the same time
er wollte tausend Dinge auf einmal sagen
he wanted to say a thousand things at once
aber alles, was er zustande brachte, waren ein paar verworrene Worte
but all he managed were a few confused words
Endlich gelang es ihm, einen Freudenschrei auszustoßen
At last he succeeded in uttering a cry of joy
und er schlang seinen Arm um den kleinen alten Mann
and he threw his arm around the little old man
»Ach, mein lieber Papa!« rief er vor Freude
"Oh, my dear papa!" he shouted with joy
»Endlich habe ich dich gefunden!« rief Pinocchio
"I have found you at last!" cried Pinocchio
"Ich werde dich niemals, niemals, niemals, nie wieder verlassen"
"I will never never never never leave you again"
Der kleine alte Mann konnte es auch nicht glauben
the little old man couldn't believe it either
"Sagen meine Augen die Wahrheit?", sagte er
"are my eyes telling the truth?" he said

und er rieb sich die Augen, um sich zu vergewissern
and he rubbed his eyes to make sure
»Dann bist du also wirklich mein lieber Pinocchio?«
"then you are really my dear Pinocchio?"
"Ja, ja, ich bin Pinocchio, das bin ich wirklich!"
"Yes, yes, I am Pinocchio, I really am!"
»Und Sie haben mir vergeben, nicht wahr?«
"And you have forgiven me, have you not?"
»Ach, mein lieber Papa, wie gut du bist!«
"Oh, my dear papa, how good you are!"
"Und wenn ich daran denke, wie schlecht ich zu dir gewesen bin"
"And to think how bad I've been to you"
"aber wenn du nur wüsstest, was ich durchgemacht habe"
"but if you only knew what I've gone through"
"all das Unglück, das über mich ausgegossen wurde"
"all the misfortunes I've had poured on me"
»und all die anderen Dinge, die mir widerfahren sind!«
"and all the other things that have befallen me!"
"Oh, denk an den Tag zurück, an dem du deine Jacke verkauft hast"
"oh think back to the day you sold your jacket"
"Oh, dir muss schrecklich kalt gewesen sein"
"oh you must have been terribly cold"
"Aber du hast es getan, um mir ein Buchstabierbuch zu kaufen"
"but you did it to buy me a spelling book"
"damit ich wie die anderen Jungen lernen kann"
"so that I could study like the other boys"
"aber stattdessen bin ich geflohen, um das Puppenspiel zu sehen"
"but instead I escaped to see the puppet show"
"Und der Schausteller wollte mich ins Feuer legen"
"and the showman wanted to put me on the fire"
"damit ich ihm sein Hammelfleisch braten kann"
"so that I could roast his mutton for him"
"Aber dann gab mir derselbe Schausteller fünf Goldstücke"

"but then the same showman gave me five gold pieces"
"Er wollte, dass ich dir das Gold gebe"
"he wanted me to give you the gold"
"aber dann traf ich den Fuchs und die Katze"
"but then I met the Fox and the Cat"
»und sie brachten mich in das Gasthaus der roten Langusten«
"and they took me to the inn of The Red Craw-Fish"
"Und in der Herberge aßen sie wie hungrige Wölfe"
"and at the inn they ate like hungry wolves"
"und ich bin mitten in der Nacht alleine gegangen"
"and I left by myself in the middle of the night"
"und ich traf auf Mörder, die mir nachliefen"
"and I encountered assassins who ran after me"
"und ich bin vor den Mördern weggelaufen"
"and I ran away from the assassins"
"Aber die Attentäter folgten mir genauso schnell"
"but the assassins followed me just as fast"
»und ich rannte vor ihnen weg, so schnell ich konnte.«
"and I ran away from them as fast as I could"
"aber sie folgten mir immer, egal wie schnell ich rannte"
"but they always followed me however fast I ran"
"Und ich rannte weiter, um ihnen zu entkommen"
"and I kept running to get away from them"
"Aber irgendwann haben sie mich doch erwischt"
"but eventually they caught me after all"
"und sie hängten mich an einen Ast einer großen Eiche"
"and they hung me to a branch of a Big Oak"
"aber dann war da noch das schöne Kind mit den blauen Haaren"
"but then there was the beautiful Child with blue hair"
"Sie schickte einen kleinen Wagen, um mich abzuholen"
"she sent a little carriage to fetch me"
"Und die Ärzte haben mich alle genau unter die Lupe genommen"
"and the doctors all had a good look at me"
"Und sie stellten sofort die gleiche Diagnose"

"and they immediately made the same diagnosis"
"Wenn er nicht tot ist, ist das ein Beweis dafür, dass er noch lebt"
"If he is not dead, it is a proof that he is still alive"
"und dann habe ich zufällig gelogen"
"and then by chance I told a lie"
"Und meine Nase begann zu wachsen und zu wachsen und zu wachsen"
"and my nose began to grow and grow and grow"
"und bald konnte ich nicht mehr durch die Tür kommen"
"and soon I could no longer get through the door"
"Also ging ich wieder mit dem Fuchs und der Katze"
"so I went again with the Fox and the Cat"
"Und gemeinsam begruben wir die vier Goldstücke"
"and together we buried the four gold pieces"
"weil ich ein Goldstück in der Herberge ausgegeben hatte"
"because one piece of gold I had spent at the inn"
"und der Papagei fing an, mich auszulachen"
"and the Parrot began to laugh at me"
"Und es waren nicht zweitausend Goldstücke"
"and there were not two thousand pieces of gold"
"Es gab überhaupt keine Goldstücke mehr"
"there were no pieces of gold at all anymore"
»also ging ich zum Richter der Stadt, um es ihm zu sagen.«
"so I went to the judge of the town to tell him"
»er sagte, ich sei bestohlen worden, und steckte mich ins Gefängnis.«
"he said I had been robbed, and put me in prison"
"Auf der Flucht sah ich eine schöne Weintraube"
"while escaping I saw a beautiful bunch of grapes"
"aber auf dem Feld bin ich in eine Falle getappt"
"but in the field I was caught in a trap"
"Und der Bauer hatte jedes Recht, mich zu fangen"
"and the peasant had every right to catch me"
"Er legte mir ein Hundehalsband um den Hals"
"he put a dog-collar round my neck"
"Und er machte mich zum Wachhund des Hühnerhofs"

"and he made me the guard dog of the poultry-yard"
"Aber er hat meine Unschuld anerkannt und mich gehen lassen"
"but he acknowledged my innocence and let me go"
"Und die Schlange mit dem rauchenden Schwanz fing an zu lachen"
"and the Serpent with the smoking tail began to laugh"
"aber die Schlange lachte, bis sie ein Blutgefäß zerbrach."
"but the Serpent laughed until he broke a blood-vessel"
"und so kehrte ich in das Haus des schönen Kindes zurück."
"and so I returned to the house of the beautiful Child"
"aber dann war das schöne Kind tot"
"but then the beautiful Child was dead"
"und die Taube konnte sehen, dass ich weinte"
"and the Pigeon could see that I was crying"
»und die Taube sagte: ›Ich habe deinen Vater gesehen‹«
"and the Pigeon said, 'I have seen your father'"
»Er baute ein kleines Boot, um dich zu suchen.«
'he was building a little boat to search of you'
"Und ich sagte zu ihm: 'Oh! wenn ich auch Flügel hätte'"
"and I said to him, 'Oh! if I also had wings,'"
"Und er sagte zu mir: 'Willst du deinen Vater sehen?'"
"and he said to me, 'Do you want to see your father?'"
"Und ich sagte: 'Ohne Zweifel würde ich ihn gerne sehen!'"
"and I said, 'Without doubt I would like to see him!'"
›Aber wer wird mich zu ihm bringen?‹ fragte ich"
"'but who will take me to him?' I asked"
»und er sagte zu mir: ›Ich werde dich nehmen‹«
"and he said to me, 'I will take you,'"
"Und ich sagte zu ihm: 'Wie willst du mich mitnehmen?'"
"and I said to him, 'How will you take me?'"
"Und er sagte zu mir: 'Geh auf meinen Rücken'."
"and he said to me, 'Get on my back,'"
"Und so sind wir die ganze Nacht durchgeflogen."
"and so we flew through all that night"
"Und dann am Morgen waren da alle Fischer"
"and then in the morning there were all the fishermen"

"Und die Fischer schauten aufs Meer hinaus"
"and the fishermen were looking out to sea"
"Und einer sagte zu mir: 'Da ist ein armer Mann in einem Boot'"
"and one said to me, 'There is a poor man in a boat'"
"Er ist kurz davor, zu ertrinken"
"he is on the point of being drowned"
»und ich erkannte Sie sofort, selbst in dieser Entfernung
"and I recognized you at once, even at that distance
"Weil mein Herz mir sagte, dass du es warst"
"because my heart told me that it was you"
"Und ich habe Zeichen gemacht, damit du an Land zurückkehrst."
"and I made signs so that you would return to land"
»Ich habe Sie auch erkannt«, sagte Geppetto
"I also recognized you," said Geppetto
»und ich wäre gern ans Ufer zurückgekehrt.«
"and I would willingly have returned to the shore"
»aber was sollte ich so weit draußen auf dem Meer tun?«
"but what was I to do so far out at sea?"
"Das Meer war an diesem Tag ungeheuer wütend"
"The sea was tremendously angry that day"
"Und eine große Welle kam herüber und warf mein Boot um"
"and a great wave came over and upset my boat"
"Dann sah ich den schrecklichen Hundsfisch"
"Then I saw the horrible Dog-Fish"
"und der schreckliche Hundsfisch hat mich auch gesehen"
"and the horrible Dog-Fish saw me too"
"und so kam der schreckliche Hundsfisch zu mir"
"and so the horrible Dog-Fish came to me"
"Und er streckte seine Zunge heraus und verschluckte mich."
"and he put out his tongue and swallowed me"
"als wäre ich ein kleiner Apfelkuchen gewesen"
"as if I had been a little apple tart"
»Und wie lange sind Sie schon hier eingesperrt?«
"And how long have you been shut up here?"

"Dieser Tag muss fast zwei Jahre her sein"
"that day must have been nearly two years ago"
»Zwei Jahre, mein lieber Pinocchio«, sagte er
"two years, my dear Pinocchio," he said
"Diese zwei Jahre kamen mir vor wie zwei Jahrhunderte!"
"those two years seemed like two centuries!"
"Und wie hast du es geschafft zu leben?"
"And how have you managed to live?"
"Und woher hast du die Kerze?"
"And where did you get the candle?"
"Und woher sind die Streichhölzer für die Kerze?"
"And from where are the matches for the candle?"
"Hör auf, und ich werde dir alles erzählen"
"Stop, and I will tell you everything"
"Ich war an diesem Tag nicht der Einzige, der auf See war"
"I was not the only one at sea that day"
"Der Sturm hatte auch ein Handelsschiff umgeworfen"
"the storm had also upset a merchant vessel"
"Die Matrosen des Schiffes wurden alle gerettet"
"the sailors of the vessel were all saved"
"aber die Ladung des Schiffes sank auf den Grund"
"but the cargo of the vessel sunk to the bottom"
"Der Hundsfisch hatte an diesem Tag einen ausgezeichneten Appetit"
"the Dog-Fish had an excellent appetite that day"
"Nachdem er mich verschluckt hatte, verschluckte er das Gefäß"
"after swallowing me he swallowed the vessel"
"Wie hat er das ganze Schiff verschluckt?"
"How did he swallow the entire vessel?"
"Er verschlang das ganze Boot in einem Bissen"
"He swallowed the whole boat in one mouthful"
"Das einzige, was er ausgespuckt hat, war der Mast"
"the only thing that he spat out was the mast"
»es war zwischen seinen Zähnen stecken geblieben wie eine Fischgräte.«
"it had stuck between his teeth like a fish-bone"

"Zu meinem Glück war das Schiff voll beladen"
"Fortunately for me, the vessel was fully laden"
"Es gab konserviertes Fleisch in Dosen, Kekse"
"there were preserved meats in tins, biscuit"
"Und es gab Flaschen mit Wein und getrockneten Rosinen"
"and there were bottles of wine and dried raisins"
"und ich hatte Käse und Kaffee und Zucker"
"and I had cheese and coffee and sugar"
"Und mit den Kerzen waren Schachteln mit Streichhölzern"
"and with the candles were boxes of matches"
"Damit kann ich seit zwei Jahren leben"
"With this I have been able to live for two years"
"Aber ich bin am Ende meiner Ressourcen angelangt"
"But I have arrived at the end of my resources"
"Es ist nichts mehr in der Speisekammer"
"there is nothing left in the larder"
"Und diese Kerze ist die letzte, die übrig bleibt"
"and this candle is the last that remains"
"Und was werden wir danach tun?"
"And after that what will we do?"
»O mein lieber Junge, Pinocchio!« rief er
"oh my dear boy, Pinocchio," he cried
"Danach werden wir beide im Dunkeln bleiben"
"After that we shall both remain in the dark"
»Dann, lieber kleiner Papa, haben wir keine Zeit zu verlieren.«
"Then, dear little papa there is no time to lose"
"Wir müssen uns einen Weg der Flucht überlegen"
"We must think of a way of escaping"
»Welchen Weg zur Flucht können wir uns vorstellen?«
"what way of escaping can we think of?"
"Wir müssen durch das Maul des Hundsfisches entkommen"
"We must escape through the mouth of the Dog-Fish"
"Wir müssen uns ins Meer stürzen und wegschwimmen"
"we must throw ourselves into the sea and swim away"
"Du sprichst gut, mein lieber Pinocchio"
"You talk well, my dear Pinocchio"

"aber ich kann nicht schwimmen"
"but I don't know how to swim"
»Was macht das schon?« antwortete Pinocchio
"What does that matter?" replied Pinocchio
"Ich bin ein guter Schwimmer", schlug er vor
"I am a good swimmer," he suggested
"Du kannst auf meine Schultern steigen"
"you can get on my shoulders"
"und ich werde dich sicher ans Ufer bringen"
"and I will carry you safely to shore"
»Alles Illusionen, mein Junge!« erwiderte Geppetto
"All illusions, my boy!" replied Geppetto
und er schüttelte mit einem melancholischen Lächeln den Kopf
and he shook his head with a melancholy smile
»mein lieber Pinocchio, du bist kaum einen Meter hoch«
"my dear Pinocchio, you are scarcely a yard high"
"Wie konntest du mit mir auf deinen Schultern schwimmen?"
"how could you swim with me on your shoulders?"
»Versuchen Sie es, und Sie werden sehen!« antwortete Pinocchio
"Try it and you will see!" replied Pinocchio
Ohne ein weiteres Wort nahm Pinocchio die Kerze
Without another word Pinocchio took the candle
"Folge mir und fürchte dich nicht"
"Follow me, and don't be afraid"
und sie gingen eine Zeitlang durch den Hundsfisch
and they walked for some time through the Dog-Fish
sie gingen den ganzen Weg durch den Magen
they walked all the way through the stomach
und dort begann die Kehle des Hundsfisches
and they were where the Dog-Fish's throat began
und hier meinten sie, sie sollten besser aufhören
and here they thought they should better stop
und sie dachten über den besten Moment zur Flucht nach
and they thought about the best moment for escaping

Nun muß ich Ihnen sagen, daß der Hundsfisch sehr alt war
Now, I must tell you that the Dog-Fish was very old
und er litt an Asthma und Herzklopfen
and he suffered from asthma and heart palpitations
so mußte er mit offenem Mund schlafen
so he was obliged to sleep with his mouth open
und durch seinen Mund konnten sie den Sternenhimmel sehen
and through his mouth they could see the starry sky
und das Meer wurde von schönem Mondlicht erleuchtet
and the sea was lit up by beautiful moonlight
Pinocchio wandte sich vorsichtig und leise an seinen Vater
Pinocchio carefully and quietly turned to his father
"Dies ist der Moment zur Flucht", flüsterte er ihm zu
"This is the moment to escape," he whispered to him
"Der Hundsfisch schläft wie ein Siebenschläfer"
"the Dog-Fish is sleeping like a dormouse"
"Das Meer ist ruhig und es ist so hell wie der Tag"
"the sea is calm, and it is as light as day"
»Folge mir, lieber Papa«, sagte er zu ihm
"follow me, dear papa," he told him
»und in kurzer Zeit werden wir in Sicherheit sein.«
"and in a short time we shall be in safety"
sie kletterten an der Kehle des Seeungeheuers hinauf
they climbed up the throat of the sea-monster
und bald erreichten sie seinen ungeheuren Mund
and soon they reached his immense mouth
also begannen sie, auf Zehenspitzen über seine Zunge zu gehen
so they began to walk on tiptoe down his tongue
sie waren im Begriff, den letzten Sprung zu machen
they were about to make the final leap
Die Puppe drehte sich zu seinem Vater um
the puppet turned around to his father
»Geh auf meine Schultern, lieber Papa«, flüsterte er
"Get on my shoulders, dear Papa," he whispered
"Und lege deine Arme fest um meinen Hals"

"and put your arms tightly around my neck"
"Ich werde mich um den Rest kümmern", versprach er
"I will take care of the rest," he promised
bald war Geppetto fest auf den Schultern seines Sohnes verankert
soon Geppetto was firmly settled on his son's shoulders
Pinocchio nahm sich einen Moment Zeit, um Mut zu fassen
Pinocchio took a moment to build up courage
und dann warf er sich ins Wasser
and then he threw himself into the water
und begann, von dem Hundsfisch wegzuschwimmen
and began to swim away from the Dog-Fish
Das Meer war glatt wie Öl
The sea was as smooth as oil
Der Mond schien hell am Himmel
the moon shone brilliantly in the sky
und der Hundsfisch lag in tiefem Schlaf
and the Dog-Fish was in deep sleep
selbst Kanonen hätten ihn nicht geweckt
even cannons wouldn't have awoken him

Pinocchio hört endlich auf, eine Marionette zu sein, und wird ein Junge

Pinocchio at last Ceases to be a Puppet and Becomes a Boy

Pinocchio schwamm schnell auf das Ufer zu
Pinocchio was swimming quickly towards the shore
Geppetto hatte seine Beine auf den Schultern seines Sohnes
Geppetto had his legs on his son's shoulders
aber Pinocchio entdeckte, dass sein Vater zitterte
but Pinocchio discovered his father was trembling
er zitterte vor Kälte wie im Fieber
he was shivering from cold as if in a fever
aber Kälte war nicht die einzige Ursache seines Zitterns
but cold was not the only cause of his trembling

Pinocchio glaubte, die Ursache für das Zittern sei Angst
Pinocchio thought the cause of the trembling was fear
und die Puppe versuchte, seinen Vater zu trösten
and the Puppet tried to comfort his father
»Mut, Papa! Siehst du, wie gut ich schwimmen kann?«
"Courage, papa! See how well I can swim?"
In wenigen Minuten werden wir sicher an Land sein.«
"In a few minutes we shall be safely on shore"
aber sein Vater hatte einen höheren Aussichtspunkt
but his father had a higher vantage point
»Aber wo ist dieses gesegnete Ufer?«
"But where is this blessed shore?"
und er erschrak noch mehr
and he became even more frightened
und er kniff die Augen zusammen wie ein Schneider
and he screwed up his eyes like a tailor
wenn sie eine Schnur durch eine Nadel fädeln
when they thread string through a needle
"**Ich habe in alle Richtungen geschaut**"
"I have been looking in every direction"
"**und ich sehe nichts als den Himmel und das Meer**"
"and I see nothing but the sky and the sea"
"**Aber ich sehe auch das Ufer**", sagte die Puppe
"But I see the shore as well," said the puppet
"**Du musst wissen, dass ich wie eine Katze bin**"
"You must know that I am like a cat"
"**Ich sehe bei Nacht besser als bei Tag**"
"I see better by night than by day"
Der arme Pinocchio täuschte vor
Poor Pinocchio was making a pretence
Er versuchte, Optimismus zu zeigen
he was trying to show optimism
aber in Wirklichkeit fing er an, sich entmutigt zu fühlen
but in reality he was beginning to feel discouraged
seine Kräfte verließen ihn schnell
his strength was failing him rapidly
und er keuchte und keuchte nach Atem

and he was gasping and panting for breath
Er konnte nicht mehr viel weiter schwimmen
He could not swim much further anymore
und das Ufer war noch weit entfernt
and the shore was still far off
Er schwamm, bis er keinen Atem mehr hatte
He swam until he had no breath left
dann wandte er den Kopf zu Geppetto
and then he turned his head to Geppetto
»Papa, hilf mir, ich sterbe!« sagte er
"Papa, help me, I am dying!" he said
Vater und Sohn waren dem Ertrinken nahe
The father and son were on the point of drowning
aber sie hörten eine Stimme wie eine verstimmte Gitarre
but they heard a voice like an out of tune guitar
»Wer ist es, der stirbt?« fragte die Stimme
"Who is it that is dying?" said the voice
»Ich bin es und mein armer Vater!«
"It is I, and my poor father!"
"Ich kenne diese Stimme! Du bist Pinocchio!"
"I know that voice! You are Pinocchio!"
»Genau; und du?« fragte Pinocchio
"Precisely; and you?" asked Pinocchio
»Ich bin der Thunfisch«, sagte sein Gefängniskamerad
"I am the Tunny Fish," said his prison companion
"Wir trafen uns im Körper des Hundsfisches"
"we met in the body of the Dog-Fish"
»Und wie haben Sie es geschafft, zu entkommen?«
"And how did you manage to escape?"
"Ich bin deinem Beispiel gefolgt"
"I followed your example"
"Du hast mir den Weg gezeigt"
"You showed me the road"
»und ich bin dir nachgeflohen.«
"and I escaped after you"
"Thunfisch, du bist im richtigen Moment angekommen!"
"Tunny Fish, you have arrived at the right moment!"

"Ich flehe dich an, hilf uns, sonst sind wir tot"
"I implore you to help us or we are dead"
"Ich werde dir gerne von ganzem Herzen helfen"
"I will help you willingly with all my heart"
"Ihr müsst beide meinen Schwanz ergreifen."
"You must, both of you, take hold of my tail"
"Überlass es mir, dich zu führen
"leave it to me to guide you
"Ich werde euch beide in vier Minuten an Land bringen"
"I will take you both on shore in four minutes"
Ich brauche Ihnen nicht zu sagen, wie glücklich sie waren
I don't need to tell you how happy they were
Geppetto und Pinocchio nahmen das Angebot sofort an
Geppetto and Pinocchio accepted the offer at once
aber das Greifen des Schwanzes war nicht das bequemste
but grabbing the tail was not the most comfortable
also stiegen sie auf den Rücken des Thunfischs
so they got on the Tunny Fish's back

Der Thunfisch brauchte tatsächlich nur vier Minuten
The Tunny Fish did indeed take only four minutes
Pinocchio war der erste, der an Land sprang
Pinocchio was the first to jump onto the land
Auf diese Weise konnte er seinem Vater vom Fisch helfen
that way he could help his father off the fish
Dann wandte er sich an seinen Freund, den Thunfisch
He then turned to his friend the Tunny Fish
"Mein Freund, du hast meinem Papa das Leben gerettet"
"My friend, you have saved my papa's life"
Pinocchios Stimme war voller tiefer Emotionen
Pinocchio's voice was full of deep emotions
"Ich finde keine Worte, um Ihnen gebührend zu danken"
"I can find no words with which to thank you properly"
"Erlaube mir, dir wenigstens einen Kuss zu geben"
"Permit me at least to give you a kiss"
"Es ist ein Zeichen meiner ewigen Dankbarkeit!"
"it is a sign of my eternal gratitude!"
Der Tunny steckte seinen Kopf aus dem Wasser
The Tunny put his head out of the water
und Pinocchio kniete am Rande des Ufers
and Pinocchio knelt on the edge of the shore
und er küßte ihn zärtlich auf den Mund
and he kissed him tenderly on the mouth
Der Thunfisch war eine so warme Zuneigung nicht gewohnt
The Tunny Fish was not used to such warm affection
Er fühlte sich sehr gerührt, aber auch beschämt
he felt both very touched, but also ashamed
weil er wie ein kleines Kind zu weinen begonnen hatte
because he had started crying like a small child
und er stürzte sich wieder ins Wasser und verschwand
and he plunged back into the water and disappeared
Inzwischen war der Tag angebrochen
By this time the day had dawned
Geppetto hatte kaum Atem, um zu stehen
Geppetto had scarcely breath to stand

»Lehn dich auf meinen Arm, lieber Papa, und laß uns gehen.«
"Lean on my arm, dear papa, and let us go"
"Wir werden sehr langsam gehen, wie die Ameisen"
"We will walk very slowly, like the ants"
"Und wenn wir müde sind, können wir uns am Wegesrand ausruhen"
"and when we are tired we can rest by the wayside"
»Und wohin sollen wir gehen?« fragte Geppetto
"And where shall we go?" asked Geppetto
"Lasst uns nach einem Haus oder einer Hütte suchen"
"let us search for some house or cottage"
"Dort werden sie uns etwas Almosen geben"
"there they will give us some charity"
"Vielleicht bekommen wir einen Bissen Brot"
"perhaps we will receive a mouthful of bread"
"und ein wenig Stroh als Bett"
"and a little straw to serve as a bed"
Pinocchio und sein Vater waren nicht weit gelaufen
Pinocchio and his father hadn't walked very far
sie hatten zwei schurkisch aussehende Individuen gesehen
they had seen two villainous-looking individuals
die Katze und der Fuchs waren auf der Straße und bettelten
the Cat and the Fox were at the road begging

aber sie waren kaum wiederzuerkennen
but they were scarcely recognizable
die Katze hatte ihr ganzes Leben lang Blindheit vorgetäuscht
the Cat had feigned blindness all her life
und nun wurde sie in Wirklichkeit blind
and now she became blind in reality
und ein ähnliches Schicksal muss den Fuchs getroffen haben
and a similar fate must have met the Fox
sein Fell war alt und räudig geworden
his fur had gotten old and mangy
eine seiner Seiten war gelähmt
one of his sides was paralyzed
und er hatte nicht einmal mehr seinen Schwanz
and he had not even his tail left
er war in das elendste Elend gefallen
he had fallen in the most squalid of misery
und eines schönen Tages war er gezwungen, seinen Schwanz zu verkaufen
and one fine day he was obliged to sell his tail
ein reisender Hausierer kaufte seinen schönen Schwanz
a travelling peddler bought his beautiful tail
und nun wurde sein Schwanz benutzt, um Fliegen zu verjagen
and now his tail was used for chasing away flies
»Ach, Pinocchio!« rief der Fuchs
"Oh, Pinocchio!" cried the Fox
"Gib zwei armen, gebrechlichen Menschen ein wenig Almosen"
"give a little in charity to two poor, infirm people"
»Gebrechliche Leute«, wiederholte die Katze
"Infirm people," repeated the Cat
"Verschwindet, ihr Betrüger!" antwortete die Puppe
"Be gone, impostors!" answered the puppet
"Du hast mich einmal mit deinen Tricks getäuscht"
"You fooled me once with your tricks"
"Aber du wirst mich nie wieder erwischen"

"but you will never catch me again"
"Diesmal musst du uns glauben, Pinocchio"
"this time you must believe us, Pinocchio"
»wir sind jetzt wirklich arm und unglücklich!«
"we are now poor and unfortunate indeed!"
"Wenn du arm bist, verdienst du es"
"If you are poor, you deserve it"
und Pinocchio bat sie, sich an ein Sprichwort zu erinnern
and Pinocchio asked them to recollect a proverb
"Gestohlenes Geld fruchtet nie"
"Stolen money never fructifies"
"Verschwindet, Hochstapler!", sagte er zu ihnen
"Be gone, impostors!" he told them
Und Pinocchio und Geppetto gingen in Frieden ihres Weges
And Pinocchio and Geppetto went their way in peace
bald waren sie noch hundert Meter gegangen
soon they had gone another hundred yards
sie sahen einen Weg, der in ein Feld führte
they saw a path going into a field
und auf dem Feld sahen sie eine hübsche kleine Hütte
and in the field they saw a nice little hut
Die Hütte wurde aus Ziegeln, Stroh und Ziegeln gebaut
the hut was made from tiles and straw and bricks
"Diese Hütte muss von jemandem bewohnt werden"
"That hut must be inhabited by someone"
"Lasst uns gehen und an die Tür klopfen"
"Let us go and knock at the door"
also gingen sie hin und klopften an die Tür
so they went and knocked at the door
Aus der Hütte kam eine kleine Stimme
from in the hut came a little voice
»Wer ist da?« fragte die kleine Stimme
"who is there?" asked the little voice
Pinocchio antwortete der kleinen Stimme
Pinocchio answered to the little voice
"Wir sind ein armer Vater und Sohn"
"We are a poor father and son"

"Wir sind ohne Brot und ohne Dach"
"we are without bread and without a roof"
dieselbe kleine Stimme sprach wieder:
the same little voice spoke again:
"Drehe den Schlüssel um und die Tür öffnet sich"
"Turn the key and the door will open"
Pinocchio drehte den Schlüssel um und die Tür öffnete sich
Pinocchio turned the key and the door opened
Sie gingen hinein und sahen sich um
They went in and looked around
sie schauten hier, dort und überall hin
they looked here, there, and everywhere
aber sie konnten niemanden in der Hütte sehen
but they could see no one in the hut
Pinocchio war sehr überrascht, dass die Hütte leer war
Pinocchio was much surprised the hut was empty
»Ach! Wo ist der Herr des Hauses?«
"Oh! where is the master of the house?"
"Hier bin ich, hier oben!" sagte die kleine Stimme
"Here I am, up here!" said the little voice
Vater und Sohn blickten zur Decke hinauf
The father and son looked up to the ceiling
und auf einem Balken sahen sie die sprechende kleine Grille
and on a beam they saw the talking little Cricket
»Ach, meine liebe kleine Grille!« sagte Pinocchio
"Oh, my dear little Cricket!" said Pinocchio
und Pinocchio verbeugte sich höflich vor der kleinen Grille
and Pinocchio bowed politely to the little Cricket
»Ah! jetzt nennst du mich deine liebe kleine Grille"
"Ah! now you call me your dear little Cricket"
"Aber erinnerst du dich, wann wir uns das erste Mal getroffen haben?"
"But do you remember when we first met?"
"Du wolltest, dass ich aus deinem Haus gehe"
"you wanted me gone from your house"
"Und du warfst den Stiel eines Hammers nach mir"

"and you threw the handle of a hammer at me"
»Du hast recht, kleine Grille! Verjagt auch mich!«
"You are right, little Cricket! Chase me away also!"
"Wirf den Stiel eines Hammers nach mir"
"Throw the handle of a hammer at me"
»Aber bitte, haben Sie Mitleid mit meinem armen Papa.«
"but please, have pity on my poor papa"
"Ich werde Mitleid mit Vater und Sohn haben"
"I will have pity on both father and son"
»aber ich wollte Sie an meine Mißhandlung erinnern.«
"but I wished to remind you my ill treatment"
"die Misshandlung, die ich von dir erlitten habe"
"the ill treatment I received from you"
"Aber es gibt eine Lektion, die du lernen sollst"
"but there's a lesson I want you to learn"
"Das Leben in dieser Welt ist nicht immer einfach"
"life in this world is not always easy"
"Wenn möglich, müssen wir zu allen höflich sein"
"when possible, we must be courteous to everyone"
"Nur so können wir Höflichkeit erwarten"
"only so can we expect to receive courtesy"
"Weil wir nie wissen, wann wir in Not sein könnten"
"because we never know when we might be in need"
"Du hast Recht, kleine Grille, du hast Recht"
"You are right, little Cricket, you are right"
»und ich werde mich an die Lektion erinnern, die du mich gelehrt hast.«
"and I will bear in mind the lesson you have taught me"
"Aber erzähl mir, wie du es geschafft hast, diese schöne Hütte zu kaufen"
"But tell me how you managed to buy this beautiful hut"
"Diese Hütte wurde mir gestern geschenkt"
"This hut was given to me yesterday"
"Der Besitzer der Hütte war eine Ziege"
"the owner of the hut was a goat"
"Und sie hatte Wolle von einer schönen blauen Farbe"
"and she had wool of a beautiful blue colour"

Pinocchio wurde bei dieser Nachricht lebhaft und neugierig
Pinocchio grew lively and curious at this news
»**Und wo ist die Ziege geblieben?**« fragte Pinocchio
"And where has the goat gone?" asked Pinocchio
"**Ich weiß nicht, wo sie geblieben ist**"
"I do not know where she has gone"
»**Und wann kommt die Ziege zurück?**« fragte Pinocchio
"And when will the goat come back?" asked Pinocchio
"**Oh, sie wird nie zurückkommen, fürchte ich**"
"oh she will never come back, I'm afraid"
"**Sie ist gestern in großer Trauer gegangen**"
"she went away yesterday in great grief"
"**Ihr Blöken schien etwas sagen zu wollen**"
"her bleating seemed to want to say something"
»**Armer Pinocchio! Ich werde ihn nie wiedersehen.**"
"Poor Pinocchio! I shall never see him again"
»**inzwischen muß der Hundsfisch ihn gefressen haben!**«
"by now the Dog-Fish must have devoured him!"
"**Hat die Ziege das wirklich gesagt?**"
"Did the goat really say that?"
"**Dann war sie es, die blaue Ziege**"
"Then it was she, the blue goat"
»**Es war meine liebe kleine Fee!**« rief Pinocchio
"It was my dear little Fairy," exclaimed Pinocchio
und er weinte und schluchzte bittere Tränen
and he cried and sobbed bitter tears
Als er einige Zeit geweint hatte, trocknete er sich die Augen
When he had cried for some time he dried his eyes
und er bereitete Geppetto ein bequemes Strohbett
and he prepared a comfortable bed of straw for Geppetto
Dann bat er die Grille um weitere Hilfe
Then he asked the Cricket for more help
"**Sag es mir, kleine Grille, bitte.**"
"Tell me, little Cricket, please"
"**Wo finde ich einen Becher Milch?**"
"where can I find a tumbler of milk"
"**Mein armer Papa hat den ganzen Tag nichts gegessen**"

"my poor papa has not eaten all day"
"Drei Felder von hier entfernt wohnt ein Gärtner"
"Three fields from here there lives a gardener"
"Der Gärtner heißt Giangio"
"the gardener is called Giangio"
"Und in seinem Garten hat er auch Kühe"
"and in his garden he also has cows"
"Er wird dir die Milch geben, die du willst"
"he will let you have the milk you want"
Pinocchio rannte den ganzen Weg zu Giangios Haus
Pinocchio ran all the way to Giangio's house
und der Gärtner fragte ihn:
and the gardener asked him:
"Wie viel Milch willst du?"
"How much milk do you want?"
»Ich will einen Becher voll«, antwortete Pinocchio
"I want a tumblerful," answered Pinocchio
"Ein Becher Milch kostet fünf Cent"
"A tumbler of milk costs five cents"
"Fangen Sie damit an, mir die fünf Cent zu geben"
"Begin by giving me the five cents"
»Ich habe nicht einmal einen Cent,« antwortete Pinocchio
"I have not even one cent," replied Pinocchio
und er war betrübt, weil er so mittellos war
and he was grieved from being so penniless
"Das ist schlimm, Marionette", antwortete der Gärtner
"That is bad, puppet," answered the gardener
"Wenn du keinen Cent hast, habe ich keinen Tropfen Milch"
"If you have not one cent, I have not a drop of milk"
»Ich muß Geduld haben!« sagte Pinocchio
"I must have patience!" said Pinocchio
und er wandte sich um, um wieder zu gehen
and he turned to go again
»Warte ein wenig«, sagte Giangio
"Wait a little," said Giangio
"Wir können uns gemeinsam einigen"
"We can come to an arrangement together"

»Wollen Sie die Pumpmaschine drehen?«
"Will you undertake to turn the pumping machine?"
"Was ist die Pumpmaschine?"
"What is the pumping machine?"
"Es ist eine Art Holzschraube"
"It is a kind of wooden screw"
"Es dient dazu, das Wasser aus der Zisterne zu schöpfen"
"it serves to draw up the water from the cistern"
"Und dann gießt es das Gemüse"
"and then it waters the vegetables"
"Ich kann versuchen, die Pumpmaschine zu drehen"
"I can try to turn the pumping machine"
"Super, ich brauche hundert Eimer Wasser"
"great, I need a hundred buckets of water"
"Und für die Arbeit bekommst du einen Becher Milch"
"and for the work you'll get a tumbler of milk"
"Wir haben eine Vereinbarung", bestätigte Pinocchio
"we have an agreement," confirmed Pinocchio
Giangio führte Pinocchio dann in den Gemüsegarten
Giangio then led Pinocchio to the kitchen garden
und er lehrte ihn, wie man die Pumpmaschine dreht
and he taught him how to turn the pumping machine
Pinocchio begann sofort zu arbeiten
Pinocchio immediately began to work
aber hundert Eimer Wasser waren eine Menge Arbeit
but a hundred buckets of water was a lot of work
der Schweiß strömte ihm vom Kopf
the perspiration was pouring from his head
Nie zuvor hatte er eine solche Müdigkeit durchgemacht
Never before had he undergone such fatigue
der Gärtner kam, um Pinocchios Fortschritte zu sehen
the gardener came to see Pinocchio's progress
"Mein kleiner Esel hat diese Arbeit früher gemacht"
"my little donkey used to do this work"
"Aber das arme Tier stirbt"
"but the poor animal is dying"
»Willst du mich zu ihm bringen?« fragte Pinocchio

"Will you take me to see him?" said Pinocchio
"Klar, bitte komm zu meinem kleinen Esel"
"sure, please come to see my little donkey"
Pinocchio ging in den Stall
Pinocchio went into the stable
und er sah einen schönen kleinen Esel
and he saw a beautiful little donkey
aber der Esel war auf dem Stroh ausgestreckt
but the donkey was stretched out on the straw
er war erschöpft von Hunger und Überarbeitung
he was worn out from hunger and overwork
Pinocchio war sehr beunruhigt über das, was er sah
Pinocchio was much troubled by what he saw
"Ich bin sicher, dass ich diesen kleinen Esel kenne!"
"I am sure I know this little donkey!"
"Sein Gesicht ist nicht neu für mich"
"His face is not new to me"
und Pinocchio kam näher an den kleinen Esel heran
and Pinocchio came closer to the little Donkey
und er sprach zu ihm in alberner Sprache:
and he spoke to him in asinine language:
»Wer bist du?« fragte Pinocchio
"Who are you?" asked Pinocchio
Der kleine Esel öffnete seine sterbenden Augen
the little donkey opened his dying eyes
und er antwortete mit abgebrochenen Worten in derselben Sprache:
and he answered in broken words in the same language:
"Ich... bin... Kerzendocht"
"I... am... Candle-wick"
Und nachdem er die Augen wieder geschlossen hatte, starb er
And, having again closed his eyes, he died
»Ach, armer Kerzendocht!« sagte Pinocchio
"Oh, poor Candle-wick!" said Pinocchio
und er nahm eine Handvoll Stroh
and he took a handful of straw

und er trocknete eine Träne, die über sein Gesicht rollte
and he dried a tear rolling down his face
der Gärtner hatte Pinocchio weinen sehen
the gardener had seen Pinocchio cry
»Trauern Sie um einen toten Esel?«
"Do you grieve for a dead donkey?"
"Es war nicht einmal dein Esel"
"it was not even your donkey"
"Stellen Sie sich vor, wie ich mich fühlen muss"
"imagine how I must feel"
Pinocchio versuchte, seine Trauer zu erklären
Pinocchio tried to explain his grief
»Ich muß Ihnen sagen, er war mein Freund!«
"I must tell you, he was my friend!"
»Ihr Freund?« fragte sich der Gärtner
"Your friend?" wondered the gardener
»Ja, einer meiner Schulkameraden!«
"yes, one of my school-fellows!"
»Wie?« rief Giangio und lachte laut
"How?" shouted Giangio, laughing loudly
»Hatten Sie Esel als Schulkameraden?«
"Did you have donkeys for school-fellows?"
"Ich kann mir vorstellen, auf welche wunderbare Schule du gegangen bist!"
"I can imagine the wonderful school you went to!"
Die Puppe fühlte sich bei diesen Worten gekränkt
The puppet felt mortified at these words
aber Pinocchio antwortete dem Gärtner nicht
but Pinocchio did not answer the gardener
Er nahm seinen warmen Becher Milch
he took his warm tumbler of milk
und er kehrte in die Hütte zurück
and he returned back to the hut
Mehr als fünf Monate lang stand er bei Tagesanbruch auf
for more than five months he got up at daybreak
Jeden Morgen drehte er die Pumpmaschine
every morning he turned the pumping machine

und jeden Tag verdiente er sich einen Becher Milch
and each day he earned a tumbler of milk
die Milch war für seinen Vater von großem Nutzen
the milk was of great benefit to his father
weil sein Vater in einem schlechten Gesundheitszustand war
because his father was in a bad state of health
aber Pinocchio war jetzt zufrieden mit der Arbeit
but Pinocchio was now satisfied with working
Tagsüber hatte er noch Zeit
during the daytime he still had time
So lernte er, Binsenkörbe herzustellen
so he learned to make baskets of rushes
und er verkaufte die Körbe auf dem Markt
and he sold the baskets in the market
und das Geld deckte alle ihre Ausgaben
and the money covered all their expenses
er baute auch einen eleganten kleinen Rollstuhl
he also constructed an elegant little wheel-chair
und er nahm seinen Vater im Rollstuhl mit
and he took his father out in the wheel-chair
und sein Vater durfte frische Luft atmen
and his father got to breathe fresh air
Pinocchio war ein hart arbeitender Junge
Pinocchio was a hard working boy
und er war geistreich darin, Arbeit zu finden
and he was ingenious at finding work
es gelang ihm nicht nur, seinem Vater zu helfen
he not only succeeded in helping his father
aber er schaffte es auch, fünf Dollar zu sparen
but he also managed to save five dollars
Eines Morgens sagte er zu seinem Vater:
One morning he said to his father:
"Ich gehe auf den Nachbarmarkt"
"I am going to the neighbouring market"
"Ich werde mir eine neue Jacke kaufen"
"I will buy myself a new jacket"

"und ich werde eine Mütze und ein Paar Schuhe kaufen"
"and I will buy a cap and pair of shoes"
und Pinocchio war in heiterer Laune
and Pinocchio was in jolly spirits
»wenn ich zurückkomme, werden Sie denken, ich sei ein Gentleman.«
"when I return you'll think I'm a gentleman"
Und er fing an, fröhlich und glücklich zu laufen
And he began to run merrily and happily along
Plötzlich hörte er sich beim Namen rufen
All at once he heard himself called by name
Er drehte sich um und was sah er?
he turned around and what did he see?
er sah eine Schnecke aus der Hecke kriechen
he saw a Snail crawling out from the hedge
"Kennst du mich nicht?" fragte die Schnecke
"Do you not know me?" asked the Snail
»Ich kenne dich gewiß«, dachte Pinocchio
"I'm sure I know you," thought Pinocchio
"und doch weiß ich nicht, woher ich dich kenne"
"and yet I don't know from where I know you"
"Erinnerst du dich nicht an die Schnecke?"
"Do you not remember the Snail?"
"die Schnecke, die eine Zofe war"
"the Snail who was a lady's-maid"
"Eine Magd der Fee mit blauen Haaren"
"a maid to the Fairy with blue hair"
»Weißt du nicht, wann du an die Tür geklopft hast?«
"Do you not remember when you knocked on the door?"
"Und ich bin nach unten gekommen, um dich hereinzulassen."
"and I came downstairs to let you in"
"Und du hattest deinen Fuß in der Tür gefangen"
"and you had your foot caught in the door"
"Ich erinnere mich an alles", rief Pinocchio
"I remember it all," shouted Pinocchio
"Sag es mir schnell, meine schöne kleine Schnecke"

"Tell me quickly, my beautiful little Snail"
»wo hast du meine gute Fee gelassen?«
"where have you left my good Fairy?"
"Was macht sie?"
"What is she doing?"
»Hat sie mir vergeben?«
"Has she forgiven me?"
"Erinnert sie sich noch an mich?"
"Does she still remember me?"
"Wünscht sie mir immer noch alles Gute?"
"Does she still wish me well?"
»Ist sie weit von hier?«
"Is she far from here?"
»Kann ich sie besuchen?«
"Can I go and see her?"
Das waren viele Fragen für eine Schnecke
these were a lot of questions for a snail
aber sie antwortete in ihrer gewöhnlichen phlegmatischen Weise
but she replied in her usual phlegmatic manner
"Mein lieber Pinocchio", sagte die Schnecke
"My dear Pinocchio," said the snail
»die arme Fee liegt im Krankenhaus im Bett!«
"the poor Fairy is lying in bed at the hospital!"
»Im Krankenhaus?« rief Pinocchio
"At the hospital?" cried Pinocchio
»Es ist nur zu wahr,« bestätigte die Schnecke
"It is only too true," confirmed the snail
"Sie ist von tausend Unglücksfällen heimgesucht worden"
"she has been overtaken by a thousand misfortunes"
"Sie ist schwer erkrankt"
"she has fallen seriously ill"
"Sie hat nicht einmal genug, um sich einen Bissen Brot zu kaufen"
"she has not even enough to buy herself a mouthful of bread"
»Ist es wirklich so?« fragte Pinocchio besorgt
"Is it really so?" worried Pinocchio

»Ach, welchen Kummer hast du mir bereitet!«
"Oh, what sorrow you have given me!"
»Ach, arme Fee! Arme Fee! Arme Fee!«
"Oh, poor Fairy! Poor Fairy! Poor Fairy!"
"Wenn ich eine Million hätte, würde ich rennen und sie zu ihr tragen"
"If I had a million I would run and carry it to her"
»aber ich habe nur fünf Dollar.«
"but I have only five dollars"
"Ich wollte mir eine neue Jacke kaufen"
"I was going to buy a new jacket"
"Nimm meine Münzen, schöne Schnecke"
"Take my coins, beautiful Snail"
»und bringe die Münzen sogleich zu meiner guten Fee.«
"and carry the coins at once to my good Fairy"
"Und deine neue Jacke?" fragte die Schnecke
"And your new jacket?" asked the snail
"Was bedeutet meine neue Jacke?"
"What matters my new jacket?"
"Ich würde sogar diese Lumpen verkaufen, um ihr zu helfen"
"I would sell even these rags to help her"
"Geh, Schnecke, und sei schnell"
"Go, Snail, and be quick"
"Kehre in zwei Tagen an diesen Ort zurück"
"return to this place, in two days"
"Ich hoffe, ich kann dir dann noch etwas Geld geben"
"I hope I can then give you some more money"
"Bisher habe ich gearbeitet, um meinem Papa zu helfen"
"Up to now I worked to help my papa"
"ab heute arbeite ich noch fünf Stunden"
"from today I will work five hours more"
"damit ich auch meiner guten Mama helfen kann"
"so that I can also help my good mamma"
»Auf Wiedersehen, Schnecke«, sagte er
"Good-bye, Snail," he said
»Ich erwarte Sie in zwei Tagen.«

"I shall expect you in two days"

An diesem Punkt tat die Schnecke etwas Ungewöhnliches
at this point the snail did something unusual

sie bewegte sich nicht in ihrem üblichen Tempo
she didn't move at her usual pace

Sie rannte wie eine Eidechse über heiße Steine
she ran like a lizard across hot stones

An diesem Abend saß Pinocchio bis Mitternacht auf
That evening Pinocchio sat up till midnight

und er machte keine acht Körbe Binsen
and he made not eight baskets of rushes

aber in dieser Nacht wurden sechzehn Körbe Binsen gemacht
but be made sixteen baskets of rushes that night

Dann ging er zu Bett und schlief ein
Then he went to bed and fell asleep

Und während er schlief, dachte er an die Fee
And whilst he slept he thought of the Fairy

er sah die Fee, lächelnd und schön
he saw the Fairy, smiling and beautiful

und er träumte, sie habe ihm einen Kuß gegeben
and he dreamt she gave him a kiss

"Gut gemacht, Pinocchio!" sagte die Fee
"Well done, Pinocchio!" said the fairy

"Ich werde dir alles vergeben, was vergangen ist"
"I will forgive you for all that is past"

"Um dich für dein gutes Herz zu belohnen"
"To reward you for your good heart"

"Es gibt Jungen, die ihren Eltern zärtlich dienen"
"there are boys who minister tenderly to their parents"

"Sie helfen ihnen in ihrem Elend und ihren Gebrechen"
"they assist them in their misery and infirmities"

"Solche Jungs verdienen großes Lob und Zuneigung"
"such boys are deserving of great praise and affection"

"auch wenn sie nicht als Beispiele für Gehorsam angeführt werden können"
"even if they cannot be cited as examples of obedience"

"auch wenn ihr gutes Benehmen nicht immer offensichtlich ist"
"even if their good behaviour is not always obvious"
"Versuchen Sie, es in Zukunft besser zu machen, und Sie werden glücklich sein"
"Try and do better in the future and you will be happy"
In diesem Moment endete sein Traum
At this moment his dream ended
und Pinocchio öffnete die Augen und erwachte
and Pinocchio opened his eyes and awoke
Du hättest dabei sein sollen, was als nächstes passierte
you should have been there for what happened next
Pinocchio entdeckte, dass er keine Holzpuppe mehr war
Pinocchio discovered that he was no longer a wooden puppet
aber er war stattdessen ein richtiger Junge geworden
but he had become a real boy instead
ein richtiger Junge, genau wie alle anderen Jungs
a real boy just like all other boys
Pinocchio blickte sich im Raum um
Pinocchio glanced around the room
aber die Strohwände der Hütte waren verschwunden
but the straw walls of the hut had disappeared
Jetzt war er in einem hübschen kleinen Zimmer
now he was in a pretty little room
Pinocchio sprang aus dem Bett
Pinocchio jumped out of bed
Im Kleiderschrank fand er einen neuen Anzug
in the wardrobe he found a new suit of clothes
und es gab eine neue Mütze und ein Paar Stiefel
and there was a new cap and pair of boots
und seine neuen Kleider passten ihm wunderbar
and his new clothes fitted him beautifully
Er steckte natürlich die Hände in die Tasche
he naturally put his hands in his pocket
und er zog eine kleine Elfenbeinbörse hervor
and he pulled out a little ivory purse
Auf der Geldbörse standen folgende Worte:

on on the purse were written these words:
"**Von der Fee mit blauen Haaren**"
"From the Fairy with blue hair"
"**Ich gebe die fünf Dollar an meinen lieben Pinocchio zurück.**"
"I return the five dollars to my dear Pinocchio"
"**und ich danke ihm für sein gutes Herz**"
"and I thank him for his good heart"
Er öffnete die Handtasche, um hineinzuschauen
He opened the purse to look inside
aber es waren keine fünf Dollar in der Börse
but there were not five dollars in the purse
stattdessen gab es fünfzig glänzende Goldstücke
instead there were fifty shining pieces of gold
die Münzen waren frisch aus der Prägepresse gekommen
the coins had come fresh from the minting press
Dann ging er hin und betrachtete sich im Spiegel
he then went and looked at himself in the mirror
und er dachte, er sei jemand anderes
and he thought he was someone else
weil er sein gewohntes Spiegelbild nicht mehr sah
because he no longer saw his usual reflection
Er sah keine Holzpuppe mehr im Spiegel
he no longer saw a wooden puppet in the mirror
Stattdessen wurde er von einem anderen Bild begrüßt
he was greeted instead by a different image
Das Bild eines aufgeweckten, intelligenten Jungen
the image of a bright, intelligent boy
Er hatte kastanienbraunes Haar und blaue Augen
he had chestnut hair and blue eyes
und er sah so glücklich aus, wie er nur sein konnte
and he looked as happy as can be
als wären es die Osterferien
as if it were the Easter holidays
Pinocchio war von all dem ziemlich verwirrt
Pinocchio felt quite bewildered by it all
er konnte nicht sagen, ob er wirklich wach war

he could not tell if he was really awake
Vielleicht träumte er mit offenen Augen
maybe he was dreaming with his eyes open
»Wo mag mein Papa sein?« rief er plötzlich
"Where can my papa be?" he exclaimed suddenly
und er ging in das Nebenzimmer
and he went into the next room
dort fand er den alten Geppetto ganz gut
there he found old Geppetto quite well
er war lebhaft und in guter Laune
he was lively, and in good humour
so wie früher
just as he had been formerly
Er hatte sein Handwerk der Holzschnitzerei bereits wieder aufgenommen
He had already resumed his trade of wood-carving
und er entwarf einen wunderschönen Bilderrahmen
and he was designing a beautiful picture frame
es gab Blätter, Blumen und die Köpfe von Tieren
there were leaves flowers and the heads of animals
»Befriedige meine Neugierde, lieber Papa«, sagte Pinocchio
"Satisfy my curiosity, dear papa," said Pinocchio
und er warf ihm die Arme um den Hals
and he threw his arms around his neck
und er bedeckte ihn mit Küssen
and he covered him with kisses
»Wie ist diese plötzliche Veränderung zu erklären?«
"how can this sudden change be accounted for?"
»es kommt von all deinem guten Tun,« antwortete Geppetto
"it comes from all your good doing," answered Geppetto
»Wie konnte es von meinem guten Tun herrühren?«
"how could it come from my good doing?"
"Irgendetwas passiert, wenn ungezogene Jungs ein neues Kapitel aufschlagen"
"something happens when naughty boys turn over a new leaf"
"Sie bringen Zufriedenheit und Glück in ihre Familien"
"they bring contentment and happiness to their families"

»Und wo hat sich der alte hölzerne Pinocchio versteckt?«
"And where has the old wooden Pinocchio hidden himself?"
»Da ist er,« antwortete Geppetto
"There he is," answered Geppetto
und er zeigte auf eine große Puppe, die an einem Stuhl lehnte
and he pointed to a big puppet leaning against a chair
die Puppe hatte ihren Kopf auf der einen Seite
the Puppet had its head on one side
seine Arme baumelten an seinen Seiten
its arms were dangling at its sides
und seine Beine waren gekreuzt und gebeugt
and its legs were crossed and bent
es war wirklich ein Wunder, dass es stehen blieb
it was really a miracle that it remained standing
Pinocchio drehte sich um und betrachtete ihn
Pinocchio turned and looked at it
und er verkündete mit großer Selbstgefälligkeit:
and he proclaimed with great complacency:
"Wie lächerlich ich war, als ich eine Marionette war!"
"How ridiculous I was when I was a puppet!"
"Und wie froh bin ich, dass ich ein braver kleiner Junge geworden bin!"
"And how glad I am that I have become a well-behaved little boy!"

www.ingramcontent.com/pod-product-compliance
Lightning Source LLC
Chambersburg PA
CBHW012000090526
44590CB00026B/3809